FRANKFURTER MÄRCHENSCHATZ

Märchen und märchenhafte Geschichten,
aus vielen Quellen geschöpft,
herausgegeben und teilweise ganz neu erzählt
von Helmut Bode

Mit Bildern von Trude von Güldenstubbe

Im Verlag Waldemar Kramer, Frankfurt am Main

ISBN 3—7829—0225—4
Satz: Fotosatz Schröder, Hochheim am Main
Druck von W. Kramer & Co. oHG, Frankfurt am Main

INHALT

AUS DEM 18. UND 19. JAHRHUNDERT

Die wohlberühmte Stadt Franckfurt
Hieß vor Zeiten der Francken Furt.
Die ist durch Listigkeit und Thaten
In solchen Ruhm und Preiß gerathen,
Daß sie billich wohl in der Welt
Wird unter die herrlichst gezehlt.
Sie ist volckreich, reich insgemein
An Geld und Waren, an Edelstein.
Zwo Messen hält sie jedes Jahr,
Eine so bald man wird gewahr
Des Frühlings. So geht die andern an,
So bald der Sommer hat gethan.
Darauf versehen sich die Leut
Aus aller Welt sehr weit und breit
Mit Waren, so sie wöllen han,
Dann man da alles kriegen kann.
Canopus, die egyptisch Stadt,
Allda ihr köstlich Tuch feil hat.
Was nach Tyro die Phoenissa
Und nach Sidon die Cadmaea,
Die Lacedämonier nach Tarent
Geschickt haben, man jetzund sendt
In Franckfurt. Man find auch allda
Gewürtz, köstlich Aromata,
Englisch Tuch und andre Waren
Thut man mit großer Meng hinfahren.
So wird kein Buch wohl in der Welt
Gedruckt, man find es da ums Geld,
Wodurch ihr wächst ein nam sehr werth
Auf weitem Meer und gantzer Erd.

Hugo Favolius

(A. A. v. Lersner, Chronik, Teil I, Kapitel VI)

Zu diesem Buch

Der Frankfurter Märchenschatz, das Gegenstück zum Frankfurter Sagenschatz, enthält vierzig Märchen und märchenhafte Geschichten, die in einem großen Bogen von der Frühzeit heraufführen bis zum ausgehenden 19. Jahrhundert. Volksmärchen, die unmittelbar auf Frankfurter Boden gewachsen sind, haben sich nicht finden lassen. Das heißt nicht, daß hier keine Märchen erzählt wurden — es sei an Goethes „Märchen-Sessel" erinnert —, es besagt nur, daß keiner sich die Mühe des Aufzeichnens gemacht hat. Frankfurt liegt ja im Mittelpunkt der hessisch-rheinfränkischen Märchenlandschaft zwischen Oberweser und Neckar, und so strömten von vielen Seiten her Märchenstoffe in die Stadt, ohne besondere lokale Kennzeichen anzunehmen. Auch sind in Frankfurt die Grenzen zwischen Sage und Märchen fließend.

Gibt es nun auch keine spezifisch frankfurtischen Volksmärchen, so hat die Stadt doch eine Fülle volkstümlicher Überlieferungen mit teilweise märchenhaftem Einschlag. Sie finden sich in Chroniken und Aufzeichnungen, in historischen und biographischen Büchern, in Aufsätzen und Berichten vielfach zerstreut. Teils sind die Umrisse der Handlung mitsamt den geschichtlichen Gestalten, Ereignissen und Daten gegeben, teils galt es für den heutigen Neuerzähler, einzelne Fäden aufzugreifen, sich abzeichnende Webmuster fortzusetzen und zu vollenden. Von den kulturgeschichtlichen Novellen Wilhelm Heinrich Riehls unterscheiden sich unsere „Stadtmärchen" insofern, als sie märchenhafte Elemente, wo sie sich anbieten, zwanglos einbeziehen, also „Dichtung und Wahrheit" verknüpfen, wie dies Frankfurts größter Sohn sogar in seinem eigenen Lebensbericht getan hat.

Manche Gestalten, Ereignisse, Sitten und Bräuche sind nahezu vergessen. Wer weiß noch viel vom Helenopolis-Erfinder Trithemius und von einem Frankfurter Kriegshelden wie Johann Hieronymus zum Jungen, vom treuen Konrad Stein oder von Maria Sibylla Merian, vom Türkensprößling Scherbius oder vom Senckenberg-Schützling Pfefferkorn, vom Maienstecken oder vom

Pfeifergericht? Daß über mancher Geschichte der Glanz des herzhaften Frankfurter Humors liegt, wird sicher manchem Leser das Lektürevergnügen erhöhen.

Unter den Kunstmärchen bildet Johann Wolfgang Goethes Knabenmärchen vom „Neuen Paris“, das leider ohne einen richtigen Abschluß geblieben ist, den Mittelpunkt. Da die Kenntnis der antiken Mythologie heute nicht mehr allgemein vorausgesetzt werden kann, wurde das Märchen in einen Rahmen gestellt. Innerhalb des Rahmens erscheint die Familie Crespel, und so ergab es sich, daß neben E.T.A. Hoffmanns „Schneiderlein von Sachsenhausen“ auch sein „Rat Crespel“ mit ins Buch kam.

Wer aber hat dem Ostpreußen Hoffmann den Stoff zur Geschichte geliefert, die damals als Verunglimpfung Crespels die Frankfurter entrüstete? Kein anderer als Clemens Brentano, der als Frankfurter der geborene Märchendichter der Stadt hätte werden können, es aber vorzog, seine Märchen anderswo, am Rhein oder in Italien, spielen zu lassen. Von seiner Schwester Bettina hingegen haben wir wenigstens den köstlichen „Gläsernen Esel“. Sie schrieb im besten Frankfurter Deutsch: „Sie müsse mir nicht alles glaube, ich bin so verloge.“ Entsprechend sind ihre Bücher „Goethes Briefwechsel mit einem Kinde“ und „Die Günderode“ keine biographischen Werke, sondern Märchendichtungen. Aus Enslins Frankfurter Sagenbuch wurden einzelne Stücke entnommen, wobei es nicht ohne einige Kürzungen abging. Dasselbe gilt für andere Kunstmärchen, mit Ausnahme von Goethes „Neuem Paris“. Längere Sätze wurden, wo es notwendig erschien, geteilt, auch bei E.T.A. Hoffmann. Der Band wendet sich ja nicht an Philologen. Eine hübsche Wiederentdeckung ist der „Hans in dem Grase“ der niederdeutschen Arzttochter Theodore Zedelius, die 1834 zu Ovelgoenne geboren wurde und 1905 zu Oldenburg starb; sie hat sich als Schriftstellerin Th. Justus genannt. Wo Märchen und Geschichten ganz von einem Erzähler stammen, erscheint sein Name am Schluß des Textes. Nachweise für die anderen Texte liefert das Quellenverzeichnis.

Möge der Band ebenso wie der Frankfurter Sagenschatz ein Haus- und Familienbuch werden. H. B.

AUS MÄRCHENHAFTER FRÜHZEIT

Die Stammeltern der Sachsenhäuser

Die Sage erzählt, daß Karl der Große, der zahlreiche Kriege mit den Sachsen, den Vorfahren der heutigen Niedersachsen und Westfalen, führen mußte, besonders trotzige und widerspenstige Gegner gegenüber von Frankfurt zwangsweise ansiedelte, wodurch der Name Sachsenhausen entstand. Das Märchen aber führt die Entstehung der Sachsenhäuser noch viel weiter zurück, bis ins Paradies.

Als Adam und Eva noch im Garten Eden lebten, besuchte Gottvater sie oft, um nach dem Rechten zu sehen und sich mit ihnen zu unterhalten. Eines Tages nun fand er zu seinem Erstaunen Adam damit beschäftigt, aus der lehmigen Erde eine Gestalt zu formen, und man sah deutlich, daß er Eva als Vorbild gewählt hatte.

„Heda, was machst du hier?" rief ihm Gottvater zu. „Willst du mir ins Handwerk pfuschen?"

„Ich wollte einmal sehen, ob ich so etwas wie eine zweite Eva zustande brächte", antwortete Adam.

„Und wozu soll diese zweite Frau gut sein?" erkundigte sich Gottvater.

„Je nun", meinte Adam und kratzte sich den Kopf, „die Eva macht mir oft recht viel zu schaffen. Da dachte ich, wenn es eine zweite gäbe, dann hätte sie mehr mit der zu tun, und ich könnte mich mehr mit dem Garten hier, mit den Tieren, den Blumen und Bäumen abgeben. Eine Frau, Gottvater, ist eben für einen Mann manchmal etwas anstrengend."

„Das sehe ich ein", lachte Gottvater, „und da will ich der zweiten hier rasch den lebendigen Odem einhauchen."

Ehe Adam recht begriff, was geschah, war seine aus Lehm geformte Gestalt schon lebendig. Zu spät rief er: „Aber ich war ja

noch gar nicht fertig, hab' sie noch nicht einmal so glatt und fein gemacht wie die Eva."

Gottvater lachte wieder und sagte: „Laß es gut sein, Adam, für sie finden wir auch noch einen Ort auf dieser Welt. Was meinst du, wenn wir sie auf die linke Mainseite schickten, gegenüber von der Stelle, wo ich Frankfurt vorgesehen habe? Das ist nicht weit von hier, und die beiden Frauen können sich leicht besuchen und miteinander schwätzen, damit du derweil deine Ruhe hast."

So geschah's denn auch. Doch nach einiger Zeit wollte die zweite, gröbere Eva auch einen Mann haben. Wieder wußte Gottvater Rat. „Wir geben ihr", sagte er zu Adam, „einen Oberhessen, denn die sind mir auch nicht ganz glatt und fein geraten."

Und so geschah's. Daher sind die Sachsenhäuser bis auf den heutigen Tag als grob verschrieen, und in ihrer Mundart findet man mancherlei Oberhessisches. Doch das Herz haben sie auf dem rechten Fleck, und das ist ja schließlich die Hauptsache.

Das Märchen von Helenopolis

Unterhalb von Trier, ein Stück moselabwärts, liegt im Innenbogen einer langgezogenen Flußschleife das Winzerdorf Trittenheim. Dort wurde im Jahre 1462 dem Weinbauern in der „Heidenburg“ ein Sohn geboren, der bei der Taufe den Namen Johannes erhielt. Sein Vater meinte, da wachse ihm nun ein Nachfolger heran, aber es kam anders. Der Pfarrer sagte, der kleine Johannes habe einen hellen Kopf, und brachte dem Buben schon früh das Lesen und Schreiben bei. Dann redete er den Eltern zu, ihn auf die Lateinschule nach Trier zu geben, und dort wurde Johannes bald einer der besten Schüler. Er lernte gleichsam spielend, und wenn er nach Hause kam, dann wußte er die wunderbarsten Geschichten zu erzählen. Nur nahm er es dabei, wie sein erster Lehrer, der Pfarrer, strafend bemerkte, mit der Wahrheit nicht immer ganz genau.

Von der Trierer Lateinschule kam Johannes auf die Universität Heidelberg und wurde ein fleißiger Student. Mit zwanzig Jahren trat er in den Benediktinerorden ein und war schon ein Jahr später, mit einundzwanzig Jahren, Abt des Klosters Sponheim, bei Kreuznach an der Nahe gelegen. Da die Bücher und das Lesen seine größte Freude geworden waren, legte er in seinem Kloster eine Büchersammlung an, und die wuchs so rasch, daß sie bald als eine der stattlichsten im ganzen Reich galt.

Es genügte dem Abt Johannes jedoch auf die Dauer nicht, nur die Bücher anderer zu lesen, er begann selbst, solche zu schreiben. Er schrieb erbauliche Bücher. Dann folgten Bücher über berühmte Männer der Kirche und der Welt. Er schrieb die Geschichte seines eigenen Klosters Sponheim und die des berühmten Klosters Hirsau im Schwarzwald, und wenn es ihm an schriftlichen Zeugnissen fehlte, dann erfand er sie und den Schreiber dazu.

Als Moselfranke war er besonders stolz auf die Franken, die Gründer eines großen Reiches gewesen waren, aus dem dann das Reich der Deutschen hervorging. Als man ihm vorschlug, ein Buch über das Herkommen der Franken zu schreiben, war er sogleich Feuer und Flamme. Aber den Franken hatten erst die christlichen

Missionare das Lesen und Schreiben beigebracht. Daher gab es, von wenigen lateinischen Nachrichten abgesehen, nur mündliche Überlieferungen, und die waren spärlich und ungenau.

Doch der fromme Abt Johannes Trithemius wußte sich Rat. Er erfand einen Geschichtsschreiber, dem er den Namen Hunibaldus gab und der angeblich die Geschichte der Franken in zwölf Büchern geschrieben hatte. Weil man aber gerade zu jener Zeit die Schriften der Römer und Griechen wiederentdeckte und eifrig las, so wollte er auch die Franken mit jenen Völkern in Verbindung bringen. Er hatte Kunde erlangt von der berühmten griechischen Heldensage, die der Dichter Homer in Verse gefaßt und die „Ilias" genannt hatte. Darin wird erzählt, wie die Griechen vor die in Kleinasien gelegene Stadt Troja zogen und sie belagerten, wie die griechischen und die trojanischen Helden miteinander kämpften und wie die Griechen endlich durch ihre List mit dem hölzernen Pferd die Stadt eroberten und zerstörten. Nicht alle Trojaner konnten dabei umgekommen sein, dachte sich der Abt. So ließ er, an andere märchenhafte Berichte anknüpfend, die Überlebenden bis an das Südufer des Schwarzen Meeres gelangen. Dort setzten sie zum Nordufer über und stießen auf das kriegerische Reitervolk der Skythen, das sie zwar als Gäste, aber nicht für dauernd aufnahm. So zogen sie weiter nach Westen, immer weiter, überquerten Flüsse und Ströme und kamen endlich an den Rhein — da, wo heute das Land Geldern liegt. Ihr Anführer hieß Marcomirus Antenor. Der zweite Antenor, sein Sohn, heiratete eine Tochter des Landes, Cambra genannt, und damit wurden aus den Trojanern die Sicamber oder Sigambrer, von denen der Bund der Franken ausging. Von Antenor und Cambra stammte ein Sohn ab, der nach dem alten trojanischen König Priamus genannt wurde, und von diesem kommen her Helenus I. Diodorus und Helenus II. Den zweiten Helenus ließ der Abt Johannes Trithemius zum Städtegründer werden. Er baute am Main eine Stadt, die nach ihm den Namen Helenopolis erhielt — das spätere Frankfurt.

So kamen die Frankfurter zu einem Gründer, von dem sie nie zuvor etwas gehört oder gewußt hatten. In einer Ratssitzung schlug

einer vor, diesem Helenus ein Denkmal zu setzen. Doch man wußte ja nicht recht, wie der ausgesehen hatte, und beschloß, abzuwarten, ob der Abt Trithemius, der die Chronik des Hunibaldus herausgegeben hatte, einmal durch die Stadt käme. Dann konnte man ihn in aller Ruhe befragen und seinen Rat einholen.

Es gab auch etliche Ratsherren, die den Kopf schüttelten und meinten, man solle doch lieber bei dem großen Kaiser Karl bleiben. Dem Hunibaldus und seinem Helenus sei nicht recht zu trauen — vielleicht sei das Ganze nur ein von Trithemius erdachtes Märchen. Man hielt ihnen entgegen, ein so frommer und gelehrter Mann könne doch unmöglich Märchen erzählen wie eine Kinderfrau oder Großmutter. Doch sie blieben bei ihrer Meinung.

Zu jener Zeit befand der Abt sich schon nicht mehr im Kloster Sponheim. Er hatte es Anno 1505 verlassen und war im Jahr darauf

Abt des Schottenklosters Sankt Jakob in Würzburg geworden. Einmal aber kam er doch, auf einer Reise nach Mainz und der Heimat an der Mosel, durch Frankfurt. Da gingen jene Ratsherren, die am Hunibaldus und Helenus gezweifelt hatten und noch zweifelten, in sein Quartier, um ihn zu befragen. Er empfing sie wohlwollend, und als sie wissen wollten, was es mit dem Hunibaldus und seinem Bericht auf sich habe und ob man wohl dessen Handschrift einmal einsehen könne, antwortete er, daß er die Handschrift selbst in der Hand gehabt habe. Sie hätte jedoch nicht seinem Kloster, sondern einem zu Regensburg gehört. Er habe sie daher, nachdem er sie abgeschrieben, einem Mönch mitgegeben, der gen Regensburg wanderte, aber der sei nie dort angekommen. Vielleicht hätte man ihn unterwegs überfallen, ausgeraubt und erschlagen. Seither wären die Aufzeichnungen des Hunibaldus verschollen und nur noch in seinem, des Trithemius, Werk bewahrt. „Aber zweifelt nicht an ihm, ihr Herren", fügte der fromme Abt hinzu, „und bedenkt: selbst wenn es nicht so gewesen ist, wie er's beschrieben hat, so hätte es doch so sein können. Seid froh, daß ihr nun einen Gründer habt, der viel älter ist als Kaiser Karl der Große und noch dazu aus einem edlen Trojanergeschlecht stammt." Mit diesem weisen Spruch und seinem Segen entließ der Abt die Frankfurter Ratsherren. Kaum waren sie draußen, da sagte der eine zum andern: „Nun wissen wir genau so wenig wie zuvor," und der andere antwortete lachend: „Fürwahr, dieser Abt ist ein rechter Fuchs." Der Abt Johannes Trithemius aber schaute ihnen nach und dachte bei sich: „Die haben mich fangen wollen, aber so ein Moselfisch ist schneller als ein Mainfisch, und ich bin ihnen flink aus dem Netz gesprungen. Den Hunibaldus habe ich in die Welt gebracht. Nun ist er da, und er bleibt auch da. Kein ungläubiger Thomas aus Frankfurt wird ihn wieder aus der Welt schaffen!"

Der Helenus erhielt kein Denkmal zu Frankfurt, aber ganz vergessen hat man ihn nicht. Achilles August von Lersner gedenkt seiner und des Hunibaldus und erinnert daran, daß ein anderer Chronist, Romanus genannt, ein zweites Märchen ersonnen hat. Danach soll die Mutter Kaiser Konstantins, Helena Britannica genannt, die

Stadt an der Mainfurt gegründet und „merklich gebessert“ haben.

Erst in der zweiten Hälfte des 19. Jahrhunderts hat ein grimmiger Gelehrter dem Hunibaldus das Lebenslicht ausgeblasen. Der sei, so schrieb dieser, von Trithemius erfunden und „mit dreister Stirn in die Welt geschickt“ worden.

Diesen Satz hätte ihm der fromme und gelehrte Abt Johannes Trithemius, der 1516 zu Würzburg starb und dem der große Bildschnitzer und Bildhauer Tilman Riemenschneider das Grabmal meißelte, gewiß übel genommen. Als der den Hunibaldus und den Helenus samt der ganzen Trojanersippe erfand, wollte er ja keine Lüge in die Welt setzen, sondern mit seinem Märchen, an das er zum Schluß selbst glaubte, nur die Neugier der Menschen befriedigen, ihnen Antwort auf ihre ewige Frage geben: „Was war vorher — nichts oder doch etwas?“

So gesehen, hätte der Helenus vielleicht doch ein Denkmal in Frankfurt verdient gehabt. Immerhin haben die Trittenheimer seinem Erfinder, dem Abt Trithemius, eines gesetzt. Seit etlichen Jahren steht es bei ihnen am Moselufer, und jedesmal, wenn ein Frankfurter vorbeikommt, geht ein heimliches Lächeln über die bronzenen Züge. Das bedeutet: „Sieh da — einer aus Helenopolis!“

Wer's nicht glaubt, reise selbst von Frankfurt nach Trittenheim, trinke etliche Gläser vom guten Moselwein, der dort wächst, und mache dann die Probe. Woran der bronzene Abt erkennt, daß einer aus seinem Helenopolis stammt, das bleibt freilich sein Geheimnis!

MÄRCHEN AUS DEM MITTELALTER

Die Geschichte der Ruotlint

Der Winter von 873 auf 874 war sehr streng. Der Schnee fiel vom November bis zur Frühlings-Tagundnachtgleiche, und er wurde so tief, daß man nur mit Mühe das Holz in den Wäldern schlagen und nach Hause schaffen konnte. Menschen und Tiere froren und erfroren. Die Eisdecke auf dem Main und Rhein war so stark, daß man darüber gehen, reiten und fahren konnte.

König Ludwig der Deutsche war zu Anfang des Monats Februar 874 aus Bayern in die Pfalz zu Frankfurt gekommen und beriet mit seinen Getreuen, was dem Reiche not tat. In der Fastenzeit, als er eines Abends seine weltlichen Geschäfte zu Ende gebracht hatte und müde auf sein Lager gesunken war, ohne zuvor gebetet zu haben, hatte er in der Nacht ein Gesicht, das ihn erschreckte. Er sah seinen Vater, Kaiser Ludwig den Frommen, im Fegefeuer und in großer Pein. Dieser sprach ihn in lateinischer Zunge also an: „Ich beschwöre dich bei unserem Herrn Jesus Christus und der heiligen Dreifaltigkeit, daß du mich aus dieser Qual, die ich erleide, erlösest, damit ich endlich das ewige Leben erlange."

Am andern Morgen sann der König nach dem Erwachen über sein Traumgesicht nach und bedachte auch, daß sein Haar weiß geworden war und er sein siebentes Lebensjahrzehnt schon überschritten hatte. Er beschloß, Briefe an alle Klöster im Reich zu senden und darin die Äbte aufzufordern, mit ihren Mönchen für die gequälte Seele seines Vaters zu beten. Er selbst aber wollte hinauf nach Fulda reiten und dort die Karwoche im Gebet für seinen Vater und für sein eigenes Seelenheil verbringen.

Nach diesem Entschluß ging er von der Pfalz zur Salvatorkapelle hinüber, die er anstelle der alten, baufällig gewordenen Kapelle aus Stein hatte errichten lassen, und wohnte der Frühmesse bei. Als die Messe beendet war und er die Kirche verlassen wollte, erhob sich vor dem Marienaltar eine Gestalt, die dort gekniet und gebetet hatte. Es war eine hochgewachsene Frau von stolzer Haltung mit schlohweißem Haar. Sie folgte ihm einige Schritte und sprach ihn dann an, bat um Erhörung einer Bitte. König Ludwig nickte, und sie sagte, zum Marienaltar hinüberblickend: „Ich bin Ruotlint, Frankos Witwe. Die Muttergottes dort hat mir vieles geschenkt und danach wieder genommen. Nun will ich ihr darbringen, was mir noch an irdischem Gut geblieben ist."

„Gut so", antwortete der König. „Sprecht mit meinem Kanzler Eberhard und mit Liutbert, meinem Erzkaplan. Sie werden alles nach Euren Wünschen richten."

Sie dankte mit einer Neigung des Kopfes und ging dann zum Marienaltar zurück, um dort erneut niederzuknien. Dem König Ludwig, der noch ganz von seinem Traumgesicht erfüllt war, tat es leid, daß er sie so kurz abgefertigt hatte, aber nun wollte er ihre Andacht nicht stören und verließ die Kapelle.

Einige Tage später ritt er durch den tiefen Schnee nach Fulda zum Kloster und betete dort am Grab des heiligen Bonifatius für seinen Vater und für sich. Erst nach dem Osterfest, als in der Pfalz zu Tribur ein allgemeiner Convent stattfand, kam ihm die stolze Frau Ruotlint wieder ins Gedächtnis. Dort legte der Kanzler Eberhard ihm unter anderm eine auf Pergament geschriebene Urkunde vor, worauf stand, daß die Frau Ruotlint mit seiner Erlaubnis der heiligen Maria in der königlichen Kapelle zu Frankfurt acht Mansen Landes zu Hornau im Niddagau schenkte, in der Grafschaft Liutfrids, an der Braubach, mitsamt allem, was dazu gehörte, Vieh, Wiesen, Wingerten, Wäldern, Wasser, beweglichem und unbeweglichem Gut, dazu den Hörigen beiderlei Geschlechts, Reginbald, seiner Frau und der Tochter der beiden, dessen Bruder Seginbald mit seinen Schwestern. Auch wurde genau festgelegt, welche Abgaben das Gut alljährlich zu leisten hatte.

Als König Ludwig die Urkunde gesiegelt hatte, fragte er: „Wer ist diese alte stolze Frau, die mir zu Frankfurt in Sankt Salvator entgegengetreten ist?" — „Diese Frage wird Liutbert, der Erzkaplan, den wir heute hier erwarten, Euch besser beantworten können als ich“, antwortete der Kanzler.

Am Abend, als die drei Grauköpfe, der König, der Kanzler und der Erzkaplan, am wärmenden Kaminfeuer beisammen saßen und ihren Wein aus zinnernen Bechern tranken, wiederholte König Ludwig der Deutsche, zu Liutbert gewandt, seine Frage: „Wer ist die Frau Ruotlint?“ „Sie ist,“ so antwortete dieser, „eine Sächsin. Ihr wißt, o König, daß Euer Großvater, der große Kaiser Karl, lange Zeit mit den Sachsen im Norden des Reiches Krieg führen mußte, bis es ihm gelang, dieses trotzige Volk zu unterwerfen und für unseren Glauben zu gewinnen. Ihr wißt auch, daß er viele dieser Sachsen aus ihrer Heimat wegführen und in anderen Gegenden des Reiches ansiedeln ließ. Unter den Sachsen, die am Aufstand des Jahres 792 nach der Geburt unseres Herrn teilgenommen hatten, befand sich auch ein junger Edeling, Saxo genannt. Er wurde in jenes Dorf verbannt, das jenseits von Frankfurt auf der anderen Seite des Mainflusses liegt und bis heute Sachsenhausen heißt. Unter den dort schon lebenden Sachsen fand er seine Frau, Hroswith genannt. Aus dieser Ehe ging nur eine einzige Tochter hervor, eben diese Ruotlint. Es wurde später gesagt, sie sei unter den Jungfrauen Sachsenhausens die schönste. Die stolzeste war sie gewiß. Dieser Stolz hat sie jedoch nicht gehindert, etwas zu tun, das ihre Eltern im Geheimen wohl als eine Schande betrachteten. Sie hat als erste Sächsin in ganz jungen Jahren einen Franken aus der Frankfurter Pfalz zum Manne genommen. Sie und dieser Franko waren einander zufällig bei einem Fest begegnet, und es wurde daraus, wie man zu sagen pflegt, eine Liebe auf den ersten Blick. Franko, der ein Freier aus einem alten, guten Geschlecht war, bat Euren Vater um ein Lehen, und es wurde ihm gerodetes, aber auch ungerodetes Land im Niddagau zugewiesen. Es sind jene acht Mansen, von denen in der Urkunde die Rede ist, die nun dem Marienaltar zu Frankfurt zufallen sollen.

Franko und Ruotlint gingen unverzagt und unermüdlich ans Werk, und so entstand das blühende Anwesen, dessen Erträge nun jenem Altar vermacht wurden. Dort, vor dem Altar, wurden der

Franke und die Sächsin zusammengegeben, und wären wir Heiden, so würden wir wohl sagen, daß der Altar der Ruotlint zum Schicksalsort geworden ist. Als Euer Vater, Kaiser Ludwig der Fromme, für dessen Seele wir kürzlich gebetet haben, im Jahre 840 starb und es im Jahre darauf zur großen Auseinandersetzung zwischen Euren Brüdern und Euch kam, weil Euer ältester Bruder, König Lothar, das ganze Reich für sich beanspruchte, wurde auch Franko zu den Waffen gerufen, und er fand den Tod in der denkwürdigen Schlacht von Fontanetum, die zum Sieg für Euch und Euren Bruder Karl wurde.

Man hat mir berichtet, daß Frau Ruotlint, als ihr die Nachricht vom Tod ihres Gatten Franko überbracht wurde, durch lange Tage ganz in Trauer versunken gewesen sei. Danach aber ließ sie Pferde satteln und ritt von Hornau hinab nach Frankfurt. Ihre beiden Kinder nahm sie mit, den Sohn, der wie sein Vater Franko hieß, und die Tochter, die ihren Namen trug. Sie trat zu Frankfurt mit ihren Kindern vor den Altar der Gottesmutter, und da ich damals schon wie heute in dieser Kirche Dienst tat, habe ich gehört, wie sie mit Maria rechtete. „Du hast mir meinen Mann Franko genommen“, so etwa sprach sie, „und mir damit bitteres Leid zugefügt. Aber er ist als tapferer Krieger in ehrlichem Kampf gefallen, und ich muß es ertragen. Doch diese beiden Kinder hier darfst du mir nicht nehmen, damit Frankos gutes Geschlecht weiter blüht.“ Ich habe ihr damals gesagt, daß unser aller Leben in Gottes Hand liegt und daß wir hinnehmen müssen, was er gibt und nimmt. Ihre Antwort war: „Ich habe nun genug geopfert. Gott und die Mutter Maria können nicht so grausam sein, mir noch mehr zu nehmen.“

Einige Jahre später kam dann, wie Ihr wißt, ein großes Sterben ins Land, und die Frau Ruotlint verlor in einer Woche ihre beiden Kinder an den Tod. Und wieder versank sie in Gram und Leid. Dann übertrug sie die Verwaltung des Gutes, das ihr Mann den Ruotlinthof genannt hatte, dem Hörigen Reginbald, der ein zuverlässiger Mann ist, ritt nach Frankfurt, erwarb ein Haus, das auf Königsboden steht, und seither ist wohl kein Tag vergangen, an dem man sie nicht vor dem Marienaltar der Salvatorkapelle gesehen hätte. Ich bin

Zeuge geworden, wie ihr Herz sich wandelte, wie sie von bitterer Auflehnung hinfand zur Ergebung in ihr schweres Los, ohne dabei ihren Stolz aufzugeben. Nun läßt uns die Schenkung, die Ihr, o König, heute bestätigt und besiegelt habt, erkennen, daß sie ihren Frieden mit der Gottesmutter geschlossen hat ... und bereit ist zum Tode. Mögen auch wir ihrem Beispiel folgen und jederzeit bereit sein, wenn Gott uns aus dieser Welt abberufen will."

König Ludwig stimmte dem zu, und nach dem Nachtgebet legten er und seine beiden Getreuesten sich zum Schlafen nieder.

Zwei Jahre später starb König Ludwig der Deutsche in seiner Pfalz zu Frankfurt, die sein Lieblingsaufenthalt gewesen war, und wurde im Kloster zu Lorsch an der Bergstraße beigesetzt. Wann Frau Ruotlint starb und wo sie beigesetzt wurde, ob zu Frankfurt oder zu Hornau, an der Stätte ihres Glücks, wissen wir nicht. Der Ruotlinthof in Hornau, das heute zu Kelkheim gehört, bestand bis zu Beginn unseres, des 20. Jahrhunderts. Dann wurde er aufgeteilt. Er gehörte nach Ruotlints Tod den Rittern von Hornau, dann denen von Lindau, von Bettendorff und Coudenhoven und zuletzt den Freiherrn von Gagern. Danach kam er an den Herzog von Nassau, und als dieser sein Land an die Preußen verloren hatte, wurde er verkauft und zerschlagen. So erinnern heute außer der von König Ludwig dem Deutschen zu Tribur ausgestellten und erhaltenen Urkunde nur noch zwei Straßennamen, die Rotlintstraße in Frankfurt und die Rotlintallee in Kelkheim-Hornau, an die stolze Ruotlint, die erste Frau, die uns in einer sich auf Frankfurt beziehenden Urkunde entgegentritt.

Hans in dem Grase

Es waren gar schlimme und unerfreuliche Jahre, die über die alte kaiserliche und Reichsstadt Frankfurt am Main dahingezogen waren, zur Zeit, als das Zepter des Heiligen Römischen Reiches deutscher Nation in den Händen des vierten Karl ruhte. Wirr ging es her im Reiche, wirr in den einzelnen Gemeinwesen, vorzüglich in den Städten. Überall stemmten die Zünfte sich trotzig auf gegen die Geschlechter und begehrten, mit den Herren auf einer und derselben Bank zu sitzen, wenn es gelte, zu beraten und zu beschließen über das Wohl und Wehe der Stadt.

In Frankfurt hatte neun Jahre hindurch der Kampf um diese Gerechtsame gewährt, bis endlich der Kaiser, unmutig über die Ansprüche der Zünfte, sich ins Mittel legte und gegen das Ende des Jahres 1365 den Erzbischof Gerlach von Mainz zu seinem Kommissar ernannte, mit der gemessenen Weisung, er möge den Irrungen zwischen dem Rat und den Zünften ein schleuniges und nachdrückliches Ende bereiten.

Der Erzbischof, ein gerechter und wohldenkender Mann, suchte sich des ihm gewordenen Auftrages mit Milde und Mäßigung zu entledigen. Von seiten der Zünfte aber wies man alles, was nach Vermittlung aussah, in schroffster Weise zurück. Es kam zu schlimmen Auftritten. Das Haus des besonders verhaßten Schöffen Peter zum Wyle am Rossebuhel wurde gestürmt, der Schöffe selbst und ein Diener des Rats erschlagen. Solche Vorfälle heischten strenge Ahndung. Wegen Gewalttätigkeit und Landfriedensbruch wurden achtzehn der angesehensten Zünftler samt ihren Angehörigen für ewige Zeiten aus der Stadt verbannt, ihre Güter wurden eingezogen und verfielen zum Teil dem Stadtsäckel, zum Teil den kaiserlichen Kassen. Viele andere, die gleichfalls „gebrochen und gefrevelt" hatten, wurden mit mehr oder minder langwierigen Freiheitsstrafen belegt.

Damals, als der Urteilsspruch ergangen, war es Winter gewesen, jetzt begann der Frühling wieder in die Welt einzuziehen. Die Sonne mußte bereits eine Weile über den Horizont emporgestiegen sein, aber noch verhüllte nebelgraue Dämmerung Nähe und Ferne und gestattete kaum auf weiter als etwa zehn Schritte Umschau zu halten. War es darum ein Wunder, daß die beiden Menschen, die so plötzlich wie aus der Erde gewachsen voreinander standen, erschrocken zurückprallten, als sie einer des anderen ansichtig wurden? Und ungewöhnlich genug sahen sie aus, die beiden Gestalten, wohl geeignet, sich gegenseitig in Erstaunen zu setzen.

Nicht, daß der eine jung war und der andere alt, machte den Hauptunterschied zwischen ihnen aus, auch nicht, daß der eine nach der Mode des Tages in eng anschließenden und mit „Zatteln"* versehenen, jetzt freilich arg mitgenommenen und beschmutzten Kleidern, der andere aber in einer groben härenen Mönchskutte stak. Dagegen hätte man schwerlich zwei Menschen finden können, die einander in Haltung, Ausdruck und Gesichtsbildung unähnlicher gewesen wären als diese beiden. Der Jüngere schlank, kräf-

* Zatteln = ausgezackte untere Säume der Kleider und Ärmel, beliebte mittelalterliche Kleidermode, bis ins 15. Jahrhundert hinein.

tig, von ebenmäßigem Wuchse, mit braunem Lockenhaar und kühn geschnittenem Antlitz, nur daß eben jetzt ein Zug von unterdrücktem körperlichem Schmerz die Lippen zusammengepreßt hielt; der andere gebeugt, mit verwittertem, bleifarbigem Angesicht, in welchem tief und wie erloschen die Augen lagen.

Der Greis hatte sich eben emporgerichtet vom Wegrain, an dem er, wie es schien, Kräuter und Wurzeln gesammelt. So stand er plötzlich vor dem Jüngling, und beide starrten sich einige Sekunden wortlos an, bis endlich der Mönch das Schweigen brach, indem er, sich bekreuzigend, ein „Gelobt sei Jesus Christus“ murmelte.

„In Ewigkeit Amen!“ lautete die Antwort des Jünglings. Er hob den Fuß zum Weitergehen, knickte aber in demselben Augenblicke mit einem Schmerzenslaut zusammen und griff mit den Händen, wie um nach einem Stützpunkt zu suchen, vor sich hin, wobei er den Ärmel von des Mönchs Kutte erfaßte.

Erschrocken trat dieser einen Schritt zurück.

„Berührt mich nicht, um Gottes und der heiligen Jungfrau willen!“

„Ehrwürdiger Vater“, rief der Jüngling flehend, „bei allen vierzehn Nothelfern bitte und beschwöre ich Euch, weigert mir Euren Beistand nicht. Gott weiß, daß Ihr ihn keinem Unwürdigen erzeigt!“

Da streckte der Greis, ohne ein Wort zu sprechen, einen Stab vor sich hin, an dessen Ende zwei harte Hölzchen klappernd gegeneinander schlugen, und während sein Kopf auf die Brust sank, deutete er auf ein vorn an seiner Kutte befindliches Zeichen: zwei aus weißem Wollenstoff geschnittene, kreuzweis übereinander gelegte Hände.

Ein leichtes Erblassen flog über des Jünglings soeben noch von Schmerz und Anstrengung gerötetes Gesicht.

„Ihr gehört zu den Sondersiechen?“ fragte er halblaut und in unsicherem Tone.

„Zu den Sondersiechen, jawohl, junger Gesell!“ entgegnete mit seltsam rauher und heiserer Stimme der Greis. „Flieh meine Nähe, so schnell du kannst — du weißt es, der Aussätzigen Berührung bringt Verderben.“

„Ihr seid auf dem Gutleuthof daheim?“ erkundigte sich der Jüngling mit fliegendem Atem.

Der Mönch nickte und deutete mit seinem Stab hinter sich nach dem Mainufer zu.

„O, ehrwürdiger Vater“, rief jetzt in höchster Erregung der junge Mann, „nehmt mich auf bei Euch, rettet mich, verbergt mich! Niemand wird mich bei Euch suchen, niemand Hand an mich legen, um mich zurückzuführen zu dem fürchterlichen Ort, von dem ich mit des barmherzigen Gottes Hilfe entronnen bin!“

„Hast du Blutschuld auf dich geladen?“ forschte der Mönch, die großen Augen, welche die den Aussätzigen eigene, fast kreisrunde Form zeigten, auf ihn richtend, „und ist es der Kerker, dem du entronnen bist?“

„Ja, der Kerker, Ihr sagt es, aber bei den Gebeinen der Heiligen, keine Blutschuld und keine Todsünde lastet auf meinem Gewissen! Gegen das Regiment der Stadt habe ich mich vergangen, ich leugne es nicht, und hätte man mich dem Henker übergeben, Gott weiß es, ich wäre aufrechten Hauptes in den Tod gegangen. Statt dessen hat man mich verurteilt zum Turm und hat dabei verordnet, daß man mein eine Zeitlang vergessen solle, eine Haft von unbestimmter Dauer also über mich verhängt. Ich kenne aber jemanden, der Sorge tragen würde, daß dies Vergessen währte, bis meine Glieder faulten. Da hab' ich mich denn in dieser Nacht vom Turm heruntergelassen an einem Seil, das ich aus Stroh geflochten. So dünn das Seil war, die heilige Jungfrau, die ich flehend anrief, hat mich beschützt, daß ich glücklich über Mauer und Graben gelangte. Aber jetzt, o Herr des Himmels, jetzt kann ich nicht weiter. Ich hab' mir den Fuß verstaucht oder aus dem Gelenk gesetzt, als ich dort im Niederholz über einen Bach sprang. Helft mir, Pater, helft mir!“

„Es ist unmöglich“, murmelte der Mönch, „unmöglich! Weißt du, Jüngling, was dir droht, wenn du das Siechenhaus betrittst? Jede Berührung mit einem von uns kann die Krankheit in dein Gebein bringen. Wie sie aber deinen Leib zerfressen und in deinen Adern wüten wird, das ahnst du nicht. Sieh, wie sie mich gezeichnet hat!“

Er streckte mit diesen Worten seine beiden wunderlich mißgestalteten Hände vor, und den Jüngling überlief es kalt, da er gewahrte, daß an jeder derselben zwei Finger fehlten. Im nächsten Augenblick jedoch hatte er sich schon wieder gefaßt und rief mit einer Art von wilder Entschlossenheit:

„Nehmt mich dennoch auf, gönnt mir ein Obdach bei den Armen und Elenden! Wenn ich denn einmal hinsiechen soll — besser bei Euch, unter Gottes freiem Himmel, als zwischen Kerkermauern!"

Einige Sekunden lang stand der Mönch unschlüssig und starrte vor sich hin. Dann aber richtete er den Kopf, der auf die Brust gesunken war, in die Höhe und sagte:

„Komm, Geselle! Bist du wirklich gesonnen, auf dich zu nehmen, was dich im Siechenhaus überkommen kann, so hat Pater Aloysius nicht das Herz, dich von der Schwelle zu treiben. Vielleicht, daß ich dich zu dieser frühen Morgenstunde noch unbemerkt durch's Tor bringen kann."

Er wandte sich zum Gehen. Als aber der Jüngling ihm folgen wollte, versagte der verletzte Fuß den Dienst.

„Ich komme nimmer von der Stelle, wenn Ihr mir Euren Arm nicht leiht!" rief er verzweiflungsvoll. Aber ernst schüttelte der Mönch das Haupt. Dann ging er eine Strecke vom Wege abseits und kehrte zurück mit einem derben Stecken, auf den sich nun der Jüngling stützen mußte. Gar beschwerlich war trotzdem die Wanderung, und mehr als ein leiser Schmerzensruf entfloh den Lippen des jungen Gesellen, aber endlich standen doch beide an der Umfassungsmauer des Gutleuthofes. Hier bedeutete der Mönch seinem Begleiter, eine Weile zu warten, während er selber durch das Haupttor eintrat. In qualvoller Ungeduld harrte der Jüngling, daß ihm weitere Hilfe werde. Da, endlich hörte er das Aufschließen eines Schlosses, und da er sich umwandte, gewahrte er, wie in einiger Entfernung ein in Gebüsch und Efeuranken halb verstecktes schmales Pförtchen sich öffnete.

Im nächsten Augenblicke war er innerhalb der Mauer, die Tür schnappte wieder ins Schloß, und nun folgte er seinem Beschützer zwischen allerlei Gartenbeeten hindurch bis zu einem einsam stehenden Häuschen, dessen Schwelle er kaum überschritten hatte, als er halb ohnmächtig zusammenbrach.

Der Pater füllte ein Glas mit starkem Weine und schob es ihm aus der Entfernung zu. Mit wahrer Wollust sogen seine durstenden Lippen das köstliche Naß ein, und wie wenn mit dieser Erquickung der volle Übermut der Jugend wieder in ihm aufgelebt wäre, so schüttelte er sich auf einmal in leisem Lachen und sagte: „Die Frankfurter henken keinen und sperren keinen ein, sie hätten ihn denn!"

Dem Mönch war es offenbar nicht gleichermaßen nach Scherz und Lustigkeit zu Sinn. Mit einem etwas mißbilligenden Blick betrachtete er seinen Gast und sagte:

„Jetzt tu mir vor allen Dingen kund, Gesell, wie dein Name und deine Herkunft ist, und berichte ordentlich, was dich in solche Fährlichkeit und schlimme Lage gebracht hat."

„Hans in dem Grase bin ich genannt", entgegnete der junge Gesell, „denn im Grase, ganz dicht vor den Toren dieser guten Stadt Frankfurt, bin ich dereinst gefunden worden. Wer meine Eltern waren, weiß ich nicht; fahrende Spielleute müssen es gewesen sein, so schließe ich wenigstens aus der Liebe zur edlen Musica, die wohl als ein Erbteil von ihnen auf mich gekommen ist. Ein mildtätiger Bürger nahm sich meiner an und zog mich groß, aber leider starb er, als ich gerade vierzehn Jahre alt war. Seinem Wunsch nach sollte ich in die Zunft der Wollenweber eintreten, und so kam ich zu dem Thies Ulbrand, der das Amt des Oberältesten inne hat, in die Lehre. Die Leute alle priesen mein Glück, daß ich, das arme Findelkind, überhaupt Aufnahme in eine Zunft gefunden. Ich meinesteils konnte dies Glück so sonderlich groß nicht finden, denn mein Sinn stand nach ganz anderen Dingen. Am liebsten saß ich bei den Spielleuten und Ratsmusikanten und übte mich, die Geige zu streichen und die Laute zu spielen, auch allerhand Lieder zu singen. Dem aber wehrte mein Meister und bedrohte mich mit harten Strafen, falls ich mich noch einmal in der Pfeiferstube betreten ließe. Ich weiß nicht, ob ich seinen Befehlen Gehorsam geleistet hätte, wäre nicht jemand da gewesen, der mit einem einzigen Blicke mehr über mich vermochte als jener mit seinen Drohungen, und das war Elsbeth im Winkel, die etwa ein Jahr später als ich Aufnahme in Thies Ulbrands Haus gefunden hatte."

Pater Aloysius, der in seiner gewöhnlichen Haltung, mit auf die Brust geneigtem Haupte der Erzählung gefolgt war, hob jäh den Kopf. „Den Namen hab' ich mehr als einmal gehört, da ich noch in der Welt lebte. Die Mutter dieses Mägdleins war von einem der Geschlechter."

Das wußte nun Hans nicht zu sagen, denn mit der Sorglosigkeit der Jugend hatte er dem, was in der Vergangenheit lag und was der Tod bereits deckte, nie sonderlich nachgefragt. Er konnte nur berichten, daß Elsbeth eine Bruderstochter von des Meisters Hausfrau sei. „Ja, die Elsbeth", hob Hans wieder an, und seine Wangen färbten sich höher, „was soll ich's verhehlen, daß wir beide einander bald von ganzem Herzen gut waren. Der Meister hatte dessen anfangs nicht groß acht. Ihm war's überhaupt wenig nach dem Sinn, daß er der Elsbeth für ein geringes Entgelt Aufnahme in seinem Haus gönnen mußte. Da wandte sich auf einmal das Blatt. Der Elsbeth fiel von einem Oheim ihrer Mutter ein hübsches Vermächtnis zu, und nun plötzlich war sie die wohlgelittene und mit auffälliger Höflichkeit behandelte Base. Nur zu bald ward es mir klar, was der Meister im Sinn hatte. Er wollte sie zum Ehegespons für seinen schlauen, leisetreterischen Sohn, den Ludolf. Den aber mochte die Elsbeth nicht. Der Meister sah vielmehr mit innerem Grimme, daß sie fester als je an mir hing, und er wartete sichtlich nur auf eine Gelegenheit, seinen Zorn an mir auszulassen.

Nun brach der Streit zwischen den Zünften und den Geschlechtern los. Thies Ulbrand stand zwar anfangs zu seinen Genossen, aber nicht so bald neigte sich der Kaiser den Geschlechtern zu, als er schleunigst begriff, daß er nichts Gescheiteres tun könne, als sich von den Zünftlern loszusagen. Das reizte und erbitterte mich aufs Äußerste, und so erhob ich, um die Ehre unserer Zunft zu retten, vielleicht lauter noch, als ich es sonst getan haben würde, meine Stimme in Verfechtung unseres guten Rechtes. Laßt mich kurz sein, Pater! Wie die Bewegung auslief, das wißt Ihr. Die, welche den Herren am gefährlichsten schienen, wurden verbannt, die übrigen sperrte man ein. Ich hatte nicht mehr verübt als hundert andere, aber alle meine Genossen kamen glimpflicher davon als ich, und daß mein Urteil so überaus hart ausfiel, das, glaubt mir, habe ich niemandem zu danken als dem Thies Ulbrand.

So, Pater, da habt Ihr meine Geschichte, und nun sagt nur, ob Ihr einem armen jungen Blut behilflich sein wollt, daß es nicht hinsiecht auf faulem Kerkerstroh oder gar in der Verzweiflung Hand an sich legt."

Pater Aloysius erwiderte entschlossen: „Ich will's, Hans in dem Grase. Zweierlei nur mußt du mir versprechen. Zuerst nämlich, daß du ohne Widerrede dich all meinen Anordnungen fügen und ohne Erlaubnis die Schwelle dieses Hauses nicht überschreiten willst. Sodann aber, daß du es mir nicht zurechnest, wenn der Aussatz deinen Leib befällt."

Da hob Hans die beiden Schwurfinger der rechten Hand empor, berührte mit der Linken das Elfenbeinkruzifix, das in einer Mauerblende stand, und sprach mit bewegter Stimme: „Ich schwöre solches bei unserem Erlöser und der allerseligsten Jungfrau. Nach bestem Vermögen will ich erfüllen, was Ihr begehrt!"

„Wohl, und mögen die heiligen Nothelfer gegen allerlei Pestilenz dich in ihren gnädigen Schutz nehmen. Jetzt aber laß mich vor allen Dingen deinem kranken Fuß einen Verband anlegen."

Pater Aloysius warf seine wollene Kutte ab, hüllte sich in ein grobes Linnengewand und entnahm einem in der Ecke angebrachten Spinde verschiedene Kräutersäckchen, einen Tiegel und Binden, wie sie die Wundärzte gebrauchen. Der kleine Metalltiegel wurde über einem Flämmchen erhitzt. Dann warf der Pater eine Handvoll getrockneter Kräuter hinein, und alsbald erfüllte ein dichter Qualm von Thymian und Wacholder das kleine, zellenartige Gemach. Hans wußte wohl, daß man in Fällen, wo ansteckende Krankheiten ein Haus heimgesucht hatten, sich solcher Räucherungen bediente, und er begriff, daß der gute Pater ihn nach Kräften gegen die Berührung von seiner Hand sichern wollte.

Die Untersuchung des kranken Fußes schien den Mönch zu befriedigen. So arg sich das Gelenk auch geschwollen zeigte, es war dennoch nicht gebrochen oder verrenkt.

„Sechs bis acht Tage vollständiger Ruhe", tröstete der Pater seinen Gast, während er mit kunstgerechter Hand und so gut es ging, jede direkte Berührung des kranken Gliedes vermeidend, die Binde um den Fuß schlang, „und du wirst völlig wiederhergestellt sein, mein Sohn."

„Wie wohl Ihr die Sache versteht", meinte dieser bewundernd. „Ihr legt ja den Verband an wie der beste Wundarzt."

Der Mönch lächelte wehmütig. „Ich war ja in meinem Kloster der Meister Arzt, und von nah und fern kamen die Leute zu mir, um sich heilen zu lassen."

Als der Fuß geschient und verbunden war, öffnete der Pater die Tür eines anstoßenden, sehr kleinen Gemaches, das als eine Art von Arzneikammer zu dienen schien, wenigstens hingen Bündel von allerhand getrockneten Kräutern an den Wänden.

„Das muß dein Quartier sein, so lange du bei mir bist, Hans", bemerkte der Greis. „Schieb' den Riegel von inwendig vor und öffne niemand als mir allein. Es trifft sich gut, daß eine neue, noch ungebrauchte Wolldecke dort im Schrein liegt. Eine Schütte Stroh werde ich dir herbeischaffen, und dann magst du den müden Gliedern Ruhe gönnen. Du wirst es nötig haben."

„Ehrwürdiger Vater", kam es zögernd von Hansens Lippen, als er schon im Begriff war, die Schwelle zu überschreiten, „ich habe Hunger. Seit gestern Mittag ist kein Bissen über meine Zunge gekommen."

Der Mönch schlug sich vor die Stirn, und ein gutmütig-schalkhaftes Lächeln flog über seine verwitterten Züge. „Aloysius, Aloysius", schalt er sich, „so alt schon und noch so unbedacht. Ja, armer Schelm, es ist aber leider nur geringe Kost, die ich dir für den Augenblick vorzusetzen habe."

„O, ehrwürdiger Vater, für mich ist das Geringste und Schlechteste noch ein köstlicher Leckerbissen. Bedenkt, an was für Kost ich seit langen Monden gewöhnt bin!"

Brot, kaltes Fleisch und einen Trunk kräftigen Frankfurter Bieres

standen bald vor Hans, der den gereichten Erfrischungen eifrig zusprach. Endlich aber war doch seine Eßlust gestillt, und nun meldete sich nach all den Erlebnissen der letzten zwölf Stunden bei dem Jüngling die äußerste Erschöpfung. Wie ein Trunkener schwankte er seinem Lager zu. Den Riegel vorzuschieben, wie ihn der Mönch geheißen, vergaß er. In demselben Augenblick, wo er auf seine Streu niedersank, hielt auch der Schlaf schon seine Glieder umfangen.

Pater Aloysius betrachtete ihn eine Weile schweigend, dann kehrte er in das vordere Zimmer zurück, ordnete sein Verbandzeug und verließ danach das Häuschen, dessen Tür er jedoch sorgfältig hinter sich abschloß. Sein Gang führte ihn zu dem „Meister“, der dem Siechenhause vorstand. Bei diesem empfing jeder der Kranken, was ihm an Lebensmitteln, an Kleidung und sonstigem zukam. Denn im Frankfurter Gutleuthof herrschte die Einrichtung, daß jeder der Pfleglinge in gewisser Weise für sich selbst sorgte und namentlich seine Speisen sich selber zubereitete. Die Wohlhabenderen unter ihnen konnten von dem Spittelmeister sich auch Wein kaufen.

Ebenso war es denjenigen, welche über eigene Mittel verfügten, gestattet, sich wie Pater Aloysius in eines der zum Hof gehörigen „Sonderhäuschen" einzukaufen — eine Einrichtung, die den Gebildeteren unter den armen Kranken wesentlich zugute kam, da dies sie davor bewahrte, mit dem Auswurf der Menschheit, wie solcher nur zu häufig bei den Aussätzigen sich zusammenfand, in allzu enge Berührung zu kommen.

Heute hatte Pater Aloysius seinen größten Weinkrug ausgewählt, um sich diesen beim Spittelmeister füllen zu lassen, denn er gedachte seinen Pflegling nach dessen Erwachen nach besten Kräften zu bewirten.

„Ihr habt wohl heute Namenstag?" rief der Meister, als er das weite, bauchige Gefäß sah, aber Aloysius gab nur kurze, ablehnende Antwort, zählte sein Geld auf und entfernte sich mit seinen Vorräten.

Als er über den Hof ging, auf dem fünf oder sechs der Aussätzigen im wärmenden Sonnenschein kauerten, fühlte er, wie ihre Blicke ihm lauernd und mißgünstig folgten. Denn die fürchterliche Krankheit verändert nur zu oft den Charakter der von ihr Befallenen in traurigster Weise, und namentlich ist es ein tief eingewurzeltes Mißtrauen gegen ihre Leidensgenossen wie gegen alle Welt, das sich dieser verbitterten Gemüter zu bemächtigen pflegt.

Erst am Nachmittag erwachte Hans und sprach wieder eifrig den Speisen zu, die sein Gastfreund ihm vorsetzte. Zum Abendbrot saßen beide einander gegenüber in des Mönches Zelle. Immer lebhafter flog Rede und Gegenrede hin und wieder. Es war, als ob Pater Aloysius sich einmal entschädigen müsse für den Zwang und die Einsamkeit langer Jahre, und als sie endlich beide ihr Lager aufsuchten, da konnte man dem großen Steinkruge schon bedenklich auf den Grund sehen.

Sechs Tage hindurch verweilte Hans in dem Grase schon unter Pater Aloysius' treuer Obhut. Sein kranker Fuß besserte sich zusehends, und so sehr der Mönch sich über dies Ergebnis seiner Kur freute, so seltsam weich und wehmütig wollte es ihm ums Herz werden, wenn er gedachte, daß er binnen kurzem den fröhlichen

Gesellen müsse ziehen lassen. Denn fröhlich war Hans allezeit, und nur dann senkte sich ein Schatten auf seine hellen Züge, wenn er der Elsbeth gedachte und in heißer Sehnsucht nach ihr immer neu bei sich die Frage aufwarf, ob er sie wiedersehen werde und wann.

Einmal, als er seinem Kummer Worte geliehen, nickte der Pater, wie in tiefe Gedanken verloren, und über seine Lippen gingen leise wie ein Hauch die Worte: „Gott sende die zusammen, die Geliebte gern wollen sein!" Verwundert blickte der Jüngling in das alte runzelvolle Gesicht. Wie kam dem Mönch die Kunde von jenem weltlichen Liebeslied, das einst, so hatten sie in der Pfeiferstube gesagt, im Lande Österreich von einem Minnesänger gesungen worden war?

Eines Tages hatte Pater Aloysius länger als sonst in dem Arzneigarten, der seiner Obhut und Pflege unterstellt war, geschafft, und erst mit der sinkenden Sonne ließ er es der Arbeit genug sein. In seiner Wohnung trat ihm dann Hans so hastig entgegen, daß er im ersten Augenblick erschrak, in der Meinung, es habe sich Schlimmes zugetragen. Ja, der Gedanke schoß durch seinen Kopf, der Jüngling könne an sich eine Spur der fürchterlichen Krankheit entdeckt haben. Hans jedoch zerstreute im Nu alle diese Besorgnisse, denn mit freudestrahlendem Gesicht rief er:

„Pater, ich habe einen Schatz entdeckt! Dort jene alte Truhe öffnete ich, weil mir die Zeit lang wurde, und was fand ich? Lieder und Reime, einige trauriger Art, die meisten aber so schön und lustig, daß es nicht anders ist, als hörte man die Lerchen unterm blauen Himmel singen. Denn seht, auch Noten sind dabei, zu jedem Gesätz ist die Weise angegeben. O, Pater, wäre ich hier nur nicht in der Heimlichkeit, nichts lieberes täte ich, als gleich auf der Stelle alle diese Weisen singen und pfeifen, daß man's meinethalb eine Meile in der Runde hören könnte. Aber nun sagt mir, wer hat all diese Liedlein erdacht und zu Musik gesetzt? Wenn der Meister noch lebt, so muß ich zu ihm gehen und ihm die Hand drücken und ihn so lange bitten, bis er mich zu seinem Schüler annimmt."

Ein seltsames Lächeln zog über des Mönches Gesicht. „Zu ihm gehen, das hast du gar nicht mehr nötig, Hans, aber sein Schüler werden kannst du nicht, denn der die Lieder gedichtet und auch die Weisen ersonnen hat, das bin ich selber, mein guter Gesell."

„Ihr?" rief der Junge in maßlosem Erstaunen. „Ihr, Vater? Und davon laßt Ihr nichts verlauten, und was aller Welt zu Freude und Lust gereichen würde, das verschließt Ihr in Euren Truhen, dem Geizigen gleich, der niemand seine Schätze gönnt?"

Pater Aloysius schüttelte traurig den Kopf. „Du sprichst töricht, Hans. Was blieb mir anders übrig? Vorsingen kann ich den Leuten meine Weisen nicht, auch wenn sie nicht meine Nähe fliehen müßten, denn du hörst es ja: meine Stimme ist heiser und krächzend geworden wie die eines Raben — es ist einmal nicht anders bei uns sondersiechen Leuten. Wenn ich nachts schlaflos auf meinem Lager liege, dann höre ich vor meinem Ohr die süßen Gesänge, aber nachzusingen vermag ich sie nicht, nur festhalten kann ich sie durch die Notenzeichen."

„O Vater, vertraut mir Euren Schatz an", rief Hans begeistert. „Ich will Euren Liedern Flügel geben, daß sie durch die Lande fliegen und alte und junge Herzen mit Freude erfüllen sollen. In die enge Zunft kehre ich nun und nimmermehr zurück. Heute, wo ich über Eure Lieder geriet, hab' ich mir's gelobt mit einem heiligen Eide, daß ich der edlen Musica fortan ganz und gar mich widmen will."

„Und hast du bedacht, Hans, daß du zunächst nur ein landflüchtiger Mann bist, der nicht weiß, wohin er in wenigen Tagen sein Haupt betten wird? Lässest du dir aber einfallen, unter die fahrenden Spielleute zu gehen, so wirst du den unehrlichen Leuten zugesellt. Weißt und bedenkst du das und darfst du's auf dich nehmen, um deiner selbst und um einer andern willen?"

„Elsbeth!" sagte der Jüngling und war auf einmal wie aus einem Taumel des Entzückens gerissen.

Der Greis betrachtete ihn mitleidig. „Wir reden noch weiter darüber", sagte er mild. „Verzage nicht! Der alle Dinge trägt in seiner Hand, der wird auch dir den Weg schon weisen, den du gehen sollst."

Beim Abendessen war Hans still und gedrückt. Erst nach und nach, als die Rede wieder auf die Musik und auf jene Lieder kam, schwand seine trübe Stimmung, und begeistert pries er, wie schön das eine und das andere Lied sei. „Und was mich vor allem Wunder nimmt …" Er stockte und sah seinen Gastfreund einigermaßen ungewiß an.

„Was ist's, Hans?" ermunterte ihn dieser.

„Pater, ich kann mir's nimmer vorstellen, wie Ihr dazu gelangen konntet, so schön von der Liebe zu singen."

„Du kannst dir wohl auch nicht vorstellen, Hans, daß ich einst ein schmucker junger Rittersmann war? Und doch ist's so gewesen, und wenn du das weißt, wird es dir schon einleuchten, daß ich auch der Liebe nicht fremd geblieben bin. Es war eine gar traurige Sache, denn die, der ich mein Herz geschenkt, ward von ihren Eltern einem andern Manne anverlobt und mußte sich von ihm den Ehering an die Hand stecken lassen. An dem Tag aber, wo das geschah, zog ich den Ritterharnisch aus und die Mönchskutte an. Meine Seele wollte gleichwohl immer noch nicht stille werden. So pilgerte ich denn, um Frieden zu finden, weit über Land und Meer und wallfahrtete nach unseres Heilands Grab. Und als ich zurückkehrte aus dem fernen, glühenden Orient, da war ich ein aussätziger Mann. Sieh, Hans, so ist die Liebe, die süße Minne, meines Lebens Verhängnis geworden, und doch sage ich dir: ich möchte die Erinnerung an sie nicht tilgen aus meinem Gedächtnis. — Es ist aber spät geworden, Hans. Du mußt zur Ruhe, und auch mir wird der Schlaf wohltun nach des Tages Arbeit."

Als am folgenden Morgen Pater Aloysius beim Spittelmeister seine Vorräte an Lebensmitteln ergänzte, auch wieder einmal seinen Weinkrug füllen ließ, neigte sich jener zu ihm und flüsterte ihm ins Ohr: „Pater, ich weiß jetzt, weshalb der Krug hier in den letzten Tagen öfter als jemals sonst hat gefüllt werden müssen. Nein, erschreckt nicht, ich werde Euch nicht verraten, aber einige von den anderen Siechen haben Euer Geheimnis ausgespäht, und so bitte ich Euch, macht daß die Herren vom Rat, wenn sie übermorgen ihren monatlichen Rundgang halten, alles in Ordnung finden, wie es sich gehört. So lange will ich gern ein Auge zudrücken und wenn es sein muß, auch beide. Dann aber — Ihr versteht mich!"

„Ich danke Euch, Meister", lautete des Paters Antwort, „durch mich sollt Ihr ganz gewiß nicht in Ungelegenheiten kommen."

Er nahm den Krug und die Vorräte und schritt in tiefen Gedanken seinem Häuschen zu, verließ aber dieses nach kurzer Zeit wieder, um den Schiffsmann aufzusuchen, dessen Häuschen hart am Mainufer stand. Dieser war, das wußte er, ihm unbedingt ergeben, weil er ihm durch einen seiner Tränke einmal ein Kind aus schwerer Krankheit gerettet hatte. Aufmerksam lauschte derselbe denn auch seinen Worten und nickte verständnisvoll zu den Anweisungen, die ihm der Pater gab.

„So haltet Euch denn morgen in aller Frühe bereit, Andreas", schloß derselbe. „Ihr werdet doch das Werk allein tun können?"

„Allein, Pater? Das ist unmöglich. Der Fluß ist von den Frühjahrswassern zu sehr angeschwollen und geht reißend schnell. Mein Sohn muß das zweite Ruder führen, aber seid unbesorgt, auf den verlaß ich mich wie auf mich selbst."

Damit war auch der Pater zufriedengestellt, und jetzt erst, nachdem alles geordnet war, teilte er seinem Schützling mit, daß seines Bleibens hier nicht länger sei. Hans schnellte in die Höhe, als er vernahm, daß sein Aufenthalt ruchbar geworden war. Doch er beruhigte sich, als ihm Aloysius auseinandersetzte, daß er alle nötigen Vorbereitungen für seine Flucht schon getroffen habe. „Ich hätte dich so gern noch länger verpflegt", meinte er mit einem Anflug von Wehmut, „denn dein Fuß ist noch nicht so kräftig, daß du frisch fürbaß wandern könntest. Aber es hilft nichts, armer Schelm, du mußt weiterziehen."

„Es wird schon gehen, Pater", meinte der junge Mann. „Ich meine, daß ich jetzt kaum noch irgendeine Schwäche spüre. Nur zu einem, bitte ich Euch herzlich, verhelft mir noch: eine Botschaft muß ich noch senden an mein Lieb, daß ich lebe und mit Gottes Hilfe aus aller Fährlichkeit zu sein hoffe. Alles will ich ertragen, keine Widerwärtigkeit will ich scheuen, wenn ich nur weiß, daß sie mir treu bleibt und meiner harrt. Vater, könnt Ihr's möglich machen, daß wir noch ein einzig Mal Botschaft miteinander tauschen?"

Der Mönch dachte einen Augenblick nach. „Versuchen will ich, Hans, was sich tun läßt. Schreib mir ein Brieflein, doch nicht zu lang, also daß sich's eng zusammenfalten läßt. Ich will das Schreiben dem

Peter mit den blöden Augen einhändigen, der zu Frankfurt als Klingelmann für die 'guten Leute' Almosen heischt. Der kennt in der Stadt jedes Haus und nahezu alle Leute. Kann einer der Jungfrau die Botschaft bringen, dann ist er es, und was sie auf diese erwidert, das wird er dir gleichermaßen übermitteln."

Nicht zweimal ließ Hans sich solche Weisung geben. Hastig vertraute er dem Papier seinen Kummer, seine Sehnsucht und sein Hoffen an, und Pater Aloysius, nachdem er das Blatt vorsichtig über ein Räucherbecken gehalten und darauf in ein Wachstuchtäschchen gesteckt hatte, ging, um den Boten, der in einer Art Dienstverhältnis zum Gutleuthofe stand, aufzusuchen.

So oft im Laufe des Tages und vorzüglich am Abend irgendein Geräusch in der Nähe der Wohnung sich hören ließ, zuckte Hans zusammen, und sein Atem ging schneller. Von Minute zu Minute hoffte er, daß Elsbeth ihm Botschaft senden werde, allein immer vergebens. Keine Kunde kam und kein Peter ließ sich erblicken. Trostlos suchte er endlich sein Lager auf, aber der Schlaf floh ihn durch lange Stunden, und erst spät sank er in einen unruhigen Schlummer.

Noch standen die Sterne am Himmel, als Pater Aloysius ihn weckte. Der Jüngling kleidete sich hastig an. In des Mönches Zelle stand ein Imbiß bereit, aber Hans in seiner Betrübnis vermochte kaum das Geringste hinunterzubringen.

„Der Hunger wird dir unterwegs schon kommen", meinte der Pater ruhig. „Da, Hans, tu den Quersack um und stecke Brot und Fleisch hinein. Auch dies Bündlein hier wird wohl noch Platz darin finden — es sind die Lieder, Hans, die ich niedergeschrieben. Ich denke doch, sie sind bei dir besser aufgehoben als bei mir."

„Vater", entgegnete Hans, „wie soll ich Euch genugsam danken für alle Eure Güte?"

„Und nun, Hans, rasch", schnitt ihm der Greis das Wort ab, „es ist keine Zeit zu verlieren, das Morgengrauen darf uns nicht mehr hier finden."

Am Ufer des Mains wartete bereits Andreas, der Ferge, mit seinem Sohn. Eben schickte Hans sich an, den Kahn zu besteigen, als vom

Weidengebüsch am Ufer eine Gestalt sich loslöste. Ein jäher Schreck durchzuckte des Jünglings Herz, aber im nächsten Augenblick jauchzte er auf. „Elsbeth! O, Elsbeth, bist du es wirklich?“

„Ja, Hans, ich bin's!“ kam es von ihren Lippen. „Einmal noch mußte ich dich sehen von Angesicht zu Angesicht.“ Er schloß sie in seine Arme, lachend und weinend zugleich. „Zuviel Leid hab' ich um dich getragen“, hob sie nach einer Weile wieder an. „Von deiner Flucht hatte ich gehört, und tags darauf kam die Kunde, es sei im Bornheimer Wald ein Mensch von Wölfen zerrissen worden, wer es gewesen, wisse man nicht. Da hab' ich Nacht um Nacht mein Kissen mit Tränen genetzt, denn ich meinte, jener Unglückliche müssest du gewesen sein. Und als nun deine Botschaft kam, o Hans, da hat mich's zu dir gezogen mit einer Gewalt, daß ich nicht widerstehen konnte. So hab' ich dir's noch einmal sagen können, daß ich nimmer und nimmer von dir lasse und daß ich dein harren werde, bis Gott unsere Hände ineinander legt.“

„Wir müssen fort“, drängte der Ferge. Aber wann hätten Liebende solch einem Worte gleich beim ersten Male Gehör gegeben! Erst als Pater Aloysius, welcher derweil auf einem Stein gesessen, aber fast kein Auge von der Jungfrau verwandt hatte, sich ins Mittel legte, riß der junge Mann sich los. Einen letzten Kuß tauschten die beiden miteinander, dann sprang Hans mit raschem Entschlusse in den Kahn, der Pater folgte.

In tiefem Schweigen ward die Überfahrt zurückgelegt. Als der Kahn am jenseitigen Ufer landete, gab der Mönch den beiden Schiffern die Weisung, seiner eine kurze Weile zu harren. Dann schritt er mit seinem jungen Freund die Anhöhe hinan, über welche die Landstraße führte. Oben machten die beiden halt, gerade als im Osten die Sonne über den Horizont emporstieg.

„Und nun mit Gott, Hans!“ sagte der Greis, indem er auf den Dreieicher Wald deutete, der zu ihren Füßen sich ausdehnte. „Suche den Rhein zu gewinnen. Dort führt ein Schiff dich wohl weiter.“ Und bei diesen Worten drückte er dem Scheidenden ein gewichtiges ledernes Beutelchen in die Hand.

„Vater“, entgegnete der Jüngling in tiefer Rührung, „sagt mir, womit ich so unaussprechliche Güte verdient habe.“

Der Mönch blickte einen Augenblick in seine bewegten Züge, dann erwiderte er leise: „Was ich tat, Hans, das tat ich um deiner selbst, aber auch um einer anderen willen. Die Jungfrau, der du dein Herz geschenkt hast, ist das Tochterkind derjenigen, die ich einst geliebt. Jetzt aber zum letzten Male: lebe wohl, Hans, lebe wohl!“

Des Jünglings Augen füllten sich bei diesen Worten mit Tränen, aber die des Mönches blieben trocken, denn die Wohltat, sich auszuweinen, ist dem Aussätzigen versagt. Am Fuß des Hügels flatterte noch einmal ein weißes Tuch empor. Von oben winkte der Mönch einen letzten Abschiedsgruß, dann stieg er hinunter zu dem am Ufer harrenden Kahn.

Was aus Hans in dem Grase geworden, wohin er sich gewandt, das erfuhr zunächst niemand. Elsbeth vielleicht mochte insgeheim Kunde von ihm haben. Indeß, den Peter mit den blöden Augen zu ihr zu senden und sie befragen zu lassen, wagte Pater Aloysius nicht, denn Thies Ulbrand, dem ein unbestimmtes Gerücht zugekommen war von jenem flüchtigen Wiedersehen, hatte den Peter hart angefahren und ihm gedroht, er werde ihn in den Stock werfen lassen, wenn man ihn jemals wieder in der Nähe seines Hauses betreffe. Aber eines Tages sollte dem Mönche dennoch eine Kunde von seinem dereinstigen Schützling zugehen, denn da er auf einer seiner einsamen Wanderungen begriffen war, strichen in einiger Entfernung zwei junge Gesellen an ihm vorüber, die sangen ein Lied, und da er aufhorchte, erkannte er eine Weise, die er selber gesetzt, Worte, die er selber gedichtet. Bald klangen auch noch andere seiner Lieder ihm entgegen aus dem Munde von Jägern und Schiffern, von Handwerksgesellen und fahrenden Schülern. Nun wußte er freilich gewiß genug, daß Hans in dem Grase am Leben und der edlen Musica treu geblieben sei. Geduldig harrte er, ob etwa weitere Kunde von ihm einlaufen werde.

Und diese Kunde kam. Im sangesreichen Thüringen, am Hofe des Landgrafen Wilhelm, der wie alle seine Vorfahren Musik und Dichtkunst leidenschaftlich liebte, hatte Hans eine hochgeachtete Stellung gewonnen. Der mächtigen Fürsprache des Fürsten fiel es nicht schwer, ihm vom Rate seiner Heimatstadt Verzeihung für sein dereinstiges Vergehen auszuwirken. Hans in dem Grase wußte diese wohl zu nutzen, und bald holte sich der glückstrahlende Mann Elsbeth als sein liebliches Weib herüber in seine neue Heimat.

Seinen alten Wohltäter hatte er noch am selben Tage, da er die gute Stadt Frankfurt wieder betrat, aufgesucht. Er fand ihn aber nicht mehr im Gutleuthofe, sondern in einem jener wohlausgestatteten Pfründnerhäuser, in die sich einzelstehende Personen zu jener Zeit gern zurückzogen, um sich verpflegen zu lassen. Die Krankheit, die schon damals, als Hans mit dem guten Pater zusammentraf, zum Stillstand gekommen war, hatte inzwischen den alternden Körper verlassen, und er durfte fortan in der Gemeinschaft mit den Menschen leben, von der er so lange ausgeschlossen war. Wo er aber ging und stand, auf Markt und Straßen, in Feld und Wald, da tönten seine Lieder ihm entgegen, einen goldenen Schimmer über seinen Lebensabend breitend.

Der Schreiber der Limburger Chronik, Tilemann Elhen von Wolfhagen, berichtet: „Zu dieser Zeit war an dem Main ein Mönch Barfüßerordens, der ward aussätzig und war nit rein. Der machte die besten Lieder in der Welt von Gedicht und Melodeien, daß am Rheinstrom niemand ihm gleichen mochte. Und was er sung, das sungen die Leute alle gern, und alle Meister pfiffen's, und andere Spielleute führten den Gesang und das Gedicht. Derer Lieder machte er gar viel und war das alles lustiglich zu hören."

Den Namen des Mönches, der so liebliche Lieder gesungen, berichtet der Chronist nicht; es schien ihm wohl nicht wichtig genug, daß dieser der Nachwelt aufbewahrt werde. Wir aber wissen dennoch, wie er lautete, wissen es aus der Geschichte von Hans in dem Grase.

(Th. Justus/Zedelius)

Der Frankfurter Bäckerssohn und die tapfere Kronbergerin

Die Anna Magdalena Henrich, Tochter des Kronberger Brauers und Benders Philipp Henrich, hatte sich für drei Jahre als Magd bei dem Frankfurter Bäckermeister Johann Daniel Kunz verdingt, und alle sagten, besser hätte sie's gar nicht treffen können. Der Bäckermeister Kunz betrieb sein Handwerk im eigenen Haus in der Fahrgasse, zusammen mit seiner Frau und zwei schon älteren Gesellen. Er war ein angesehener Mann, und sein Geschäft blühte. Schon der Duft frischen Brotes, der stets hinaus auf die Gasse drang, zog viele Kunden an.

Die Anna Magdalena war braunäugig und braunhaarig und dabei so flink, daß man sie auch beim Verkauf hinterm Schragen brauchen konnte. Noch dazu verstand sie sich, was dazumal noch eine Seltenheit war, aufs Lesen, Schreiben und schriftliche Rechnen. Das alles hatte ihr daheim der Pfarrer, der seine Freude an dem gewitzten Mädchen hatte, so nebenher beigebracht. Daher kam es, daß die Anna Magdalena von den Bäckersleuten bald mehr wie eine Tochter denn wie eine Magd behandelt wurde.

Eine echte Tochter konnte sie zwar nicht werden, wohl aber eine Schwiegertochter. Denn als der einzige Sohn der Bäckersleute, Andreas genannt, von der Wanderschaft heimkehrte, verliebte er sich alsbald in die hübsche Kronbergerin, und obwohl seine Eltern schon eine Meisterstochter für den Sohn ins Auge gefaßt hatten, waren sie mit dem Lauf der Dinge nun ganz zufrieden. Johann Daniel Kunz wollte sich im nächsten Jahr zur Ruhe setzen. Dann konnte Andreas als Meister die Bäckerei übernehmen, und wenn er die Anna Magdalena heiratete, dann hatte er gleich eine tüchtige, schon im Geschäft erfahrene Meisterin dazu.

Ganz so glatt, wie man sich's gedacht hatte, verlief die Liebes- und Heiratsgeschichte dann doch nicht, und das kam so:

Damals standen die Fürsten und Ritter im Reich gegen die immer mehr aufblühenden Städte. Beide Parteien schlossen Bünde und bekriegten sich sogar offen. So wurden die Städte in den Schlachten von Döffingen und Pfeddersheim im September und Dezember 1388 von den Fürsten- und Ritterheeren geschlagen. Das wiederum machte die Ritter übermütig. So legten sich auch die von Kronberg mit der Reichsstadt Frankfurt an, schickten ihr einen Fehdebrief, plünderten Frankfurter Kaufmannszüge und berannten schließlich sogar Sachsenhausen, das damals noch keine feste Stadtmauer hatte, hausten übel darin, selbst in den Kirchen.

Das bewirkte, daß man in Frankfurt nun nicht mehr gut auf die Kronberger zu sprechen war, obwohl man sehr wohl zwischen den Rittern und der Bürgerschaft zu unterscheiden wußte. Da die Dienstzeit der Anna Magdalena gerade damals zu Ende war, beschloß man, daß sie nach Kronberg zurückkehren sollte. Im nächsten Jahr, wenn die Gewitterwolken sich verzogen hatten, konnte dann die Hochzeit sein. In der Zwischenzeit wollten die beiden Liebesleute sich dann und wann auf halbem Wege treffen, in Eschborn, wo die Anna Magdalena einen Oheim und seine Frau wohnen hatte.

Inzwischen gingen die Reibereien zwischen Frankfurt und der Kronberger Ritterschaft weiter. Daher entschloß sich endlich der Rat, mit voller Macht gegen Kronberg zu ziehen und dem bösen Spiel ein Ende zu machen. Am 12. Mai 1389, einem Mittwoch, zog man aus. Den Oberbefehl hatte der Stadtschultheiß Winter von Wasen. Die Söldner und Knechte führten den schwarzen Reichsadler, die Zünfte die rot-weißen Stadtfarben.

Am Sonntag zuvor hatten Andreas und Anna Magdalena ein Treffen in Eschborn verabredet, und Anna Magdalena war sehr erstaunt, als sie statt des Liebsten nur eine Botschaft vorfand, die sie nicht einmal ganz verstand. Andreas ließ sagen, er könne nicht kommen, werde aber wohl bald in Kronberg sein, freilich nicht so, wie sie sich's wünschten. Sie möge sich daheim in Sicherheit aufhalten.

Was das bedeuten sollte, wurde Anna Magdalena erst klar , als in Kronberg bekannt wurde, daß ein ganzes Frankfurter Heer herannahte. Die Frankfurter zogen über Rödelheim und Sulzbach, an Niederhöchstadt vorbei ins Sauerbornstal, wo die Kronberger sich in friedlichen Zeiten an der Quelle ihren Haustrunk holten. Hier, in dem Tälchen, schlug man das Lager auf und setzte fort, was man schon unterwegs begonnen hatte: man verwüstete sogleich die Gärten und Weinberge der Kronberger, schlug Bäume um oder schälte ihnen die Rinde ab. Ein plötzlicher Ausfall der Kronberger Ritter wurde zurückgeschlagen, und man brachte einige Gefangene ein.

Nun glaubten die Frankfurter, den sicheren Sieg schon in der Tasche zu haben, zumal sie ja außer einigen Heerwagen auch etliche Kanonen mitgebracht hatten. Da rauhe Kriegerkehlen oft einen starken Durst verspüren und das herbe Sauerbornswasser den Frankfurtern nicht mundete, beschlossen sie, den sicheren Sieg schon ein wenig vorweg zu feiern und schlugen die mitgebrachten Weinfässer auf.

Unter der mit ausgerückten Bäckerzunft befand sich auch der Andreas Kunz, wohlbewaffnet, aber ohne große Lust, als Sieger in das Heimatstädtchen seiner Liebsten einzuziehen. Da er der Anna Magdalena gern mitteilen wollte, daß er in ihrer Nähe war, so schlug er sich am Abend, als alles trank und lärmte, heimlich in die Büsche und lief bergauf, der Kronberger Stadtmauer zu. Im schlimmsten Falle, so dachte er, würden ihn die Kronberger als Gefangenen einbringen, wenn sie ihn fingen. Endlich erreichte er die Mauer und zwar, wie er's gewollt hatte, ein Stück seitwärts vom Stadttor. Alsbald hörte er droben einen, der sich räusperte und hustete, eine Wache also. Die Wache wurde aber gewiß von den Bürgern gestellt. Auf gut Glück rief er den droben an mit einem: „Heda, gut' Freund!"

Der Kronberger beugte sich über die Mauer und sagte: „Gut' Freund? Du bist doch gewiß ein Frankfurter und willst etwas bei uns auskundschaften!"

„Ein Frankfurter bin ich wohl, ich kann's nicht leugnen", antwortete der Andreas Kunz, „aber auskundschaften will ich nichts. Ich suche nur einen, der meiner Liebsten, der Anna Magdalena Henrich, eine Botschaft sagen könnte."

„Da hast du aber Glück", lachte der Kronberger droben leise, „ich bin nämlich der Nachbar vom Brauer Philipp Henrich, und wenn du die Anna Magdalena deine Liebste nennst, bist du wohl der Bäcker Andreas Kunz aus der Fahrgasse."

„Der bin ich, und ich wär' dankbar, wenn Ihr die Anna Magdalena grüßen und ihr sagen wolltet, daß ich drunten beim Heer im Sauerbornstal bin."

„Das will ich schon tun", sagte der droben auf der Mauer. „Man hört euch da unten im Sauerbornstal ja laut genug lärmen. Aber seid nicht zu sicher. Unsere Herren droben haben schon um Hilfe ausgeschickt, und es wird euch vielleicht trotz eurer Kanonen und Heerwagen noch übel ergehen. Sieh zu, daß du mit heiler Haut davonkommst, Andreas Kunz. Wir Bürger hier brauchen draußen nicht mitzukämpfen. Haben es mit Brief und Siegel, daß wir nur von innen her die Stadt verteidigen müssen. Es hat auch keiner von uns etwas gegen euch. Wir sind ja wie ihr, möchten in Frieden leben und arbeiten, und die Händel unserer Herren sind uns zuwider. Darum wär's schlimm, wenn ihr in die Stadt eindringen wolltet."

„So ist's", flüsterte der Andreas Kunz. „Ich wollte lieber daheim vorm Backofen stehen."

„Und ich am Webstuhl sitzen."

Damit schieden sie, und der Bäckerssohn lief langsam zurück ins Sauerbornstal, wo niemand seine Abwesenheit bemerkt hatte. Alle hatten fleißig dem Wein zugesprochen, und Andreas dachte: „Wie gut, daß die Kronberger Ritter nun keinen zweiten Ausfall wagen!"

Als die Anna Magdalena am Morgen vom Nachbarn, dem Weber, erfuhr, daß der Andreas drunten im Sauerbornstal beim Frankfurter Heer war und sich ihretwegen bis zur Stadtmauer vorgewagt hatte, um sie grüßen zu lassen, war sie froh und traurig zugleich. Froh war sie, weil sie ihn nun in der Nähe wußte, traurig, weil sie nicht zu ihm konnte, denn er gehörte ja nun zu den Feinden. Was würde geschehen, wenn die Frankfurter das Städtlein mit ihren Kanonen beschossen und eine Bresche in die Stadtmauer legten? Dann mußten ihr Vater und ihr Bruder zusammen mit den anderen Bürgern die Eindringlinge abwehren und wie, wenn sie plötzlich den Andreas Kunz als Gegner vor sich hatten? Anna Magdalena verwünschte die Streitsucht der Männer und weinte. Und sie weinte noch mehr, als sie hörte, daß die Frankfurter schon begonnen hatten, ihre Geschütze in Stellung zu bringen. Morgen, so hieß es, würden die ersten Kanonenkugeln in der Stadt einschlagen.

Doch gegen Mittag kam von der Burg die Nachricht herunter, daß die Feinde ihre Kanonen wieder abbauten, und ausgesandte Späher meldeten, daß sie auch ihr Lager im Sauerbornstal eilig abbrächen.

„Ihr werdet sehen, was jetzt geschieht", sagte ein Reisiger, der von der Burg herabkam, zu einer Gruppe von Kronbergerinnen, bei denen auch die Anna Magdalena stand. „Die Frankfurter haben Lunte gerochen. Die pfälzischen Panzerreiter sind von Oppenheim her unterwegs, und wenn die in den Frankfurter Haufen hineinreiten, wird manche Frankfurterin um ihren Mann oder Sohn weinen."

Wieder erschrak die Anna Magdalena bis in ihr innerstes Herz. Wenn ihr Andreas solch einem Pfälzer vors Pferd, vors Schwert oder die Streitkeule kam!

Der Reisige hatte richtig vermutet. Die Frankfurter befanden sich in vollem Rückzug, voran die mit Pferden bespannten Kanonen und Heerwagen. Das Fußvolk, die Söldner und die Zünfte, hastete hinterdrein. Doch es war zu spät. Ein anderer Reisiger kam mit einer Botschaft von draußen hereingaloppiert und schrie: „Die Pfälzer sind da, und die Hanauer rücken auch heran. Nun geht's den Frankfurtern aber an den Kragen!"

Und so war's. Bald sah der Turmwächter von oben eine riesige Staubwolke. Die Schar der Kronberger und Reifenberger Ritterschaft war den fliehenden Frankfurtern gefolgt, und die pfälzischen Panzerreiter stießen mitten in die Frankfurter Haufen hinein, die sich zwar wehrten, aber auch noch gegen die Sonne kämpfen mußten.

Die Schlacht war im Gange und der Andreas steckte mitten darin! Anna Magdalena lief weinend in ihre Kammer. Was sollte sie tun! Als die Dämmerung hereinbrach und man von draußen „Sieg! Sieg!" rufen hörte, war ihr Entschluß gefaßt. Sie schlich in die Kammer des Bruders, nahm sich Mannskleidung vom Haken, zog sie in ihrer Kammer über und verbarg ihr langes Haar unter einer alten Ledermütze. Nun sah sie wie ein etwas zierlicher Bursche aus. Ganz in der Nähe ihres Elternhauses kannte sie eine Stelle, wo man leicht über die Stadtmauer gelangen konnte. Sie kletterte hinüber und lief dann auf Seitenpfaden durch die Felder auf Eschborn zu. Bald stieß sie auf die ersten Zeichen des Kampfes, weggeworfene, zerbrochene Ausrüstungsgegenstände und Waffen, und dann sah sie auch den ersten Toten, einen älteren Mann, wohl einen Söldner der Frankfurter, der sie mit offenen Augen anstarrte. Sie schauderte. Dazu wurde es zusehends dunkler. Sie beschloß, erst ins Dorf zu gehen, den Oheim Peter zu bitten, daß er ihr bei der Suche nach dem Andreas half.

In Eschborn, das sie nach manchem weiteren Schrecken erreichte, herrschte ein ungewohntes, abenteuerliches Treiben. Pechfackeln brannten, überall lagerten Kriegsleute, tranken, aßen und feierten ihren Sieg. Die gefangenen Frankfurter hatte man in einigen leeren Scheunen zusammengetrieben. In einer anderen Scheune lagen stöhnende und jammernde Verwundete, und Eschborner Bauern trugen noch weitere hinzu, die sie draußen auf dem „Haderfeld“ aufgelesen hatten. Die Toten sammelte man in einer Ecke.

Der Peter Henrich und seine Frau wunderten sich nicht wenig, als sie in dem zierlichen Burschen, der hereinkam, die Anna Magdalena erkannten und erfuhren, warum sie in den Kleidern ihres Bruders von Kronberg heruntergelaufen war. Doch der Oheim war ein gutmütiger Mann und verstand die Sorge der jungen Nichte. Zuerst blickte Peter Henrich den Gefangenen ins Gesicht und fragte nach dem Andreas Kunz, aber keiner von den Bäckern wußte, wo er abgeblieben war. Auch bei den Toten und den Verwundeten war er nicht, aber ein verwundeter Bäcker erinnerte sich, daß er den Andreas zuletzt gesehen hatte, als ein pfälzischer Panzerreiter mit der Streitkeule auf ihn einhieb. „Das war weit dahinten, an einem Gebüsch von Haseln und Weiden. Sicher hat der Pfälzer ihm den Garaus gemacht oder er ist ins Gebüsch gekrochen, um da zu sterben.“

Anna Magdalena schrie auf. Dann drängte sie: „Komm, Oheim Peter, wir müssen ihn finden!“

„Nur langsam“, mahnte der und ging mit der Widerstrebenden zuerst zu seinem Hof zurück. Dort ließ er sich von seiner Frau saubere Leinenstreifen, eine warme Decke, heilendes Öl und anderes geben, das man für einen Verwundeten brauchte. Das mußte die Anna Magdalena tragen, während er selbst einen Wasserkrug füllte, eine Laterne mitnahm und auch ein Branntweinkrüglein an den Gürtel hängte. Dann begannen sie draußen ihre Suche, leuchteten manchem Verwundeten, der noch auf's Abholen wartete, und manchem Toten ins Gesicht und suchten die Gebüsche ab, deren es viele gab. Endlich kamen sie zu einem Gebüsch weit hinten, schon fast in Steinbach, und hörten ein Stöhnen. Da lag einer, halb unter den Weiden, und als Anna Magdalena ihm mit der Laterne ins Gesicht leuchtete, da war es wirklich der Andreas Kunz. Er hatte eine klaffende Kopfwunde und eine zerschlagene Schulter, blutete und war nicht bei sich. Als die entsetzte Anna Magdalena ihn anrief, schlug er die Augen auf, murmelte etwas, das sie nicht verstand, und fiel in seine Ohnmacht zurück. Fast wäre auch das Mädchen ohnmächtig geworden, aber der Oheim Peter fing die Nichte auf.

„Er hat wohl viel Blut verloren", sagte er. „Wir müssen ihn bis morgen hier liegen lassen, können ihn nur verbinden. Wenn es hell wird, will ich anspannen und ihn holen. In unser Haus kann er freilich nicht; das werden sie nicht dulden. Er muß zu den anderen Verwundeten in die Scheune."

„Ich laß ihn hier nicht allein liegen", sagte die Anna Magdalena entschieden. „Ich will bei ihm bleiben, und ins Dorf, in die Scheune soll er auch nicht. Da kann ich ihn nicht pflegen. Wir müssen ihn nach Kronberg und in unser Haus schaffen."

Der Oheim Peter schüttelte den Kopf über soviel Entschlossenheit. Endlich sagte er: „Wenn du es wagen willst, will ich dir helfen. Ich hab' noch ein paar Säcke Braugerste für euch in der Scheune stehen. Die will ich aufladen, und wir müssen ihn dann zwischen den Säcken verstecken. Man kennt mich ja droben, und so wird's schon gut gehen."

Danach verbanden sie den Verwundeten, so gut sie es konnten. Peter Henrich sprach der Nichte zu, doch mit ihm zurück ins Dorf zu gehen, aber sie wollte bei ihrem Liebsten bleiben, kauerte sich neben ihm nieder und zog die Decke über sie beide. Die Nacht war warm, und hier, abseits vom Schlachtfeld, roch es nach Erde und Frühling. So ging der Peter Henrich allein ins Dorf zurück und nahm noch einen verwundeten Gaul mit, der auf dem Schlachtfeld umherirrte und kläglich wieherte.

In aller Frühe kam er mit seinen zwei Braunen und dem Wagen mit den Gerstensäcken auf dem Feldweg herüber und sah erfreut, daß der Andreas Kunz wach war. Anna Magdalena hatte ihm etwas Branntwein aus des Oheims Krüglein eingeflößt und zu ihm gesagt: „Jetzt bist du mein Gefangener, Andreas. Wir bringen dich heim zu uns nach Kronberg, und ich pflege dich gesund. Und auch wenn du mir tausend Goldgulden Lösegeld bieten wolltest, gäbe ich dich nicht mehr frei."

Der Andreas war es zufrieden und versuchte, trotz aller Schmerzen zu lächeln. Mit großer Mühe hoben ihn der Peter Henrich und seine Liebste auf den Wagen und verbargen ihn zwischen den Gerstensäcken, legten sorgsam die Decke über ihn. Dann zogen die Braunen den Wagen langsam bergauf, Kronberg zu.

Der Wächter am Frankfurter Tor in Kronberg war noch sehr verschlafen, denn auch hier oben hatte man gefeiert. Er ließ das Gefährt ein, und dann hielten die beiden Männer einen ausgedehnten Schwatz über die große Schlacht. Daß die Anna Magdalena oben auf dem Wagen Mannskleider trug, fiel dem Torwächter nicht auf.

Als Peter Henrichs Wagen in den Hof seines Bruders, des Brauers, einfuhr, kamen alle gelaufen, der Brauer, seine Frau, die Brauknechte und sogar die alte halb taube Magd. Man war in Sorge um Anna Magdalena gewesen, aber die Mutter hatte geahnt, wohin sie gelaufen war. Alle lachten, als der Peter Henrich sagte: „Ja, die Anna Magdalena hat sich gleich ihren Gefangenen aus der Schlacht mitgebracht. Der steckt zwischen den Gerstensäcken, und sie haben ihn übel zugerichtet. Wir wollen ihn vorsichtig herunterheben, und dann kommt er wohl in die hintere Kammer. Paßt auf, daß die Nachbarn nichts merken. Die Herren droben möchten sonst der Anna Magdalena ihren Bäcker streitig machen."

Der Andreas war auf dem holpernden Wagen wieder ohnmächtig geworden. Die beiden starken Brauknechte trugen ihn ins Haus und in die Kammer, und dann wurde gleich die alte Kräuter-Marie gerufen. Sie beschaute die Wunden, bestrich sie mit heilender Salbe, murmelte ein paar unverständliche Sprüche dazu und meinte, der junge Mann werde durchkommen.

In den nächsten Wochen sah man die Anna Magdalena Henrich selten in den Kronberger Gassen, denn meist saß sie am Bett ihres Gefangenen und freute sich über jedes Zeichen seiner langsamen Genesung. Zuerst heilte, dank der Salbe der Kräuter-Marie, die Kopfwunde zu. Es blieb nur eine große Narbe. Die linke Schulter brauchte länger, denn der Streitkolben des Pfälzers war mit seinen eisernen Dornen tief in den Schulterknochen eingedrungen. Doch

der Andreas hatte noch Glück gehabt, der Knochen war nicht zersplittert. Langsam konnte er den Arm wieder bewegen. „Ein wenig steif wird der schon bleiben", meinte die Kräuter-Marie, „aber zum Teigkneten wird er wieder taugen."

Andreas hatte durch den Peter Henrich seinen Eltern geheime Nachricht geben können, daß er noch lebte und wo er versteckt war. Ende August kam dann ein Friedensvertrag zwischen der Reichsstadt Frankfurt, dem Pfalzgrafen Ruprecht, dem Grafen Ulrich von Hanau und der Kronberger Ritterschaft zustande. Darin verpflichtete sich die Stadt Frankfurt, für die Auslösung der Gefangenen 73000 Goldgulden in Raten zu bezahlen.

Der Andreas Kunz wurde nicht ausgelöst, er blieb auch nach dem Vertrag noch in Liebesbanden gefangen. Dafür nahm ganz Frankfurt teil, als er im September 1389 ein Kronberger Bürgerstöchterchen zur Frankfurter Bäckersfrau machte.

Von der Riesenbrezel, die er damals buk und die dann an die Frankfurter Kinder verteilt wurde, hat man in der Stadt noch lange erzählt, und sie wurde bei jedem Erzählen größer als zuvor.

Eine zweite Riesenbrezel war fällig, als neun Jahre später, im September 1398, die Kronberger Schützen die Schießgesellen zu Frankfurt, ihre guten Freunde, zu einem Schießen am Michaelstag einluden. Der junge Zunftmeister Andreas Kunz, seine Frau Anna Magdalena und ihre vier munteren Kinder konnten die Brezel kaum auf dem Wagen unterbringen, mit dem sie hinauf nach Kronberg fuhren. Quartier bezogen sie selbstverständlich beim Brauer Henrich, und die Kinder waren stolz, als sie in der hinteren Kammer schlafen durften, wo einst die Mutter ihren „Gefangenen" gesund gepflegt hatte.

Auf dem Heimweg zeigten die Eltern Kunz ihren Kindern das Haderfeld, den Schauplatz der großen, für Frankfurt verlorenen Schlacht, und aus der Ferne jenes Gebüsch, wo der Vater verwundet gelegen hatte, bis die Mutter und der Peter Henrich ihn fanden. Als sie danach beim Oheim Peter in Eschborn rasteten, meinte der, schmunzelnd auf die vier Kinder deutend: „Ein besseres Beispiel für die Aussöhnung zwischen Frankfurt und Kronberg kann's eigentlich nicht geben."

Und diese Aussöhnung hatte Bestand, es kam nie mehr zu einem Krieg zwischen der Reichsstadt und der Kronberger Ritterschaft.

Als Anna Magdalena am Abend die Kinder zur Ruhe gebracht hatte und sie noch ein wenig zusammensaßen in dem Haus in der Fahrgasse, das sie nun zusammen mit dem alten Bäckerehepaar bewohnten, sagte Andreas: „Weißt du, Anna Magdalena, als wir heute von unserem Pferdewagen aus übers Haderfeld blickten und den Kindern das Gebüsch zeigten, wo du mich gefunden hast, da war mir's, als ob das alles nur ein schlimmer Traum oder gar ein Märchen mit gutem Ausgang gewesen wäre. Nur die Schulter hier schmerzt immer noch und erinnert daran, daß es wirklich war."

„Traum und Märchen", antwortete Anna Magdalena, „ja — wüßte ich denn, ob ich heute noch den Mut von damals aufbrächte?"

„Den Mut würdest du auch heute haben", entgegnete Andreas

Kunz und legte sanft den Arm mit der schmerzenden Schulter um sie. Und dann fügte er hinzu: „Wir wollen das, was gewesen ist, fortan einfach das Märchen vom Frankfurter Bäckerssohn und der tapferen Kronbergerin nennen, und unsere Kinder mögen es an ihre Kinder weitergeben, damit es lebendig bleibt, so lange unsere Familie besteht.“

Und so ist es dann auch geschehen.

Wie es Johann von Rückingen im Streit mit dem Rat erging

Die Ritter von Rückingen saßen ursprünglich auf ihrer Wasserburg an der Kinzig, nordöstlich von Hanau. Seit dem Jahre 1414 waren sie aber auch in Frankfurt anzutreffen, denn König Ruprecht hatte wenige Jahre zuvor die Burg zerstören lassen, weil von ihr aus zur Messe ziehende Kaufleute überfallen und beraubt worden waren. Von einem dieser neuen Frankfurter Patrizier, von Johann von Rückingen, wird erzählt, daß er 1477 Agathe Monis von Monhusen ehelichte. Als ihm diese nach einem Jahrzehnt hinwegstarb, unternahm er eine Wallfahrt nach Jerusalem. Dort wurde er ein Ritter des Ordens vom heiligen Grabe und erhielt als Ordenszeichen eine goldene Halskette mit einem daran hängenden zierlichen Schwertlein sowie ein Wams aus köstlichem Samt.

Als er im Januar 1488 nach Frankfurt zurückgekehrt war, zeigte er sich sogleich im Samtwams mit Halskette und Schwertlein. Nun hatte der Rat jedoch gerade eine strenge Kleiderordnung erlassen, und man untersagte ihm, Samtwams und Kette zu tragen. Nur das Schwertlein wurde ihm erlaubt. Acht Tage später bat er den Rat, dieses Verbot aufzuheben, und selbst der Schultheiß Ludwig zum Paradies setzte sich für ihn ein. Doch der Rat blieb fest. Auch als Ritter des Ordens vom heiligen Grabe sei Johann von Rückingen ein Bürger und als solcher den Gesetzen der Stadt unterworfen. Man werde es daher mit ihm nicht anders halten als mit den übrigen Bürgern.

Der Rückinger fügte sich jedoch nicht. Er ging weiterhin mit Ordenskette und Wams einher, und der Rat ordnete daraufhin an, daß er die bei Übertretung der Kleiderordnung fällige Geldbuße zu bezahlen habe. Er tat es, vielleicht weil er inzwischen eine zweite Frau gefunden hatte, die ihm gut zuredete.

Doch schon im Frühjahr 1489 forderte der Rat abermals eine Geldbuße. Der Rückinger war ein stolzer Mann. Er weigerte sich, die Buße zu bezahlen und kündigte im Zorn sogar sein Bürgerrecht auf. Der Rat nahm die Aufkündigung an, erklärte aber gleichzeitig, damit sei er ein Fremder in der Stadt geworden. Er müsse innerhalb eines Monats seine Haushaltung aufgeben und entweder mit seiner Frau und seinen Dienstleuten Frankfurt verlassen oder in eine Fremdenherberge ziehen.

Als König Maximilian I. im Juni nach Frankfurt kam, wandte sich Johann von Rückingen an ihn, und einer der Begleiter des Königs, Dietrich von Arras, forderte in Maximilians Namen den Rat auf, dem Rückinger das Tragen von Goldkette und Samtwams zu erlauben. Der Rat zögerte die Antwort zunächst hinaus und teilte dann dem Hofbeamten mit, es gehöre zu seinen Privilegien, Gesetze zu erlassen. Die aber seien für alle Bürger gültig, und Ausnahmen könnten nicht gemacht werden. Man sei jedoch bereit, dem von Rückingen die Buße zu erlassen, um dem König gefällig zu sein.

Johann von Rückingen hielt kurze Zeit still, aber schon Ende August wurde er vor den Rat beschieden, und man erklärte ihm, er habe sich an die Gesetze zu halten. Außerdem aber wurde er aufgefordert, entweder wieder ein Frankfurter Bürger zu werden oder sein Haus aufzugeben und sich in einer Herberge einzumieten. Anfang Oktober wiederholte der Rat sein Gebot und fügte hinzu, daß man Rückingens Haustür versiegeln lassen werde, wenn er sich weigere, der Anordnung des Rats nachzukommen. Johann von Rückingen berief sich auf König Maximilian, der inzwischen den Ordensritter in seinen Hofstaat aufgenommen hatte, aber das half

ihm nichts. Als er einen Richter, der ihn aus seinem Hause treiben sollte, mit Schmähworten beleidigte, war die Geduld des Rates erschöpft. Der störrische Patrizier wurde in Haft genommen und in den Mainzer Turm gesetzt. Seine Frau mußte versprechen, ohne die Erlaubnis des Rats die Stadt nicht zu verlassen und auch nichts von Hab und Gut fortzuschaffen.

Viele von Rückingens Freunden sprachen für ihn, und zahlreiche vornehme Frauen legten bei den Bürgermeistern Fürbitte für ihn ein. Der Rat beharrte jedoch auf seinem Spruch, der Gefangene könne erst freigelassen werden, wenn er schriftlich gelobe, sich künftig an die Gesetze der Stadt zu halten. Die Bürgermeister und Rückingens Gattin begaben sich sogar ins Turmgefängnis, um ihn dazu zu überreden, doch sein Zorn war so groß, daß er auf diese Bedingung nicht einging und den Rat abermals schmähte.

Ende November wurde er, um ihn noch mehr zu demütigen, aus dem Mainzer Turm in das gemeine Gefängnis im Bornheimer Turm gebracht. Da er immer noch schalt und tobte, wurden die Fenster des Gelasses mit Brettern verschlagen, und man verbot dem Gefängniswärter, mit ihm zu sprechen. Seiner Frau und den Freunden wurde gesagt, da Rückingen sich nicht helfen wolle, könne auch der Rat ihm nicht helfen. Er wurde zwar wieder in den Mainzer Turm zurückgeführt, aber erst nach sieben Gefängniswochen gab er seinen Widerstand auf und verstand sich zu der vom Rat geforderten schriftlichen Erklärung. Zwei seiner Verwandten, von denen einer mit im Rate saß, mußten das Dokument mit unterschreiben.

Hinfort brauchte der Rat seinetwegen keine Klagen mehr zu erheben. Als seine zweite Frau im Jahre 1502 starb, trat er in den geistlichen Stand und wurde im Jahr darauf durch den Papst zum Cantor von St. Bartholomaeus ernannt. Die Stiftsherren aber hatten schon einen Stiftsangehörigen, den Heinrich vom Rhein, gewählt, und der nun entstehende Rechtsstreit, der zu Rom ausgetragen wurde, endete mit der Niederlage des Johann von Rückingen. Er starb zwei Jahre darauf, und es ist zu vermuten, daß er als Ritter des Ordens vom heiligen Grabe mit Ordenskette und Samtwams beigesetzt wurde. Seine letze Ruhestatt kennt man nicht mehr.

Die Kleiderordnung des Rats bestand auch nach seinem Tode weiter, aber schon sieben Jahrzehnte später wurde nur noch von den Mitgliedern des hohen Rates eine „ehrbare“ Kleidung verlangt, die nicht „reuterisch“, also soldatenmäßig, oder gar „leichtfertig“ sein durfte. „Bei den übrigen Einwohnern aber ist Gold, Silber, Sammet und Seiden, Spitzen und Juwelen fast eine Tracht ohne Unterscheid der Personen und wird man eines Kaufmanns oder Krämers Tochter von eines Schöffen und adeligen Geschlechts Tochter nicht wissen zu unterscheiden. Eine Dienstmagd, wo sie ein paar Jahr in der Stadt, gehet kostbarer als eines ehrlichen eingesessenen Handwerks Tochter.“

Das Maien-Stecken

Wie Achilles August von Lersner in seiner großen Frankfurter Chronik berichtet, hatten die adeligen Geschlechter der Stadt bis in das Jahr 1496 unter sich die Gewohnheit des Maien-Steckens. Man stellte „denen ledigen Weibs-Personen, Wittiben oder auch zuweilen einigen Frauen“ in der Frühe des ersten Maitages eine aufgeputzte junge Birke vors Haus und fügte ein gemaltes Sinnbild und einen Spruch hinzu. Aus diesem Maien-Stecken ist manche Hochzeit und Ehe entstanden. Warum es in dem genannten Jahr untersagt wurde, hat der Chronist verschwiegen, doch ist uns eine alte Mär überliefert, und die lautet so:

Zu dieser Zeit galt unter den Jungfrauen der adeligen Geschlechter Adelhaid von Hynsperg als die schönste und stolzeste, und viele warben um sie, doch ließ sie niemanden erkennen, wem sie vor anderen gut sei. Als in der Fastnachtszeit die Alten-Limpurger wie üblich ein großes Gelag hielten, mit allerlei Kurzweil, Essen, Trinken und Tanzen, das fünf Tage währte, da gab es manchen, der die Adelhaid von Hynsperg um einen Tanz bat, den sie auch willig gewährte, doch keiner von ihren Tänzern konnte sagen, daß sie ihn besonders ausgezeichnet oder auch nur mit einem heimlichen Nicken beglückt hätte.

Dennoch machten sich zwei besondere Hoffnungen, und das waren ein Henn von Rückingen und ein Henn Knobelauch. Jeder von ihnen fühlte sich berufen, der Mann der Schönen zu werden, und jeder von ihnen beschloß, ihr einen Maien zu stecken. Sie waren Freunde, aber keiner verriet dem andern auch nur mit einem Wörtchen sein Vorhaben. Um die jungen Birkenbäumchen machten sie sich keine Sorge, die waren leicht zu beschaffen. Mehr Kopfzerbrechen machten ihnen die Sinnbilder und Sprüche. Schließlich ließ der eine von einem Maler einen jungen Mann malen, der versuchte, mit einem Sieb Wasser aus einem Bach zu schöpfen, und darunter setzen: „Und ich, wie kann ich“, was besagen sollte: Wie kann ich beredt genug sein, um Euch, schönes Jungfräulein, zu sagen, wie sehr ich Euch liebe. Der andere aber bestellte etliche

Tage später beim gleichen Maler ein Bild, das eine Hand zeigte, die aus einem Kränzlein ein Gewicht in einen Brunnen hinabließ, und darunter sollte stehen: „Falscher Grund ist meim Herz unkundt."

Der Maler wußte, daß die beiden Besteller Freunde waren. Daher hütete er sich wohl, ihnen zu sagen, wer das eine und wer das andere Bild bestellt hatte, sonst hätte es ja sein können, daß der eine plötzlich das Sinnbild und den Spruch des andern für schöner und treffender befunden hätte als die eigenen. Die Namen setzte der Maler erst kurz vor der Abholung der Bilder darunter.

So waren der Rückinger und der Knobelauch nicht wenig stolz auf Bild und Spruch, und jeder von ihnen meinte, daß ihm die schöne Adelhaid nun schon beinahe sicher sei. Am letzten Apriltag ließ jeder sich durch seinen Diener ein stattliches Birkenbäumchen beim Forstaufseher draußen im Stadtwald holen. Die Diener kannten einander, trafen sich draußen, lachten, als sie hörten, daß jeder dasselbe wollte, gingen gemeinsam mit den Bäumchen durch Sachsenhausen und über die Brücke. Als sie sich trennten, versprachen sie einander, ihren jungen Herren nichts von dieser Begegnung zu sagen. Sie meinten, man würde sich ja wohl am nächsten Morgen nicht gerade zur selben Zeit und vor demselben Haus treffen.

Doch gerade das geschah. Man traf sich zwar nicht vor dem Hynsperg'schen Haus, dafür aber auf dem Römerberg und vor dem Römer. Der von Rückingen kam vom Fahrtor, der Knobelauch vom Markt her, jeder den Diener mit dem aufgeputzten Birkenbäumchen hinter sich. Sein Schild trug ein jeder der beiden Freier selbst vor der Brust, und obwohl es noch sehr früh war, hatten sie schon allerlei Zuschauer. Man kann sich denken, wie verblüfft jeder der beiden bei dieser unverhofften Begegnung war. Jeder erkannte das Schild des andern, das er schon in der Malerwerkstatt gesehen hatte, jeder sah das mit bunten Bändern geschmückte Maibäumchen des andern, und jeder erriet, wohin der andere ging.

„Du?" rief der eine. „Weißt du nicht, daß die Adelhaid von Hynsperg mir bestimmt ist?"

„Du?“ entgegnete der andere. „Mir wird sie angehören und nicht dir!“

Nun waren sie beide Hitzköpfe. Flugs drückte jeder seinem Diener — die zwei standen wie erstarrt mit ihren Maibäumchen da — das gemalte Bild in die freie Hand, und ohne zu bedenken, daß sie damit den Stadtfrieden brachen, zogen sie blank und fochten so lebhaft miteinander, daß die Funken nur so stoben. Rasch war allerlei Volk um sie versammelt und feuerte die beiden Kampfhähne noch an, statt sie zu trennen.

Wer weiß, wie übel alles ausgelaufen wäre, wenn es nicht ein glücklicher Zufall so gefügt hätte, daß es an diesem Morgen noch drei andere Frühaufsteher aus der Gesellschaft Alten-Limpurg gab, und das waren deren Vorsteher: Daniel Bromm, der die unmittelbar neben dem Römer gelegenen Häuser Laderam und Silberberg erworben und 1495 der Gesellschaft zu einem billigen Preis überlassen hatte, Jorg Frosth und Johann Haan. Die hatten sich in aller Frühe in dem Haus getroffen, das mit Erlaubnis des Rats nun Alten-Limpurg genannt wurde, um noch einiges Wichtige zu besprechen, darunter auch den Maientanz, der am Nachmittag und Abend die Gesellschaft samt allem jungen Volk vereinigen sollte.

Als diese das Waffengeklirr vernahmen, eilten sie aus dem Haus, erblickten und erkannten die beiden Kämpfer und warfen sich zwischen sie, um sie zu trennen. Fast gleichzeitig kam aber auch die Scharwache herbeigeeilt. Der Rückinger und der Knobelauch protestierten zwar, aber sie wurden festgenommen und von der Wache als Friedensbrecher in den Turm gebracht.

Das war zwar ein adeliges Gefängnis, aber die Gelasse, in die man sie sperrte und die nebeneinander lagen, waren eng und feucht, und es war sehr bitter für sie, daß sie den schönen Maientag, der so hoffnungsvoll begonnen hatte, nun hinter Mauern und Gittern verbringen sollten.

Die Wand zwischen den beiden Gelassen war dünn, sie konnten einander hören, und so beschimpften sie sich erst einmal nach Herzenslust. Gegen Mittag, als ihnen der Wächter ein bescheidenes Mahl hereinreichte, waren sie schon ruhiger geworden und fragten

einander, warum der eine dem andern denn auch gar nichts gesagt habe. Sie verwünschten den Maler, der sich stumm und dumm gestellt hatte, und ihre Diener, an deren Gesichtern sie hatten ablesen können, daß die auch Bescheid gewußt hatten. Schließlich baten sie den Wächter, als der das leere Geschirr wieder abholte, ihre Türen offen zu lassen, denn sie wollten sich versöhnen. Das taten sie dann auch, fielen einander gerührt in die Arme, und ein Henn versuchte den andern zu trösten. Friedensbruch blieb Friedensbruch, und niemand würde ihnen glauben, daß sie am ersten Maientag nur turniermäßig und zum Spaß miteinander gefochten hatten. Über die schöne Adelhaid Hynsperg wollten sie nicht mehr streiten. Sie sollte, so beschlossen sie, frei wählen können, und welcher auch der Glückliche wäre — der andere sollte ihm sein Glück neidlos gönnen. Den ganzen langen Nachmittag hindurch überlegten sie, wie sie sich vor dem Gericht verteidigen und ein möglichst mildes Urteil erwirken wollten.

Es dunkelte schon im Turm, als der Wächter die Außentür öffnete und einen Besucher hereinließ. Das war einer der Vorsteher, der alte Daniel Bromm, und den hatten sie nicht erwartet. Hinter ihm erschien ein Diener mit einer großen Korbflasche, aus der ein würziger Duft aufstieg, und drei Zinnbechern. Auf einen Wink Bromms hin verschwanden der Wächter und der Diener. Der Vorsteher setzte sich zu ihnen auf die harte Lagerstatt, deutete auf die Korbflasche und die Becher und sagte: „Ihr habt gegen die Gesetze unserer Stadt und unserer Gesellschaft verstoßen und werdet es büßen müssen. Da ich vom Turmwächter erfahren habe, daß es euch reut und daß ihr euch versöhnt habt, und da ich schätze, daß es euch hart ankommt, auf unseren Maientanz verzichten zu müssen, so habe ich erwirkt, daß ich euch wenigstens etwas vom Maientrank bringen durfte, und ich will auch einen Becher mit euch jungen Hitzköpfen leeren."

Der Rückinger schenkte ein, sie tranken, und dann fuhr Daniel Bromm fort: „Man hat leicht erraten können, worum es bei eurem Kampf ging. Doch hättet ihr euch gar nicht so zu erhitzen brauchen, denn die Maid eurer Wahl, die Schöne aus dem Hause Hynsperg, hat schon gewählt."

Aus zwei Kehlen drang ein erwartungsvolles: „Wen? Mich?"

„Weder den einen noch den andern", erklärte Bromm. „Sie war, wie mir ihr Vater sagte, schon längst mit dem jungen Friedrich von Rhein heimlich versprochen, und die beiden haben fürwahr ihr Geheimnis vortrefflich gewahrt."

„Da soll doch ...", rief der Rückinger, und der Knobelauch fügte hinzu: „O, wir Esel haben uns für die Katz geschlagen und sitzen nun hier im Turm für eine, die uns gar nicht mag!"

„So ist's", bestätigte Daniel Bromm, „doch kommt eure Einsicht leider zu spät. Ich lasse euch die Flasche und die Becher da. Wenn die Flasche leer ist, werdet ihr wenigstens gut schlafen. Ansonsten wird man euch nun wohl zunächst eine Woche hier im Turm sitzen lassen, damit eure Hitzköpfe sich abkühlen. Derweil wird die Gesellschaft Alten-Limpurg beraten, wie man ein gnädiges Urteil für euch auswirken könnte. Und nun muß ich hinüber, sonst wird man mich beim Tanz vermissen. Ich wünsche euch eine gute Nacht."

Es geschah, wie es Daniel Bromm vorausgesehen hatte. Erst nach acht Tagen wurden die beiden Gefangenen in den Römer und vor Gericht geführt. Dort hörte man sich ihre Verteidigung aufmerksam und gelassen an, betonte aber, daß sie als Friedensbrecher eine harte Strafe verwirkt hätten, was sie ja auch sehr wohl wüßten.

Das Gericht zog sich danach zur Beratung zurück, und als es wieder hereinkam, sagte der oberste Richter: „Die Vorsteher der Gesellschaft Alten-Limpurg haben im Hinblick auf eure Jugend und darauf, daß ihr nicht aus ehrlosen Gründen, sondern im Minnedienst gegen das Gesetz verstoßen habt, um Milde für euch gebeten. Obwohl das Gesetz uns alle bindet, haben wir beschlossen, Gnade für Recht ergehen zu lassen, soweit uns dies erlaubt ist. So stellen wir euch vor die Wahl, entweder ein Jahr hindurch eure Strafe im Turm zu verbüßen oder aber" — hier machte der Richter eine Pause, und man sah ein Lächeln über sein Gesicht hingehen — „oder aber dem Friedrich von Rhein und der Adelhaid Hynsperg für alle Zeiten Urfehde zu schwören und — auf der Stelle um die

Hand einer ehrbaren Wittib aus dem Kreis der adeligen Gesellschaft Alten-Limpurg anzuhalten. Die Namen dieser Witwen sind euch bekannt, und diejenigen, die bereit sind, eine neue Ehe mit einem von euch beiden einzugehen, stehen hier auf diesem Bogen Papier. Wer seine Frau nach der Eheschließung wieder verlassen will oder ihr untreu wird, der muß, das versteht sich, seine Strafe im Turm voll absitzen."

Da sahen der Henne von Rückingen und der Henne Knobelauch sich betroffen an. Ein ganzes langes Jahr im Turm sitzen? Da war es doch besser, eine Wittib zu nehmen, zumal es unter diesen ja sehr stattliche und wohlhabende Frauen gab. Gleichzeitig griffen sie nach dem Papier, das der Richter ihnen hinhielt, und diesmal gab es keinen Streit. Jeder fand rasch die Seinige. Die Doppelhochzeit wurde noch vor der Hochzeit des Friedrich von Rhein mit der schönen Adelhaid Hynsperg auf Alten-Limpurg gefeiert, und es wird gesagt, daß die Ehen des Rückingers und des Knobelauch glücklich verliefen, schon weil für die beiden Männer die Drohung dahinter stand, wieder in den Turm zu müssen.

So wurde die Zahl der Witfrauen in der adeligen Gesellschaft Alten-Limpurg um zwei vermindert, das Maien-Stecken aber wurde fortan untersagt.

Ludwig zum Paradies und die Bücher

Der letzte Marburg zum Paradies, Ludwig genannt, war ein gelehrter Mann. Er hatte schon früh den Doktorhut erworben, war in den Rat gekommen, diente seiner Vaterstadt als Syndikus in allen Rechtsgeschäften und von 1486 bis zu seinem Tode im Jahre 1502 als Schultheiß. Er war vermählt mit Elisabeth von Heringen und lebte mit ihr in einer glücklichen Ehe, über der nur ein Schatten lag: sie blieb kinderlos. So wußte Ludwig zum Paradies, daß es nach seinem Tode keinen seines Namens mehr in der Stadt geben würde. Dieser Name hatte soviel Glanz gewonnen, als Siegfried zum Paradies im Jahre 1372 das von ihm aus der Reichspfandschaft gelöste Schultheißenamt und die Herrschaft über den königlichen Forst Dreieich an Frankfurt abtrat, das damit zu einer Freien Reichsstadt wurde.

Doch die Gewißheit, der Letzte seines Geschlechts zu sein, hielt Ludwig nicht ab, unermüdlich für die Heimatstadt zu wirken, und da ihm Söhne und Töchter versagt blieben, so wandte er seine Liebe nicht nur der angetrauten Frau zu, sondern auch jenen stillen Gefährten, die äußerlich gesehen tote Dinge aus Pergament und Leder waren und doch, wenn er sie aufschlug und die Zeilen las, die darin standen, zu einem Leben erwachten, das viel reicher, bunter, schöner oder auch schrecklicher war als das reichsstädtische Dasein, das ihn täglich umgab und seine Forderungen an ihn stellte. Er wurde ein Freund der Bücher.

Bücher, das waren dazumal noch Kostbarkeiten, die man oft hoch bezahlen mußte, denn sie waren ja mühsam mit der Hand geschrieben. Er begann mit dem Sammeln von Handschriften, deren Inhalt mit seinem Beruf zusammenhing, mit Werken zum deutschen und römischen Recht. Aber er erwarb bald auch anderes, Chroniken der alten Geschichtsschreiber und Werke der lateinischen Schriftsteller, wie sie gerade drunten im Süden von den Italienern wieder entdeckt wurden. Und eines Tages konnte er einen starken Band erwerben, der ihn nicht mehr losließ. Er hieß „Legenda aurea“, die „Goldene Legende“, und diese Sammlung von Heiligenlegenden war zweihundert Jahre vor seiner Zeit von einem frommen Mönch aus dem Predigerorden verfaßt worden, der später zum achten Erzbischof von Genua gewählt wurde. Das Erstaunliche an diesem mit vielen Holzschnitten geschmückten Buch aber war, daß es nicht mehr geschrieben, sondern mit beweglichen Lettern bei Günther Zainer zu Augsburg gedruckt worden war, ein Erzeugnis jener neuen, wunderbaren Kunst also, die, wie es hieß, ein Mainzer, der Johann Gensfleisch zum Gutenberg, erfunden hatte.

Als Ludwig zum Paradies diesen Band in den Händen hielt, spürte er, daß damit etwas Neues in die Welt gekommen war, das sie verändern würde. Er begann, neben den alten geschriebenen Büchern auch jene neuen, gedruckten, zu kaufen, die immer zahlreicher wurden. Ja, er reiste sogar nach Mainz, um die große Bibel zu sehen, die Johannes Gutenberg gedruckt hatte und die heute zum kostbarsten Buch der Welt geworden ist. Er hätte sie für hundert Gulden erwerben können, aber er unterließ es, weil er schon eine handgeschriebene Bibel besaß.

Die Heiligenlegenden des Jacobus de Voragine, in die deutsche Muttersprache übersetzt, bewirkten indessen noch etwas anderes bei ihm. Er war ein frommer Mann, und als er eines Tages in dem Buche las, kam ihm der Gedanke, „mit Hilfe Gottes eine Wallfahrt zu dem heiligen Grabe unseres lieben Herrn Jesu Christi zu unternehmen“. Das war keine gefahrlose Reise, denn Jerusalem und das heilige Grab befanden sich trotz mancher Kreuzzüge, welche die Christenheit unternommen hatte, schon seit langem wieder in den Händen der Ungläubigen, der Söhne Mohammeds. Ludwig zum Paradies besprach den Plan mit seiner Frau, und obwohl diese fürchtete, daß ihm unterwegs allerlei zustoßen könnte, wollte sie ihm doch nicht abraten, zumal er ja in Jerusalem auch für ihr Seelenheil beten konnte.

Als gewissenhafter Mann des Rechts schrieb Ludwig zum Paradies vor Antritt seiner Wallfahrt sein Testament, und darin bestimmte er, daß „alle seine Bücher, ausgeschieden etliche, die, wie seine Hausfrau wisse, auf eine besondere Seite gesetzt seien, dem ehrbaren Rat der Stadt Frankfurt zufallen“ sollten, zu „einem Anfange einer Bücherei, die der Rat aufrichten möge nach seinem Gefallen“.

Der Wallfahrer kehrte, nachdem er zu Schiff das Mittelmeer hin und zurück durchkreuzt und Jerusalem und das heilige Grab gesehen und dort gebetet hatte, glücklich zu Frau Elisabeth und zu seinen Büchern zurück, und seine Vaterstadt bestellte ihn alsbald zum Schultheißen, welches Amt er, wie wir wissen, bis zu seinem Tode versah.

Nachdem er verstorben war, machte Frau Elisabeth ihr Testament und hinterließ, wie sie es mit ihrem Gatten besprochen hatte, das gesamte ihr zugefallene Vermögen den mildtätigen Stiftungen in der Stadt. Ausgenommen blieb nur die Bibliothek Ludwigs, die dazu

dienen sollte, „eine Liberie im Römer aufzurichten". Frau Elisabeth bestimmte jedoch, daß Friedrich von Martorf, der ihrem Mann hilfreich gewesen war, die Bücher bis zu seinem Tod brauchen dürfe. So kamen sie erst 1527 in den Besitz des Rates und wurden zum Grundstock der Stadtbibliothek. Es waren 159 Bücher, die Martorf zu treuen Händen erhielt, eine für die damalige Zeit stattliche Zahl. Die „Legenda aurea" war nicht darunter. Dieses Buch blieb bei Frau Elisabeth bis zu ihrem Tode, und wenn sie darin las, dann war es ihr, als ob Ludwig zum Paradies neben ihr säße und von den Wundern erzählte, die er auf seiner Wallfahrt gesehen hatte.

So setzte sich der Letzte der Marburg zum Paradies auch ein Denkmal in seiner Heimatstadt. Die öffentliche Bibliothek wurde im Jahre 1572 in einem „schönen Saal" des Casten-Hofes, nahe bei der Lateinschule, dem Gymnasium, eingerichtet, und sie wuchs bald an. 1624 vermachte der Stadtarzt Johann Hartmann Beyer ihr seine Bücher, und 1690 erwarb der Rat die aus 5000 Bänden bestehende Bücherei des Ratsherrn und Schöffen Maximilian zum Jungen für 3500 Gulden. Man mußte den Bibliotheksraum „auf 80 Schuh erweitern, mit neuen Bücherschränken versehen, durch den Maler und Bildhauer, deren Arbeit bei vierhundert Reichsthaler gekostet, sauber ziren." Die Ketten, mit denen man zunächst, wie es üblich war, die Bücher gegen Diebstahl gesichert hatte, waren schon durch den Bibliothekar und Magister Johann Martin Waldschmidt abgenommen worden, und er hatte die Bände nach ihrem Inhalt fein säuberlich geordnet. Er starb 1706, und 1728 war die Stadtbibliothek schon so umfangreich geworden, daß man einen ersten Katalog drucken lassen konnte. Die Saat des Ludwig zum Paradies war auf fruchtbaren Boden gefallen und hatte reiche Frucht getragen.

MÄRCHEN AUS DEM 16. JAHRHUNDERT

Der feuerfeste Hutmacher

In der Zunftstube der Hutmacher auf der Fahrgasse ging es hoch her. Sie hatten einen neu als Meister aufgenommen, und der ließ sich nicht lumpen. Es gab guten Wein, und jeder konnte trinken, so viel er mochte. Der Wein löste die Zungen, und zu später Stunde versuchte immer einer, die andern zu übertrumpfen. Der eine prahlte mit seiner Kraft, der andere mit seiner Geschicklichkeit im Verfertigen neuer Hüte, der dritte mit seiner Treffsicherheit beim Scheibenschießen und der vierte gar mit der Schönheit seiner Frau. Und so ging es weiter. Nur der Henrich Schottgen saß still dabei. Er war aus Westfalen zugewandert und hatte eine schon ältere Meisterswittib geehelicht, die ihn, wie man sagte, unter der Fuchtel hatte. Auch sind die Westfälinger ja nicht so flink mit der Zunge wie die Frankfurter. Als man ihn daher fragte, was er denn aufzuweisen hätte, sagte er nur kurz: „Ich bin feuerfest."

„Feuerfest? Da hättest du doch das Handwerk jener erlernen müssen, die mit dem Feuer arbeiten", hieß es, und dann fragte man ihn, wie er denn dazu gekommen sei.

Da erzählte er, als er noch in der Wiege gelegen habe, sei seiner Mutter ein Unglück zugestoßen. Sie habe sich am Herd den rechten Arm stark verbrannt. Während sie nun den verletzten Arm mit einer Binde verwickelt hatte, war eine Zigeunerin vorbeigekommen, die ihr Kind in einem Sack auf dem Rücken trug. Die hatte ein paar Tage krank bei einem Bauern in der Scheune gelegen, war von der gutherzigen Bäuerin versorgt worden und wollte nun ihren Stamm wieder einholen, der mit Pferd und Wagen in die nächste Stadt vorangezogen war. Von dem Zigeunerkind auf ihr eigenes Kind blickend, hatte die Mutter Schottgen der Fremden Brot und eine kräftige Suppe gereicht. Ehe diese weiterzog, hatte sie sich nach der Ursache des verbundenen Arms erkundigt und dann gesagt: „So will ich zum Dank für Eure Gastfreundschaft über Eurem kleinen Kinde da einen Spruch sagen, den mich die Ahne gelehrt hat. Dann wird ihm nie etwas durch das Feuer geschehen können". Sie hatte sich über die Wiege gebeugt, ihren Spruch in der fremden Sprache gemurmelt und dann hinzugefügt: „Nun ist das Kind für alle Zeiten feuerfest." Dann war sie weitergezogen.

„Die Mutter hat mir's später erzählt, und ich glaube daran", sagte der Henrich Schottgen abschließend, und alle nickten, denn die Zigeuner, von denen es hieß, sie stammten aus Ägypten, wußten und konnten mehr als andere Leute.

Der Hutmacher Steffan Beck meinte jedoch: „Dennoch wollen wir dir wünschen, daß du nie erproben mußt, ob der Spruch auch wirksam ist."

Da hatten sie wieder genickt. Doch die Gelegenheit, herauszufinden, ob der Spruch der Zigeunerin etwas taugte oder nicht, kam schneller, als sie sichs gedacht hatten. Denn kaum acht Tage später, am 18. April 1556, brach in der Fahrgasse ein Brand aus, durch den innerhalb von drei Stunden sieben Häuser, vom Gasthof zum Krachbein an, in Flammen aufgingen. Der Brand entstand durch die Nachlässigkeit des Schreiners Peter Stegen in dessen Stall. Der hatte sein Pferd zur Tränke geführt. Als er nach Hause kam, wollte er die Haare auf dem Kopf des Pferdes hochbinden. Um besser sehen zu können, nahm er ein Licht in die eine Hand. Als das Pferd den Kopf hochwarf, schlug es dabei dem Mann das Licht aus der Hand. Dieses fiel ins Stroh, und da der Stall niedrig war, brannte alles alsbald lichterloh. Kaum konnte Stegen das Pferd noch herausziehen. Das Feuer sprang über zum „Güldenen Rad", in dem ein Sattler wohnte, zum Hutmacher Ulrich Schwang, zum Sattler Thomae Job, zum Hutmacher Steffan Beck, zum Hutmacher Henrich Schottgen und zum Haus der Witfrau Margret Max. Außerdem wurden noch sechs weitere Häuser beschädigt, die dem Glaser Max, dem Tuchscherer Georg Fillebach, dem Bechtold Steinbüchel, dem Friedrich Frölich und dem Georg Wetzel gehörten. Auch die Zunftstube der Hut-

macher, in der es noch vor kurzem so fröhlich zugegangen war, brannte mit aus.

Zu diesem großen Unglück kam noch ein weiteres: Bei dem Versuch, die Glut zu löschen oder wenigstens einzudämmen, fiel der Henrich Schottgen ins Feuer, so daß man nichts mehr von ihm sah, und jedermann glaubte, daß er verbrannt sei.

Als man am nächsten Tag daran ging, den Brandschutt aufzuräumen, sagte der Ulrich Schwang zu seinem Zunftbruder Steffan Beck: „Erinnerst du dich, was uns der Henrich Schottgen an unserem letzten Abend in der Zunftstube erzählt hat?“

„Ja“, sagte der Beck, „er meinte, er sei feuerfest, und nun ist er ebenso wie die ganze Zunftstube jämmerlich verbrannt.“

Doch wie staunten sie, als sie darauf am Nachmittag des 22. April zum Hause Schottgens vorstießen, dessen Frau sich schon, nun zum zweiten Mal, als Wittib gebärdete und heulend zu ihrer Schwester in der Töngesgasse gelaufen war. Kaum hatte der eine zum andern gesagt: „Nun werden wir wohl etliche Knochen vom Henrich finden und seiner Witwe bringen müssen", da hörten sie tief unter dem Brandschutt ein Pochen, das sich in Abständen immer wiederholte. Sie schauten sich an, riefen die anderen Abgebrannten und die Helfer herbei und begannen, den immer noch warmen und qualmenden Brandschutt beiseite zu schaufeln. Endlich stießen sie auf nur halb verkohltes, herabgefallenes Holzwerk und dann auf die Falltür, die in den Keller hinab führte. Die hatte standgehalten, und darunter drang das Klopfen hervor. Man legte die Falltür völlig frei, und plötzlich schlug sie auf. Es erschien kein Geist, sondern der Kopf des Henrich Schottgen, wie er leibte und lebte. Dem Kopf folgten die Schultern, der Leib, Arme und Beine, und schließlich stand der ganze Westfälinger vor ihnen und sagte nur: „Da bin ich wieder."

Es gab Jubel und Gelächter trotz allen Unglücks, als sich herausstellte, daß der in seinem eigenen Keller gefangene Hutmacher gar nicht schlecht gelebt hatte. Seine Eheliebste, die Meisterswittib, hatte nämlich allerlei Vorräte im Keller aufbewahrt, darunter einen großen steinernen Topf mit Handkäsen. Von denen hatte er sich zwei Tage und zwei Nächte ernährt, auch das Fäßlein Wein angezapft, das im Keller lag. Das holten sie nun herauf. Ein paar Becher waren schnell aus einem Nachbarhaus herbei geholt, und dann tranken sie allesamt auf das Wohl des feuerfesten Henrich, wie er fortan in der ganzen Fahrgasse hieß. Spaßvögel fragten sogar, ob man bei ihm auch feuerfeste Hüte bestellen könne.

Seine eilig herbeigeholte Eheliebste machte ein saures Gesicht, als sie sah, wie man ihren im Keller so glücklich bewahrten Wein trank. Was aber sagte sie zu ihrem Hutmacher, als sie in den Keller hinab gestiegen war und dort den großen steinernen Topf leer gefunden hatte?

„Schäm' dich, Henrich, in zwei Tagen meinen ganzen schönen Vorrat an Handkäsen verspeisen — und noch dazu ohne Brot!"

Der Satz wurde oft wiederholt, als man, nun wieder in Gesellschaft von Henrich Schottgen, weiter Schutt räumte, bis man nach acht Tagen die Brandzeile frei hatte und an den Neubau der Häuser herangehen konnte.

Wer die Geschichte vom feuerfesten Hutmacher nicht glaubt, der mag sie im ersten Band von Achilles August von Lersners Frankfurter Chronik nachlesen.

Jelängerjelieber

Johannes Stigelius, der im Jahre 1515 zu Gotha geboren wurde, Professor der lateinischen Sprache zu Wittenberg war und als Professor der Beredsamkeit 1562 zu Jena starb, sah auf einer Reise nach Frankfurt ein Bild, das ihm so lebhaft in der Erinnerung blieb, daß er davon in seinen Werken berichtete:

„In der Stadt Frankfurt am Main ist ein Gemäld' einer Jungfer, welche einen Kranz von Blumen bindet, die genannt werden Jelängerjelieber, mit der beigesetzten Überschrift

Je länger je lieber bin ich allein,
denn Treu und Wahrheit ist worden klein.

Dieses ermahnet, sich der Menge des Volks und der Gesellschaften zu entbrechen und vor sich allein zu sein."

Achilles August von Lersner hat diese Notiz bei Stigelius wiedergefunden und samt dessen nachfolgendem lateinischen Gedicht in seine Frankfurter Chronik aufgenommen. Wen das Bild darstellte, was dahinter steckte, hat er nicht mehr gewußt. Dem Stigelius aber hat man es damals so erzählt:

Zu Frankfurt lebte ein wohlhabender Kaufmann, der hieß Eberhard im Steinhaus. Er warb um eine Gudula Monis. Sie heirateten und hatten eine Tochter, die sie Gela nannten. Als Gela jedoch zu einer schönen Jungfrau herangewachsen war, starben ihre Eltern an einer Krankheit, die damals in der Stadt umging und viele Menschen erfaßte. Nun war die Jungfrau allein mit ihrer Großmutter aus dem

Geschlecht der Monis. Sie wohnten in dem Steinhaus, das Herr Eberhard erbaut hatte und nach dem er genannt worden war, und die Erbschaft, die er seiner Tochter hinterlassen hatte, war so groß, daß Gela und die Ahne sorglos leben konnten.

Die Großmutter hätte es jedoch gern gesehen, wenn die Enkelin bald unter die Haube gekommen wäre, denn sie war alt und dachte oft an ihren Tod. So war es ihr nicht unlieb, als Gela bei einem Fastnachtsfest der Gesellschaft Frauenstein, zu der ihre Eltern gehört hatten, einen jungen Adeligen aus dem Geschlecht der Schenken von Schweinsberg kennenlernte, der ihr gefiel. Die beiden waren sich bald einig, und es kam zu einer heimlichen Verlobung. Der von Schweinsberg versprach, die Heiratserlaubnis bei seinem Vater zu erwirken, sobald dieser von einer Italienfahrt mit dem Kaiser zurückgekehrt sei. Dann sollte das Verlöbnis öffentlich bekannt gemacht und bald danach zu Frankfurt die Hochzeit gefeiert werden.

Nach dem Abschied flogen Brieflein hin und her. Doch Gela kam überdies auf den Gedanken, dem von Schweinsberg zur öffentlichen Verlobung etwas Besonderes zu schenken, ihr Bildnis nämlich, zusammen mit ihren Lieblingsblumen, dem Geißblatt, das man auch Jelängerjelieber nennt. Damit wollte sie umschreiben, daß man einander das ganze Leben lang lieben sollte. So wurde der Maler bestellt, und er schuf jenes Gemälde, das der Professor Stigelius später gesehen hat. Die Reime freilich kamen erst später hinzu, und sie gaben dem Bild eine andere Bedeutung.

Die Briefe des jungen Herrn von Schweinsberg trafen allmählich spärlicher ein, und just nachdem Gelas Bildnis vollendet war und einstweilen bei ihr in der Kammer hing, schrieb er, daß er seinem Vater den Heiratsplan unterbreitet habe. Dieser sei jedoch gegen die Verbindung mit ihr und habe ihm ein adeliges Fräulein aus der Nachbarschaft bestimmt. So müsse er leider das heimliche Verlöbnis lösen, und er hoffe, daß sie bald zu Frankfurt einen neuen Liebsten finden werde.

Als Gela diesen Brief empfangen, gelesen und der Großmutter vorgelesen hatte, weinte sie zunächst bittere Tränen. Doch dann brach ihr Stolz durch, und sie erklärte der Großmutter, daß sie nach dieser Enttäuschung überhaupt nicht mehr heiraten, lieber als alte Jungfer sterben wolle. Beim Schlafengehen fiel in der Kammer ihr Blick auf das Bildnis, das sie für den Ungetreuen hatte malen lassen. Was sollte nun daraus werden? Lange dachte sie nach, und endlich hatte sie einen Einfall. Sie schickte die Magd zu dem Maler und ließ ihn bitten, mit Pinsel und Farben vorbeizukommen. Es solle noch eine Schrift auf seinem Bild angebracht werden. Da der Maler aber gerade alle Hände voll zu tun hatte und es nur um eine Schrift ging, sandte er seinen besten Gesellen. Der hieß Adam Grimmer, war ein Frankfurter Bürgerssohn und ein hübscher junger Mann dazu, der gern lachte und bei der Arbeit pfiff oder sang.

Er kam, lobte das Bild, das Gela ihm zeigte und das er ja schon aus der Werkstatt des Meisters kannte, war aber erschrocken, als Gela ihm sagte, welchen Spruch er über ihrem Bildnis anbringen sollte. Er schüttelte den Kopf und meinte, daß Gottvater ja schon in der Schöpfungsgeschichte gesagt habe: „Es ist nicht gut, daß der Mensch allein sei. Ich will ihm eine Gehilfin machen." Doch sie antwortete: „Die Männer taugen alle nichts" und hieß ihn, die Schrift oben sauber hinzumalen. Weil dem Adam Grimmer aber die Jungfer nicht nur auf dem Bilde gut gefiel, so tat er langsam und schlug vor, die Schrift in einem schönen Rot hineinzusetzen. Die Anfangsbuchstaben jedoch wolle er mit Gold ausmalen. Das Gold habe er freilich nicht dabei, müsse daher noch einmal wiederkommen.

Das war der Gela recht so. Sie setzte sich in den Altan und sah zu, wie der junge Maler mit einem feinen Pinsel einen Buchstaben nach dem andern auf die Leinwand brachte, wobei er auch darauf achtete, daß zwei schöne, gerade Zeilen entstanden. Dabei bemerkte sie sehr gut, daß der Adam Grimmer ein stattlicher junger Mann war, der auch unterhaltsam zu plaudern wußte. Er erzählte, daß er demnächst wieder auf die Wanderschaft gehen und sich noch einmal draußen in der Welt umsehen wolle. In Italien war er gewesen. Nun wollte er nach England, nach Frankreich und in die Niederlande reisen, denn ein Künstler könne nie genug sehen und lernen. Auch ein Liedchen pfiff er zwischendurch, doch das mißfiel ihr, weil es von der Liebe handelte, und die hatte der Schweinsberger ihr gründlich vergällt, für immer, wie sie meinte.

Als er zum zweiten Male kam, um nun die Goldbuchstaben anzulegen, die er besonders kunstvoll vorgezeichnet hatte, waren sie schon etwas vertrauter miteinander, und als er mit der Arbeit zu Ende war und sie die fertigen Schriftzeilen lobte, sagte er keck: „Wenn Ihr, Jungfrau Gela, am Alleinsein kein Gefallen mehr findet, so solltet Ihr mich's wissen lassen. Mögen Treu und Glauben auch selten und klein geworden sein — es gibt sie noch, denn sonst wäre die Welt bitter arm."

„Wir werden sehen", sagte sie kurz angebunden. „Ihr könnt mir ja einmal Botschaft von draußen aus der weiten Welt schicken oder Euch melden, wenn Ihr wieder in Frankfurt seid. Vielleicht habe ich dann wieder einen Auftrag für Euch."

Damit ging er. Es tat ihr hinterher leid, daß sie ihn so kurz abgefertigt hatte, aber dann sagte sie sich: „Du weißt ja nun doch, wie die Männer sind: aus den Augen, aus dem Sinn. Auch der wird dich in der Ferne rasch vergessen."

So war sie sehr erstaunt, als zu Beginn der Herbstmesse ein englischer Kaufmann im Steinhaus vorsprach und ihr ein kleines Päckchen übergab, mit den Worten, daß sie ja wisse, von wem es komme. Als sie das Päckchen öffnete, fand sie darin ein Holztäfelchen. Darauf standen, von einem köstlich gemalten Jelängerjelieber-Kranz umgeben, nur drei Worte: „I love you". Die brauchte sie sich nicht übersetzen zu lassen. Nun wußte sie, daß der Adam Grimmer in England war und an sie dachte, ja ihr sogar in der fremden Sprache ganz offen seine Liebe gestand.

Im folgenden Jahr hielten mehrere Frankfurter um sie an, aber sie gab allen einen Korb und zog sich dadurch den Spottnamen „die spröde Jungfrau" zu. Doch sie scherte sich wenig darum, und zur nächsten Herbstmesse kam ein junger Buchhändler aus Paris, der Grüße vom Adam Grimmer bestellte und das zweite Täfelchen brachte, mit einem zum Herz geformten Jelängerjelieber-Rahmen, in dem stand: „Je vous aime!" Auch hier bedurfte es keiner Übersetzung. Zur folgenden Frühjahrsmesse kam ein drittes Täfelchen mit einem Märchenvogel, aus lauter Jelängerjelieber-Blüten kunstvoll geformt, und darunter stand: „Ik heb u lief!“ Da wußte sie, daß der Adam in den Niederlanden war.

Danach kam nichts mehr, aber einige Monate später erzählte ihr die Magd, als sie vom Markt zurückkam, sie habe den jungen Maler gesehen, und der sei noch stattlicher geworden.

Da nahm die Gela im Steinhaus ihr Herz in beide Hände, schickte die Magd in das Haus, wo Adam Grimmer bei seinen Eltern wohnte, und ließ ihm sagen, sie hätte an dem bewußten Bild noch eine Änderung vor, und er möge kommen, wenn es ihm beliebe. Die Magd traf ihn auch an und kam mit der Botschaft zurück: Ändern möge er an dem alten Bild nichts mehr, zumal das ja sein Meister gemalt habe und er nur die Schrift hinzugefügt hätte. Er sei aber bereit, ein neues Bild für sie zu machen, und den passenden Spruch finde sie im Päcklein, das die Magd ihr mitbringe. Es war ein Päckchen wie die früheren, und als sie das Holztäfelchen auspackte, fand sie darauf einen ganzen Jelängerjelieber-Strauß gemalt, und darunter stand:

Je länger je lieber sind wir zu zwei'n,
wenn Treue und Liebe mit uns im Verein.

Wieder mußte die Magd zum Adam Grimmer gehen und bestellen: Mit dem Spruch sei die Jungfrau Gela einverstanden.

Bald darauf fand die Hochzeit der „spröden Jungfrau“ mit dem jungen Maler statt, und die Spottvögel verstummten. Der Adam Grimmer richtete sich im Steinhaus seine Werkstatt ein, und seine Bildnisse und Historienbilder waren bald sehr gefragt und wurden gut bezahlt. Auch Lieder von der Liebe durfte er nun nach Herzenslust singen und pfeifen.

Manche sagen, der Adam Grimmer sei ein Schüler des Meister Matthis mit dem Beinamen Grünewald gewesen. Dann hätte der das Bildnis der jungen Gela gemalt. Aber das mag offen bleiben, denn es weiß ja auch niemand mehr, wo es geblieben ist. Sicher aber ist, daß der Adam Grimmer den Philipp Uffenbach in der Kunst des Zeichnens und Malens unterrichtet hat. Der hat dann, wie Henrich

Sebastian Hüsgen berichtet, „viele wohlgleichende Portraits in einem vortrefflichen Geschmack und schönen Colorit verfertigt", dazu den Brückenturm, die Orgel im Barfüßerkloster und die Rechnei-Stube im Römer ausgemalt. Das alles ist heute verschwunden, nur das Jelängerjelieber, das Gela im Steinhaus geliebt hat, blüht und duftet noch wie einst, in Frankfurter Gärten und anderswo.

Das Frankfurter Galgenmännlein

Am 3. Juli 1561 erhob sich zu Frankfurt ein großer Sturmwind. Er warf, wie Achilles August von Lersner berichtet, über sechzig Schornsteine um, entwurzelte zahlreiche Bäume, hob Tore aus den Angeln und brachte Scheunen zum Einsturz. Vor allem aber hatte er auch „den steinern Galgen, so überall mit eisernen Klammern wohl verwahrt gewesen und auf drei Säulen gestanden, umgeworfen."

Das durfte nicht sein, denn wo sollte man nun die Spitzbuben henken? Nun war dazumal der Henker, der die Verurteilten aufknüpfte oder um einen Kopf kürzer machte, ein „unehrlicher", außerhalb der bürgerlichen Gesellschaft stehender Mann, mit dem niemand in Berührung kommen durfte. Auch die Berührung mit der Richtstätte machte „unehrlich". Daher mußten bei der Wiederaufrichtung des Galgens alle Handwerker tätig werden, damit kein Makel auf einen einzelnen fiel. Die Schmiede hatten neue Klammern für den Galgen zu schmieden, die Steinmetze, Maurer und Zimmerleute die Arbeiten in Stein und Holz gemeinsam zu verrichten. Daher zogen sie alle unter Anführung des Ratsherrn Diebold Bender, der selbst der Schmiedezunft angehörte, zusammen aufs Galgenfeld hinaus. Auch die Kannengießer mußten mitziehen und das Blei schmelzen, und die Dachdecker, dazumal Steindecker genannt, waren gleichfalls dabei und beschlugen das Holzwerk mit Blei. Die Schreiner lieferten die Tür zum Galgen, die notwendigen Leisten und die Schranken. Das alles ging unter dem Klang der Trommeln und Pfeifen vor sich, und der Ratsherr Diebold Bender schlug von den fünfundvierzig Ketten die eine in der Mitte an, „da man die Diebe anhangte". Zum Schluß stiftete der Rat allen Handwerkern Wein, den sie „friedlich und freundlich miteinander vertrinken" sollten, was auch geschah.

Nun war der Schmiedemeister Diebold Bender ein Mann, der gern, wie man zu sagen pflegt, ein wenig auf großem Fuße lebte. Er trank gern, liebte das Würfel- und Kartenspiel, und da er dabei nicht immer das notwendige Glück hatte, geschah es, daß sich mit der Zeit ein gar nicht kleiner Schuldenberg vor ihm auftürmte. Den wäre er gern wieder los gewesen — aber wie? Seine Frau, die Meisterin, kam endlich nach der Wiederaufrichtung des Galgens auf den rettenden Einfall. Sie stammte aus Lauterbach, das zum Riedesel-Ländchen im Vogelsberg gehörte, und nachdem sie im Herbst ihre Leute dort besucht hatte, wußte sie Bescheid, und eines Abends rückte sie mit ihrem Plan heraus.

„Wir müssen", so erklärte sie ihrem Mann, der gerade einen Gläubiger vertröstet hatte, „aus unseren Schulden heraus, sonst gibt's ein Unglück, und du verlierst am Ende Ansehen und Ehre, deinen Sitz im Rat und deine Schmiede dazu."

„Und wie sollen wir die Schulden los werden?" fragte er. „Ja, wenn ich ein Dukatenmännlein hätte!"

„Ich wüßte da schon Rat", entgegnete sie. „Da wir kein Dukatenmännlein haben, brauchen wir ein Galgenmännlein, einen Alraun."

„Bleib mir mit solchem Teufelszeug vom Leib!" rief er. „Oder willst du am Ende als Hexe brennen?"

„Papperlapapp", sagte sie, „warum sollten wir nicht können, was so hochmögende Herren wie die Riedesel bei uns droben üben? Eine von meinen Schwestern steht, wie du weißt, bei ihnen auf Schloß Eisenbach im Dienst. Die hat mir erzählt, daß die Herren solch einen Alraun haben. Der sieht aus wie eine Puppe, trägt ein Hemdchen, liegt in einem gläsernen Kästchen und wird jeden Tag aufmerksam betrachtet. Alles, was einem Glied der Familie zustößt, läßt sich daran erkennen. Stürzt eines im Lauf des Tages oder bricht Arm oder Bein, so liegt das Alräunchen mit demselben zerbrochenen Glied da. Tritt der Tod in nächster Zeit an ein Familienmitglied heran, so kündigt sich das durch die Totenfarbe des Galgenmännleins an. Aber wichtiger für uns ist, daß ein Stück Geld, das man dem Alraun unterlegt, sich im Lauf der Nacht verdoppelt. Wär' das nicht gerade für uns richtig?"

„Wär' schon schön, solch ein Männlein zu haben, aber wie sollen wir's erlangen?" meinte der Diebold Bender.

„Das ist so schwer nicht", entgegnete die Benderin, „ich hab' unseren alten Schäfer daheim gefragt, und der hat mir's genau erklärt. Wenn einer, der aus einem Diebesgeschlecht stammt, oder auch ein Unschuldiger, der sich unter der Folter zu einem Diebstahl bekannt hat, gehenkt wird und dabei sein letztes Wasser läßt, so wächst an der Stelle, wo das Wasser in die Erde eingedrungen ist, ein Alraun, mit breiten grünen Blättern und blaßgelben Blüten, und zwar wächst und blüht er innerhalb von drei Tagen. Will man ihn ausgraben, dann ächzt, heult und schreit er ganz entsetzlich. Daher muß man sich die Ohren mit Wachs, Baumwolle oder Pech gut verstopfen, wenn man an einem Freitag vor Sonnenaufgang hinaus zum Galgen geht. Auch muß man einen schwarzen Hund mitnehmen, der keinen weißen Flecken am Leibe hat. Man macht über dem Alraun drei Kreuze und gräbt dann die Erde ringsum vorsichtig ab. Hält sich die Wurzel nur noch mit zarten Fasern an der Erde fest, schlingt man eine Schnur darum, bindet deren Ende dem Hund an den Schwanz, zeigt ihm ein Stück Brot und läuft dann rasch davon. Der Hund folgt einem, weil er das Brot schnappen will, und zieht dabei den Alraun, der ächzt, heult und schreit, vollends aus der Erde. Oft fällt der Hund am Ende tot hin, aber manchmal übersteht er's auch. Dann nimmt man ihn mit nach Hause und sorgt für ihn. Den Alraun, der danach still wird, wäscht man daheim sauber mit rotem Wein ab, wickelt ihn in Seidenzeug und legt ihn in ein Kästlein. Alle Freitage muß er gebadet werden und bekommt dann ein neues sauberes Hemdlein. Zuweilen kann das Ding sogar sprechen, und wenn man es fragt, offenbart es künftige und heimliche Dinge. Wer so einen Alraun besitzt, hat keine Feinde mehr, kann nimmer arm werden, und außerdem wird einem Paar, das kinderlos ist, wie wir, Ehesegen geschenkt."

„Das laß ich mir gefallen", meinte der Schmied, „und ich wills wohl wagen, wenn draußen am neuen Galgen der erste Dieb aufgeknüpft wird."

„Nur noch eines", schloß die Benderin. „Der Schäfer meinte, man solle so ein Galgenmännlein nicht allzulang behalten und rechtzeitig weitergeben. Jeder, der's kauft, muß dem anderen weniger dafür bezahlen, als dieser dafür bezahlt hat. Du kannst einen Goldgulden dafür verlangen, wenn du's weggibst. Der nächste Besitzer muß es für einen doppelten, der übernächste für einen einfachen Reichstaler abgeben, und so geht der Preis immer weiter herunter, bis zum Kreuzer und Heller. Wer dann den Heller bezahlt, der muß den Alraun behalten, weil es keine kleinere Münze mehr gibt, und wird am Ende wohl vom Teufel geholt. Das kann uns aber nicht passieren, weil wir ja am Anfang der Kette stehen".

Der Schmied und Ratsherr Diebold Bender und seine Frau mußten nicht allzu lange warten. Schon während der Fastenmesse des folgenden Jahres fingen sie einen Burschen. Der hatte einem welschen Kaufmann seine schwere Geldkatze genommen und mußte die schlimme Tat mit seinem Leben büßen. Gleich nach dem Ende der Messe wurde Gericht über ihn gehalten. Er wurde hinaus zum Galgen gebracht, und man ließ ihn „Hochzeit mit des Seilers Tochter halten", wie man dazumal das Aufknüpfen gern umschrieb.

Dies geschah an einem Dienstag, und am Freitag in der Frühe, vor Sonnenaufgang, war der Diebold Bender draußen am Galgen. Dem Torwächter hatte er gesagt, am Galgen habe sich eine Klammer gelockert, die er wieder befestigen wolle. Das brauche nicht jeder zu wissen. Einen kohlschwarzen Hund, ein mächtiges verwildertes Tier, hatte er in der Stadt gefunden und nach Hause gelockt, wo ihm die Benderin sogleich einen großen Napf voll Fleisch und Knochen vorgesetzt hatte. Seither folgte der Hund dem Schmied auf Schritt und Tritt.

Wie man sich leicht denken kann, grauste es den Diebold Bender ein wenig, als er den armen jungen Burschen droben an seinem Strick im Wind schaukeln sah. Doch der war ja mausetot, und als er den Blick hinab zur Erde schweifen ließ, sah er tatsächlich, was er gesucht hatte, eine Pflanze mit breiten grünen Blättern und blaßgelben Blüten — den Alraun. Rasch verstopfte er sich die Ohren mit der Baumwolle, die ihm seine Frau mitgegeben hatte, und begann vorsichtig, mit einem langen, starken Messer die Erde rings um die Pflanze zu entfernen. Endlich lag die Wurzel bis auf einzelne Fasern bloß. Er zog die Schnur aus der Tasche und schlang sie um die Wurzel. Dann rief er den Hund herbei, der sich scheu abseits gehalten hatte, und band das Ende der Schnur an dessen Schwanz fest. Darauf holte

er das Brot hervor, zeigte es dem Hund und lief mit dem Brot in der Hand davon. Der Hund sprang eilends hinterher und zog dabei den Alraun vollends aus der Erde. Trotz der verstopften Ohren hörte der Diebold Bender das Galgenmännlein entsetzlich schreien, und alle Haare sträubten sich ihm. Der Hund keuchte und fiel endlich erschöpft nieder. Schon meinte der Schmied, daß das Tier tot sei, aber es erholte sich wieder. Er befreite den Hundeschwanz von der Schnur und dem Alraun, der plötzlich still geworden war, schlug die Wurzel behutsam in ein Tuch ein und wanderte, den Hund zur Seite, stadtwärts, froh darüber, daß alles so gut abgelaufen war.

Zu Hause hatte seine Frau ihn schon neugierig erwartet. Sie badete den Alraun sorgfältig in rotem Wein, zog ihm ein schneeweißes Seidenhemdchen an und legte ihn in einen weich mit Wolle ausgepolsterten hölzernen Kasten. Ehe sie den Deckel schloß und das Kästchen danach im Schrank verwahrte, schob sie dem Alraun einen blanken Reichstaler unter.

Als sie am nächsten Morgen das Kästchen öffnete, wobei der Diebold Bender ihr neugierig über die Schulter schaute, sah sie, daß ihr der Schäfer daheim die Wahrheit gesagt hatte: neben ihrem Reichstaler lag ein zweiter, ebenso blanker. Da jubelte sie laut. Der Alraun aber hatte tatsächlich über Nacht eine Art Menschengesicht bekommen, mit zwei Augen, einer kleinen Nase und einem Mund, der sich zum Erstaunen des Diebold Bender und seiner Frau plötzlich öffnete und sprach: „Ihr habt mich aus der Erde herausgeholt, und nun muß ich euch dienen. Behaltet mich aber nur, so lange ihr mich braucht. Wenn der Schwarze stirbt, der meinen Schrei ausgehalten hat, so müßt ihr mich aus dem Hause geben, sonst kommt Unglück über euch."

Das versprachen sie, und nun begann im Hause des Ratsherrn Bender ein neues Leben. Der Schmied schwor dem Spielen und Trinken ab. Mit Hilfe des Galgenmännleins schmolz der Schuldenberg dahin, und bald war er ganz verschwunden, ja es lag sogar ein prall gefüllter Sparstrumpf im Ehebett versteckt. Jedes Jahr stellte sich ein Kind ein. Der Meister mußte neue Lehrlinge und Gesellen einstellen, weil die Arbeit sich ständig mehrte. Das Galgenmännlein wurde von der Meisterin an jedem Freitag schön gebadet und erhielt zu jedem Neumond ein neues Hemdlein.

Der schwarze Hund hatte den besten Platz am Herd erhalten und bekam jeden Tag sein gutes Futter. Doch eines Morgens lag er tot auf seiner Decke. Seine Lebensuhr war in der Nacht abgelaufen. Nun wußten Diebold Bender und seine Frau, daß sie sich von dem Galgenmännlein trennen mußten, und sie waren auch bereit dazu. Als sie dem Alraun den Tod des Schwarzen meldeten, sagte dieser: „Nun heißt es scheiden. Da ihr durch mich wohlhabend geworden seid, so ist es nur recht und billig, daß ihr den Goldgulden, den ihr für mich verlangen könntet, in den Almosenkasten legt und mich für einen doppelten Reichstaler weiterverkauft."

Doch an wen sollten sie das Männlein nun weiterverkaufen? War es Zufall oder Bestimmung, daß der Meister Bender in das Haus des Junkers Ulrich Jeckel gerufen wurde, um dort ein zerbrochenes Gitter auszubessern? Diebold Bender kannte den Junker aus dem Rat, und er erfuhr im Gespräch, daß diesen schwere Sorgen drückten. Ein Mailänder Handelshaus, mit dem er lange Jahre zusammengearbeitet und dem er voll vertraut hatte, war plötzlich zusammengebrochen, und er hatte den ganzen großen Warenvorrat, den er dort liegen hatte, dabei verloren.

„Ich wüßte, wie Euch zu helfen wäre", meinte der Schmied. Sie waren sich sogleich einig, und für einen doppelten Reichstaler wanderte das Galgenmännlein in das Haus des Junkers Ulrich Jeckel, der nun zu neuem Glück und Reichtum kam. Bei diesem Junker, dessen Frau das Männlein ebenso gut umsorgte wie die Benderin, verblieb dieses, bis Ulrich Jeckel spürte, daß sein letztes Stündlein bald schlagen würde. Da ließ er seinen besten Freund, den Conrad Westhoffen, rufen. Der hatte der Stadt als Hauptmann treu gedient, aber dabei keine Reichtümer ansammeln können. Für einen Reichstaler wechselte der Alraun zum Hauptmann über und verhalf ihm zu einem sorgenfreien Lebensabend. Er war Junggeselle und mietete sich bei einem noch jüngeren Maurer ein, der Jonas Brunner hieß und sich, seine Frau und ein Dutzend Kinder mühsam genug durchs Leben brachte.

Als der Hauptmann Westhoffen sah, wie karg es bei den Brunners zuging, verschaffte er sich mit Hilfe des Galgenmännleins, mit dem er gern sprach, einige Ersparnisse und gab es dann, mit dessen Einwilligung, an den Maurer weiter, für einen halben Reichstaler, den er ihm zuvor durch einen besonderen Auftrag zugespielt hatte. Der

Maurer und seine Frau waren glücklich, denn nun hatten sie keine Sorge mehr, wie sie täglich zwölf hungrige Mäuler stopfen sollten. Der Maurer konnte mit der Zeit, ebenso wie der Ratsherr Bender, Gesellen einstellen, und er blieb dem Stadthauptmann dankbar, so lange dieser lebte, sorgte auch für ein ehrenvolles Begräbnis. Als nun die Maurersleute alt geworden waren und alle ihre Kinder auf eigenen Füßen standen und sich ihr täglich Brot selbst verdienten, mahnte das Galgenmännlein sie eines Tages mit den Worten: „Nun ist's an der Zeit, daß ich weiter wandere, darum sorgt euch um einen Nachfolger."

Das taten sie auch, und so kam das Galgenmännlein für einen Gulden an einen Niederländer, der in derselben Gasse wohnte. Der hieß Jan Willem Smeets, war um des Glaubens willen aus seiner Heimat geflohen und konnte als armer Weber ein wenig Glück gut gebrauchen. Es war aber die Frau des Niederländers eine sehr Fromme. Zuerst wunderte sie sich, daß nun immer Geld in der Lade lag. Dann argwöhnte sie, ihr Mann könnte sich auf unredliche Geschäfte eingelassen haben. Endlich fand sie beim Hausputz das Kästchen mit dem Alraun, das ihr Mann gut vor ihr versteckt hatte, und sie entsetzte sich. Zuerst wollte sie den „heidnischen Greuel" ins Feuer werfen, aber ihr Mann sagte, das solle sie fein bleiben lassen. Man wisse nicht, was dann geschehen würde. Leicht könnte ihnen das ganze Haus abbrennen. Da bestand sie darauf, daß er das Kästchen mit dem Zauber sofort aus dem Hause bringen müsse.

Was blieb dem armen Mann übrig. Er lief mit dem Kästchen unterm Arm hinaus auf die Straße und wollte es dem Maurer zurückbringen. Das wäre freilich nicht angegangen. Da wollte es der Zufall, daß er kurz vor dem Hause des Maurers einen französischen Glaubensgenossen, den Jean Baptiste Meunier, traf. Den zog er in eine Ecke, und sogleich war der Handel abgeschlossen. Für einen Dreibätzer ging das Galgenmännlein an den Welschen über. Der aber war, was der Smeets nicht gewußt hatte, ein Bruder Leichtfuß. Als er jeden Morgen doppelt wiederfand, was er am Abend zuvor hineingelegt hatte, gab er seine Arbeit bei einem Schreiner auf, begann zu trinken und wurde ein rechter Wirtshausbruder. Eines Abends kam er betrunken nach Hause und begann in seinem Rausch, Frau und Kinder zu prügeln. So betrunken er jedoch war, er versäumte nicht, dem Alraun noch einen Gulden unterzuschieben, ehe er ins Bett sank und zu schnarchen begann. Am nächsten Morgen war er sehr erstaunt, als er ins Kästchen schaute. Es lagen nämlich keineswegs zwei Gulden darin. Statt dessen war der eine Gulden, den er am Abend hineingetan hatte, verschwunden. „Was soll das heißen?“ schnaubte er. Doch das Galgenmännlein antwortete unerschrocken: „Du hast die Wohltaten, die ich dir erwiesen habe, mißbraucht, hast das Geld, das ich dir gespendet habe, nicht deiner Familie zugute kommen lassen, sondern verjubelt, vertrunken und verspielt. Von mir hast du keinen Heller mehr zu erwarten. Gib mich heute noch weiter, sonst wird dir's übel ergehen.“

„So, du unnützes Männlein, du willst mir nichts mehr geben? Dann werde ich dich ins Feuer werfen oder in den Main, wo er am tiefsten ist.“

„Das müßtest du mit deinem Leben bezahlen“, antwortete der Alraun, „denn die Kette darf nicht unterbrochen werden, bis ihr letztes Glied erreicht ist.“

„Nun wohl, laß sehen“, entgegnete der Franzose, „für einen Dreibätzer hab' ich dich erworben, für eine Turnose kann ich dich also immer noch losschlagen. Ich werde dich in die Judengasse bringen.“ Gesagt, getan. Er wanderte in die enge Judengasse, und bald hatte das Kästchen unter seinem Arm die Aufmerksamkeit eines Juden erregt. Der hieß Salomon Silbermann und war wie viele seiner Glaubensgenossen ein Geldverleiher, aber auch bis dahin ein frommer und gerechter Mann gewesen. Als er vernahm, daß in dem Kästchen ein Alraun lag, bot er dem Franzosen einen hohen Preis dafür. Der aber sagte, mehr als eine Turnose dürfe er dafür nicht nehmen, und er, der Jude, müsse das Ding später um einen Batzen weiterveräußern.

„Wenns weiter nichts ist, so nimm“, sagte der Salomon Silbermann und gab dem Meunier die Münze aus einem Beutel, den er unter seinem Kaftan trug. Dann eilte er mit seinem Schatz davon, so schnell ihn seine Beine nur tragen konnten. Zu Hause verschloß er den Laden am Fenster seiner Stube, zündete ein Licht an und öffnete den Deckel des Kästchens. Wahrhaftig, der Franzose hatte ihn nicht betrogen. Darin lag das Galgenmännlein, blinzelte ihn an und sagte: „Lies den Zettel zu meinen Füßen und dann schau mein Hemdlein an!“ Der Jude las den Zettel, den die Benderin einst hineingelegt hatte, lachte und sagte: „Wenns weiter nichts ist, das sollst du haben.“ Dann rief er seine Frau Rebekka. Die mußte den Alraun in rotem Wein baden und ihm ein neues Seidenhemdlein anziehen. Das gefiel dem Männlein, und es sagte: „Nun wollen wir eine Weile zusammen bleiben. Doch paß auf, Salomon Silbermann, daß du nicht vom rechten Pfad abkommst.“

Silbermann achtete nicht sonderlich auf diese Mahnung, und eine Zeitlang ging auch alles gut. Die Geschäfte des Geldverleihers blühten, und Frau Rebekka gebar neun Monate später einen kleinen Salomon. Doch kam ein böser Geist über den Juden Silbermann, und der trug den Namen Habsucht. Jeden Tag mußte das Galgenmännlein doppeltes Geld spenden, und jene, die beim Silbermann Geld borgten, stöhnten, weil er immer höhere Zinsen forderte. Eine Unrast, die Frau Rebekka früher nie an ihm gekannt hatte, erfaßte den ganzen Mann. Ermahnte sie ihn, dann pflegte er zu sagen, das sei alles für den kleinen Salomon, der solle es einmal besser haben als sein Vater.

Eines Tages jedoch wurde das Kindlein krank, lag wimmernd und fiebernd in seinem Bettchen. Der Judenarzt kam, untersuchte den Kleinen und gab eine Medizin, aber die half nichts, und Frau Rebekka weinte und klagte, nun müsse ihr Kind wohl sterben. Schließlich meinte sie, ob man nicht einmal das Galgenmännlein fragen könne, das sei doch so klug.

„Morgen in der Frühe“, antwortete Salomon. „Jetzt, vor der Nacht, können wir das Männlein nicht stören, sonst wird es vielleicht den Goldgulden nicht verdoppeln können, den ich zu ihm gelegt habe und brauche.“

„Aber du hast doch Geld genug!“ jammerte Frau Rebekka. Doch es half nichts. Sie verbrachte die Nacht am Bettchen des immer noch fiebernden Kindes, und es war, wie sie später sagte, eine der längsten Nächte ihres Lebens.

Als Salomon am nächsten Morgen im Beisein Rebekkas das Kästchen öffnete, fand er keine zwei Goldgulden. Statt dessen schaute das Galgenmännlein ihn bitterböse an und sagte: „Du hast meine Mahnung gekannt. Ich habe dich ermahnt, nicht vom rechten Pfad abzuweichen, doch du hast meine Mahnung nicht beherzigt. So wird dein Kind sterben müssen, wenn du mich nicht heute noch aus dem Hause gibst."

Rebekka schrie auf. Salomon Silbermann aber erschrak und erkannte, daß er Unrecht getan hatte.

„Aber an wen soll ich dich weitergeben?" fragte er.

„An den nächsten Menschen, der in Not ist und mich braucht. Er ist schon unterwegs zu dir."

Da atmete Frau Rebekka auf, dankte dem Männlein und küßte es auf seine winzige Stirn.

Es dauerte nicht lange, da klopfte es an die Tür. Draußen stand ein junger Mensch mit bekümmerter Miene. Salomon Silbermann ließ ihn eintreten und fragte nach seinem Begehr. Der junge Mensch antwortete, er heiße Christoph Wagner, habe seine Eltern früh verloren, aber mit dem, was sie ihm hinterlassen, die Schule besuchen können. Auch das Latein und die griechische Sprache habe er wohl gelernt. Als er nun gestern von seinem Vormund den Rest seines Erbes gefordert habe, um auf die Universität ziehen zu können, sei offenbar geworden, daß dieser sein ganzes Geld mitsamt seinem Erbe durch unglückliche Geschäfte verloren hatte und ihm nichts geben konnte. Nun bitte er ihn, den Salomon Silbermann, der ihm als Geldverleiher empfohlen worden sei, um eine bescheidene Summe, die er getreulich zurückzahlen wolle, wenn er sein Studium beendet habe und sich als Advokat in der Stadt niederlassen könne.

Nun waren dazumal unruhige Zeiten. Der große Krieg, der dreißig Jahre dauern und ganz Deutschland verwüsten sollte, war schon im Gange, und Salomon Silbermann würde sich vor diesem Tage wohl gehütet haben, einem jungen Menschen auf eine so ungewisse Zukunft hin Geld zu leihen. Jetzt aber spürte er, daß das Galgenmännlein dessen Kommen bewirkt hatte und daß er sich von diesem trennen müsse, so schwer es ihm auch fiel. Denn den kleinen Salomon, der nebenan von Rebekka versorgt wurde und immer noch fieberte, wollte er ja nicht verlieren.

So holte er denn das Kästchen herbei, das einst Diebold Bender dem Männlein als Behausung gegeben hatte, öffnete es und erklärte dem Christoph Wagner, was es mit dem Alraun auf sich habe. Der schüttelte den Kopf und wollte es nicht glauben, bis das Galgenmännlein zu seinem Schrecken den winzigen Mund auftat und deutlich sagte: „Zahl' dem Salomon Silbermann einen Batzen, Christoph Wagner, und nimm mich mit auf die Universität. Ich will dir Glück bringen, solange du mich brauchst."

So geschah es. Salomon Silbermann steckte seufzend den Batzen ein und sah betrübten Herzens das Männlein scheiden. Dennoch wurde er am selben Tag noch froh, denn das Fieber des kleinen Salomon ging alsbald zurück, und nach drei Tagen war der Kleine gesund und munter wie ein Fisch im Wasser.

Das Galgenmännlein aber zog mit dem jungen Christoph Wagner

auf die Universitäten zu Wittenberg, Prag und Heidelberg. Sie gerieten in mancherlei Not und Kriegsgefahr, aber immer wußte das Männlein seinen neuen Besitzer glücklich zu leiten. Als Christoph Wagner sieben Jahre später in die Reichsstadt Frankfurt zurückkehrte, war aus ihm ein Doktor der Rechte geworden. In der Stadt geriet er mitten in die kriegerischen Ereignisse hinein. Die Schweden hatten sich in Sachsenhausen, wo er geboren war, festgesetzt und wurden von dem kaiserlichen Obersten Lamboy beschossen und endlich vertrieben. Danach herrschte eine große Teuerung, und noch dazu stellte die gefürchtete Pest sich ein und raffte viele Menschen hinweg. Doch auch hier beschützte das Galgenmännlein den Christoph Wagner. Er überstand alles, trat in den Dienst der Stadt und fand eine junge Frau, in demselben Viertel der Stadt, in dem er bei seinem ungetreuen Vormund aufgewachsen war. Der Vormund war gestorben, auch den großen und den kleinen Salomon Silbermann und die Frau Rebekka fand er nicht mehr. Die waren, wie die Nachbarn in der Judengasse berichteten, aus Furcht vor der Pest aus der Stadt gewichen, niemand wußte, wohin sie gegangen waren.

Mit dem Galgenmännlein hatte der Doktor Christoph Wagner immer gute Freundschaft gehalten, es nie über Gebühr in Anspruch genommen und immer sorgfältig gepflegt und bekleidet. Daß er sich nun bald von ihm werde trennen müssen, war ihm bewußt, und so wunderte es ihn nicht, als das Männlein eines Tages, nachdem es sein frisches Hemdlein bekommen hatte, zu ihm sprach: „Nun hast du alles, was du brauchst, Christoph Wagner, eine Frau, ein Kind, einen Doktorhut und ein Amt, das dich nährt. Jetzt solltest du mich an jemanden weitergeben, der mich braucht, weil er in Not ist."

„Das will ich gern tun", anwortete der Doktor Wagner, „und ich danke dir von Herzen, daß du mir so viel Glück gebracht hast. Ich wüßte auch schon jemanden, dem ich dich gern geben möchte. Ich war drüben in Sachsenhausen, das noch sehr zerschossen ist. Da sah ich eine alte Frau, die kümmerlich zwischen den Trümmern ihres Hauses im Keller lebt. Ich hab' ihr Geld gegeben, aber es wäre wohl besser, wenn du öfter für sie sorgen könntest."

„Gut so, bring mich zu ihr hin", sagte der Alraun.

Es war gar nicht leicht, die alte Frau, eine Witwe, zur Annahme des Kästchens mit dem Alraun zu überreden, für das sie nur einen Albus zahlen mußte. Schließlich sagte sie: „Gut, ich will das Männlein haben, aber nur so lange, bis mein Häuschen wieder steht. Ich bin alt und brauche wenig, und es gibt andere, die so ein Ding nötiger haben." Als das Häuschen wieder stand und sauber eingerichtet war, erfuhr der Doktor Wagner von ihr, daß der Alraun schon wieder weitergewandert war. Sie habe ihm, diesem Zauberding, auch nie so recht getraut, fügte sie hinzu, obwohl es ihr die beigelegten Münzen doch jede Nacht getreulich verdoppelt habe.

Der Mann, der den Alraun für einen Kreuzer von der Witwe bekommen hatte, war ein Sachsenhäuser Mainfischer. Auch ihm hatte bei der Beschießung eine kaiserliche Kanonenkugel das Häuschen zerschlagen. Seither hatte er für seine Frau, seine sieben Kinder und sich selbst nur eine Notunterkunft in den Trümmern gehabt. So war er froh und glücklich, als das Galgenmännlein ihm Nacht für Nacht die beigelegten Münzen verdoppelte, ihm auch sonst manchen guten Rat gab, vor allem, wo an diesem oder jenem Tag die Fische am dichtesten standen und sich fangen ließen. So konnte der Fischer Sebastian sich nach und nach in der Brückenstraße ein hübsches Haus bauen. Hier erlebte er auch, daß der große Krieg nach dreißig Jahren ein Ende nahm und der Friede einkehrte.

Als er nun allmählich alt wurde, begann er darüber nachzudenken, an wen er wohl den Alraun weiter geben könne. Behalten durfte er ihn ja nicht, aber für den, der ihn dann für einen Heller erwarb, gab es keinen Ausweg mehr. Der hatte ihn und mußte ihn bis zum Ende behalten. Was ihm dann geschah, konnte man nur ahnen. Wahrscheinlich würde diesen Letzten der Teufel holen, und jemanden dem Teufel auszuliefern war keine leichte Sache.

Einmal glaubte der Fischer Sebastian schon gewonnenes Spiel zu haben. Er hatte den Alraun im „Schwarzen Bock" einem alten Landsknecht angeboten, aber der hatte das Kästchen dann just im letzten Augenblick zurückgewiesen und erklärt, er wolle doch lieber christlich sterben und trotz aller Sünden vielleicht noch in den Himmel kommen.

Das wollte der Fischer auch, und so wartete er geduldig. Eines Abends traf er in der gleichen Schenke eine lustige Runde. Ein holländisches Getreideschiff hatte drüben am Fahrtor angelegt, und die Schiffer waren über die Brücke nach Sachsenhausen gezogen, um ihren großen Durst zu löschen. Sebastian kam mit einem von ihnen ins Gespräch, einem hünenhaften Friesen, der den Wein nur so in sich hineingoß und erklärte, erfahren wie er sei, fürchte er weder Gott noch den Teufel. Dem bot der Sebastian am Ende das Galgenmännlein an. Sie wurden handelseinig, und während die andern Schiffer über die Brücke zurückgingen, begleitete der Friese den Sebastian zu seinem Haus. Dort öffnete der Fischer das Kästchen beim Lampenlicht, zeigte dem Friesen das Galgenmännlein und sagte zu diesem: „Der übernimmt dich nun für einen Heller und meint, es mache ihm nichts aus, der Letzte in der Kette zu sein.“ Da war es dem Sebastian, als ob ein Lächeln des Einverständnisses über das winzige Gesicht des Galgenmännleins ginge. Der Niederländer zog eine Handvoll Münzen aus der Tasche, fischte einen Heller heraus und drückte ihn dem Sachsenhäuser in die Hand.

„Und nun her mit dem Galgenmännlein“, grölte er. „Doch wehe, wenn der kleine Kerl bis morgen kein Geld gezaubert hat. Dann komme ich wieder und schlage dein Haus und dich selbst zusammen.“

Er klemmte sich das Kästchen unter den Arm. Der Fischer begleitete ihn bis zum Brückentor und gab dem Brückenwächter gute Worte, daß der den Fremden noch hinüber zu seinem Schiff ließ.

Schwankend und ein holländisches Lied singend zog der Friese über die Brücke. Sebastian und der Brückenwächter schauten ihm nach. Da sahen sie, wie der hünenhafte Mann am Kreuz mit dem Hahn stehen blieb und hinüber spähte zum Ufer, wo sein Schiff lag. Dabei geschah es, daß das Kästchen unter seinem Arm hervorglitt und in den Fluß hinabfiel.

Mit einem Fluch und dem Ruf: „Hier geblieben, Menneken!“ schwang sich der trunkene Mann über die Brüstung und sprang dem Kästchen nach in die Tiefe des Flusses. Der Fischer rieb sich die Augen. Der Friese war weg und blieb weg. Da sprachen die beiden

Männer ein stilles Gebet für den Ertrunkenen. Sie wußten nicht, daß beim Mitternachtsglockenschlag, der gerade ertönte, genau hundert Jahre herum waren, seit Diebold Bender den Alraun unterm Frankfurter Galgen ausgegraben und der schwarze Hund das Galgenmännlein aus der Erde gezogen hatte. Seither hatte man nie mehr etwas von dem Frankfurter Galgenmännlein vernommen.

Die wunderbare Brunnenfahrt

Da, wo heute die Domstraße verläuft, lag früher die Luprandsgasse mit dem Luprandsbrunnen. Später nannte man die Gasse schlicht die Borngasse. Manche sagen, daß der Luprandsbrunnen seinen Namen einem berühmten Mann verdankte, dem Luitprand, Bischof von Cremona in Italien, der hier um die Mitte des 10. Jahrhunderts als Flüchtling lebte und ein Buch gegen seine Widersacher, den Markgrafen Berengar und dessen Frau Willa, schrieb, in dem er auch das damalige Deutschland schilderte. Doch das ist ungewiß.

Wie alle Brunnen in der Stadt mußte auch der in der Borngasse gesäubert oder, wie man in Frankfurt sagte, gefegt werden. Das geschah alljährlich und wurde meist wechselweise von einem der Anwohner besorgt, die den Brunnen benutzten, jeden Tag das für den Haushalt nötige Wasser in Eimern heraufzogen. Die Aufsicht über den Brunnen hatte der Brunnenschultheiß oder Brunnenmeister, der in jedem Jahr neu gewählt wurde. Er hatte auch das Brunnenbuch zu führen, in dem alle Einnahmen und Ausgaben sorgfältig vermerkt wurden. Für das Jahr 1563 ist im Born-Brunnenbuch zu lesen:

„In diesem obgemelten Jahr hatt sich eine Erbare nachbarschaft ziemlicher massen gebesseret, daß sie von einem frommen und Ehrlichen mann einen schönen Eschenfarbenen Seidenen Huett hatt gekauffett, allen zukünftig bronnen Meister zu ehr auf zu setzen, dabey man sie für andere erkennen möge.“

Mit dem Kauf dieses aschgrauen Seidenhutes, den jeder künftige Brunnenmeister aufsetzen sollte, damit er vor allen andern kenntlich wäre, hatte es folgende Bewandtnis:

Zwischen den Bewohnern der Häuser, die am Bornbrunnen ihr Wasser holten und zur Brunnengemeinschaft gehörten, gab es mancherlei gute Freundschaften, die sich innerhalb der Familien vererbten, vom Großvater auf den Vater, Sohn und Enkel, aber es gab auch eine alte Feindschaft zwischen dem Haus des Schneidermeisters Zwirn und dem des Lebküchlers Hartherz. Woher diese Feindschaft rührte, wußte keiner mehr. Sie vererbte sich eben und machte sich alljährlich unliebsam bemerkbar beim Fest der Brunnenfahrt.

Diese Brunnenfahrt begann damit, daß der jeweilige Brunnenputzer an einem Seil in den Brunnen hinabgelassen wurde, in die Tiefe des Schachts fuhr. Ihm folgte ein leerer Eimer, in den er allen Schmutz und Unrat füllte, der sich im Laufe von zwölf Monaten drunten angesammelt hatte. War der Brunnen rein, dann zog man mit vereinten Kräften den Brunnenputzer wieder herauf und schüttete Salz in den Brunnen, damit das Wasser wieder klar wurde.

Danach begann das Fest der Brunnenfahrt, auch Brunnenkränzchen genannt, das oft zwei Tage hindurch gefeiert wurde. Die Häuser rings um den Brunnen waren geschmückt. Über dem frisch gefegten Brunnen wurde ein mit Blumen und Bändern verzierter Kranz aufgehängt. Die Kinder beschenkte man mit Wecken oder Brezeln, und sie tanzten danach fröhlich um den Brunnen herum. Die Wecken oder Brezeln wurden vom jeweiligen Lebküchler Hartherz gebacken und gespendet, denn die Hartherzen hatten trotz ihres Namens allesamt ein gutes Herz, und wenn es nach ihnen gegangen wäre, dann hätte man den sinnlosen Streit mit den Zwirns längst aus der Welt geschafft.

Am Nachmittag der Brunnenfahrt trug man dann Tische, Bänke und Stühle aus den Häusern und richtete eine lange Tafel. Dann fand sich die ganze Brunnengemeinschaft zusammen. Es wurde getrunken und geschmaust, gesungen und schließlich auch getanzt, denn immer gab es in der Borngasse zumindest einen, der sich aufs Pfeifen oder Flöten verstand, den Dudelsack blasen oder die Fiedel streichen konnte.

Nun hatte es zu Beginn der Brunnenfahrt von 1563 einen häßlichen, vom Schneider Zwirn verursachten Streit und sogar eine handfeste Prügelei gegeben. Als Brunnenputzer hatte der gutmütige Lebrecht Hartherz gewirkt. Brunnenmeister jedoch war eben der Schneidermeister Zwirn. Als der Hartherz drunten im Brunnen alles in den Eimer gepackt hatte, was nicht dorthin gehörte, und der volle Eimer nach oben gezogen worden war, da hatte sich der Zwirn über den Brunnenrand gebeugt und ohne jeden Grund plötzlich höhnisch gerufen: „Am besten wär's, dich drunten zu lassen, Lebküchler, bis das Kränzchen zu Ende ist. Ein paar von deinen angebrannten Lebkuchen können wir dir ja hinunter werfen, und Brunnenwasser hast du genug zu saufen!"

Man kann sich leicht denken, wie heftig dieses Angebot den ahnungslosen Lebküchler traf. Als man ihn hochgezogen hatte und er den Schneider mit ruhigen Worten zur Rede stellte, fiel dieser alsbald über ihn her. Es entspann sich ein heftiges Ringen und Raufen, bis endlich besonnene Männer die beiden Kämpfer trennten.

Am Abend saßen dann die Familien Hartherz und Zwirn an den entgegengesetzten Enden der großen Tafel, und der Schneider warf dem Lebküchler immer noch drohende Blicke zu und zeigte ihm dann und wann die Faust.

Das verdarb manchem in der Brunnengemeinschaft die Festfreude und am meisten dem redlichen Hutmacher Fridolin Filz. Der stand plötzlich auf, lief zu seinem Haus hinüber und kam mit einem aschgrauen Seidenhut wieder. Den hielt er in die Höhe, so daß jeder ihn in seiner ganzen Schönheit bewundern konnte. Dazu sprach er: „Ihr Nachbarn, seht diesen prächtigen Hut. Ich habe ihn vor etlichen Wochen aus England bekommen, wo ich in meiner Jugend eine Zeitlang gearbeitet habe. Ich meine, er wäre es wert, den edelsten Patrizierkopf in der Gesellschaft Alten-Limpurg zu zieren. Wenn ihr wollt, so bin ich bereit, ihn für den Preis, den ich zahlen mußte, unserer Brunnengesellschaft zu überlassen, damit ihn unser jeweiliger Brunnenschultheiß tragen kann und sich damit vorteilhaft von allen anderen Mannsleuten abhebt."

Zustimmendes Gemurmel erhob sich, und schon sah der Schneidermeister Zwirn, der sehr eitel war, den herrlichen Hut auf seinem Haupt prangen. Doch da fuhr der Hutmacher Filz mit einem feinen, listigen Lächeln fort: „Es hat freilich mit diesem Hut noch eine besondere Bewandtnis. Ihr wißt, daß unter den Engländern seit alten Zeiten der Zauberer Merlin wohnt, und der hat auch in den Hut einen besonderen Zauber hineingebannt. Es kann ihn nur einer tragen, der keines Menschen Feind ist. Setzte ihn einer auf, der eine üble Gesinnung einem andern gegenüber hegt, so würde der ein schlimmes Ende nehmen. Unter dem Hut sammeln sich nämlich dann glühende Kohlen. Er kann den Hut nicht mehr abnehmen, so sehr er sich auch müht, und die glühenden Kohlen brennen sich ihm bis ins Hirn hinein, so daß er elend sterben muß."

Nach dieser Eröffnung herrschte tiefe Stille, bis einer sagte: „Ist es so, dann wird unser gegenwärtiger Brunnenschultheiß den Hut nicht aufsetzen können."

Alles blickte den Schneidermeister Zwirn an, der seinerseits nur Augen für den prächtigen Hut hatte, den der Meister Filz noch immer verführerisch in die Höhe hielt, so daß er in der Sonne wunderbar schimmerte. Man sah, wie sich im Innern des Meisters Zwirn ein heftiger Kampf abspielte. Was würde stärker sein, seine Eitelkeit oder seine unbegründete Feindschaft gegen den Meister Hartherz? Endlich sah man, wie der Schneidermeister Zwirn sich erhob, sein gefülltes Glas ergriff und sich wie ein Schlafwandler Schritt für Schritt dem anderen Tafelende näherte. Da begriff der Lebküchler, was geschah. Auch er erhob sich und nahm sein Glas. Als der Schneider ganz nahe herangekommen war, streckte er dem Lebküchler stumm sein Glas entgegen, und dieser tat dasselbe. So trank einer aus des andern Glas, und dann gaben sie sich unter dem Jubel der ganzen Gesellschaft den Bruderkuß.

Der listige Hutmacher aber nahm den aschgrauen Seidenhut und setzte ihn dem Brunnen- und Schneidermeister Zwirn auf. Und siehe da: es sammelten sich keine feurigen Kohlen auf Zwirns Haupt. Er konnte das Prachtstück wie einer vom Adel lüften, als alle ihn hochleben ließen.

Obwohl beim Zwirn nur die liebe Eitelkeit die Versöhnung bewirkt hatte, wurden er und der Lebküchler Hartherz mit der Zeit echte Freunde. Als acht Jahre später, im Jahre 1571, der Schneidermeister Zwirn, den sie nun alle schätzten, wieder zum Brunnenschultheiß gewählt worden war, da konnte sein Vorgänger, der Lebküchler Hartherz, sich unbesorgt einen handfesten Spaß mit ihm erlauben und schrieb ins Brunnenbuch:

„Da er die meisten stimmen gehabtt, ist ihm das lehenn überantwortett worden, nämlich 8 achtel korn solt er empfangen, wann man sie ihm gibett, gibt man sie ihm aber nicht, so soll er so viel kauffen. Item er soll macht haben, auf wüstem Landt zu schiffenn, auf dem wasser zu jagen und auf allen bäumen zu fischen. Item von den Dornenhecken, sie seien gleich wem sie wöllen, von denselbigen im Herbst trauben zu lesen, ohn einige einredt — und was der Dings mehr ist."

Wie 1563 feierte man wieder zwei Tage hindurch Brunnenfahrt, der Schneidermeister Zwirn stiftete den Wein für die ganze Gesellschaft, und er sah in seinem aschgrauen Hut so stolz aus wie ein vom Kaiser neu geadelter Edelmann. Der Hutmacher Filz aber sagte heimlich zum Lebküchler Hartherz: „Du siehst, welche Macht der Zauberer Merlin über die Menschen hat", und der Hartherz schmunzelte und schlug dem Filz auf die Schulter.

Der aschgraue Seidenhut ist leider verschwunden. Vielleicht hat ihn der Zauberer Merlin zurückgeholt, als die Brunnenfahrten aufhörten und an die Stelle der Brunnen endlich die Wasserleitungen traten, welche das Leben der Frankfurter bequemer, aber auch ein wenig ärmer machten.

AUS DEM 17. JAHRHUNDERT

Die Schlafhaub

Johann Jacob Becht war Gewürzkrämer und betrieb seine Handlung im alten Haus zum Paradeis. Er war so emsig in seinem Beruf, daß er schon in jungen Jahren zu einigem Wohlstand kam. Vor allem sorgte er dafür, daß die Gewürze, die in seiner Handlung feilgeboten wurden, immer von der besten Qualität waren, gleich ob es sich um einheimische Erzeugnisse wie Salbei, Majoran, Thymian, Fenchel, Anis, Kümmel oder Wacholderbeeren handelte, oder um die kostbaren Erzeugnisse fremder Länder und Erdteile wie den schwarzen und weißen Pfeffer, Muskatnuß und Zimt, Gewürznelken und Sternanis, Kardamom, Ingwer, Lorbeer, Vanille, Safran und Ambra.

Wer sein Verkaufsgewölbe betrat, fühlte sich geradezu eingehüllt, betäubt von einer Wolke von Duft und Gerüchen aller Art, und der Johann Jacob Becht, ein kleiner, zierlicher dunkelhaariger Mann, der seine vornehme Kundschaft gern selbst bediente, wirkte geradezu wie ein Zauberer, der aus Kästen, Truhen und Schubladen die gewünschten Gewürze hervorholte und auf einer blankgeputzten Messingwaage sorgfältig abwog. An der Decke hing ein ausgestopftes Krokodil, das zwar kein Gewürz lieferte, aber als ein Stück ferner, fremder Welt von allen Kunden und zumal von den Kindern immer wieder bestaunt wurde.

Zu diesen vornehmen Kunden gehörte auch der Schöffe Caspar Niclas genannt Steinmetz, der nicht nur ein sehr angesehener Mann sondern auch ein Liebhaber seltener Gewürze war. Gab er ein Mahl in der Gesellschaft Frauenstein, der er angehörte, so wurde zuvor zum Gewürzkrämer Becht geschickt, und es war noch nie vorgekommen, daß der versagt hatte, daß eines der gewünschten Gewürze in seinem Gewölbe nicht vorhanden war. Zuweilen schickte die Schöffin nur die Magd, meist aber kam die Tochter. Die hieß

Katharina und war ein stattliches Mädchen, wohl einen Kopf größer als der Becht, blond und mit blauen Augen, die — das muß gesagt werden — ein wenig töricht in die Welt schauten. Manche unter den jungen Frauensteinern behaupteten hinter der erhobenen Hand, sie sei ein wenig einfältig, wenn nicht gar dumm.

Das hinderte den Johann Jacob Becht jedoch nicht, die Jungfer Katharina immer mit ausgesuchter Höflichkeit zu begrüßen, zu bedienen und beim Abschied bis an die Tür zu begleiten. Wenn Becht ein seltenes Gewürz hervorholte und abwog, dann erzählte er ihr gern, woher es stammte und auf welchen oft abenteuerlichen Wegen er es bekommen hatte. Dann schaute sie ihn aus ihren blauen Augen an wie ein Kind, dem die Mutter Märchen erzählt, und ihm wurde dabei seltsam warm ums Herz. Doch durfte er, ein einfacher Gewürzkrämer, seine Augen zur Tochter eines Schöffen erheben?

Doch es geschah, daß der Schöffe Caspar Niclas genannt Steinmetz plötzlich starb, vom Schlagfluß getroffen wurde. Er erhielt ein ehrenvolles Begräbnis auf dem Peterskirchhof, und unter denen, die der verwitweten Frau Schöffin und ihrer Tochter das Beileid aussprachen, befand sich selbstverständlich auch der Johann Jacob Becht, denn er hatte ja einen guten Kunden verloren.

Man konnte annehmen, daß die Jungfer Katharina nun nicht mehr so häufig dem Becht'schen Gewürzgewölbe einen Besuch abstatten würde. Sie kam zur Überraschung und stillen Freude des Johann Jacob Becht jedoch weiter und sogar häufiger als vor dem Tod ihres Vaters. Freilich verlangte sie nun meist nur einheimische Gewürze, aber darüber grämte er sich nicht; er hatte für die seltenen Sachen genug andere Kunden. Zudem konnte er bald mit der Katharina auch über anderes plaudern, sogar über Stadtneuigkeiten. So geschah es, daß die beiden sich im Verlaufe des Trauerjahres immer besser kennenlernten und endlich einig wurden. Die verwitwete Frau Schöffin hatte nichts gegen diese Verbindung einzuwenden, zumal sie bemerkt hatte, daß keiner von den jungen Männern der Gesellschaft Frauenstein Miene machte, um ihre Katharina zu werben.

Bald nachdem die Glocken das neue Jahrhundert und das Jahr 1600 eingeläutet hatten, wurden Johann Jacob Becht und Katharina Niclas getraut. Da die verwitwete Frau Schöffin eine Frau war, die wußte, was sie wollte, und das, was sie wollte, auch durchsetzte, so sah sich der Gewürzkrämer Johann Jacob Becht im folgenden Jahr auch als Nachfolger des verewigten Schöffen Niclas in die noble Gesellschaft Frauenstein aufgenommen. Er war der erste aus diesem Berufsstand, und mancher unter den Großkaufleuten und den gelehrten Doktoren der Rechte und der Arzneikunst meinte, daß ein einfacher Gewürzkrämer doch nicht ganz in die Gesellschaft passe, aber sie duldeten ihn, zumal er sich stets höflich und bescheiden verhielt und sich nicht kleinlich zeigte, wenn es um die Gewürze zu den festlichen Mahlen ging.

Johann Jacob Becht merkte wohl, daß sie ihn nur duldeten, nicht ganz für voll nahmen, zumal wenn sich ihre Gespräche um Dinge drehten, von denen er wenig oder nichts verstand. Das wurmte ihn lange Jahre hindurch heimlich. Als er nun alt wurde, als der große Krieg schon ein Jahrzehnt währte und man 1628 schrieb, beschloß er, sich durch eine besondere Gabe den Respekt der vornehmen Herren zu erwerben. Ja, so meinte er, er wolle sich in der Gesellschaft ein Denkmal setzen, das ihn überdauern, das Andenken an ihn wachhalten sollte. Lange dachte er nach. Dann entschied er sich für einen silbernen, reich verzierten und ganz vergoldeten Trinkbecher, der so groß sein sollte, daß eine Flasche Wein nicht ausreichte, ihn zu füllen. Der Goldschmied Johann Cappauser erhielt den Auftrag, den mächtigen Becher sorgsam zu vergolden und die Inschrift einzugravieren, die Johann Jacob Becht selbst erfunden und gereimt hatte.

An einem festlichen Abend in der Vorweihnachtszeit, eben am Niclas-Abend, war es so weit. Johann Jacob Becht übergab mit wohlgesetzten Worten den beiden residierenden „Burggrafen“ der Gesellschaft den großen Becher, der in einem schwarzen hölzernen, innen mit rotem Samt ausgeschlagenen Futteral steckte. Der eine „Burggraf“ nahm den Pokal heraus, und es erhob sich großer Beifall. Der Beifall wurde aber noch stärker, als der andere „Burggraf“ den Spruch verlas, den der Goldschmied kunstvoll eingraviert hatte:

Hans Jacob Becht ganz ohne Pracht
verehrt den Becher und sagt:
seiner dabei zu gedenken,
mit gutem Wein einzuschenken.
Wann kommen frembde Herrn herein,
soll derselbig hier willkommen sein,
ist nicht zu groß, noch zu klein,
soll aber doch vollgeschenkt sein.

Nun befand sich dazumal unter den Mitgliedern der Gesellschaft Frauenstein der Doktor der Medizin Matern Kohler, von Seltz bei Lohr am Main gebürtig. Der war nicht nur ein guter Arzt, sondern auch ein Spaßvogel und warf alsbald die Frage auf, was dem Goldschmied wohl als Vorbild gedient habe, als er dem Pokal seine breit ausladende, an den Rändern üppig verzierte Form gab und wie dieser künftig heißen solle. Da erhoben sich viele Stimmen. Die einen meinten, er ähnele ein wenig den griechischen Trinkschalen, andere glaubten, einen ähnlichen Becher schon bei der letzten Kaiserwahl gesehen zu haben, und so ging es weiter. Was die Benennung anging, so ergab sich eine Mehrheit, die das kostbare Trinkgefäß einfach den Becht-Pokal nennen wollte.

Der Name klang dem Hans Jacob Becht gar lieblich in den Ohren. Schon sah er den gestifteten Becher für immer mit seinem Namen verbunden, da juckte es den Doktor Maternus Kohler, sich bei der Gattin des Stifters zu erkundigen, was die denn meine. Frau Katharina, die in 28 Ehejahren ihrem Johann Jacob mehrere Kinder geboren und aufgezogen hatte, war noch ein gutes Teil stattlicher als früher geworden. Behalten aber hatte sie ihre blauen Augen mit dem etwas törichten Blick. Mit diesen Augen blickte sie zuerst den Frager und dann ihren Eheherrn an und platzte endlich mit dem Satz heraus: „Ich mein’, ich mein’, der Pokal schaut just so aus wie meine Schlafhaub’!“

Das Gelächter, das sich nun erhob, wollte schier nicht enden, brandete immer neu auf. Nur einer saß stocksteif und mit versteinerter Miene da, und das war Johann Jacob Becht. Da hatte seine gute Katharina mit einem einzigen Satz alle seine Hoffnungen zunichte gemacht. Diesen schönen Pokal hatte sie in aller Unschuld mit ihrer Schlafhaube verglichen! Der Name würde, so wie er seine spottlustigen Frankfurter Landsleute kannte, nun für alle Zeiten bleiben.

Der Doktor Maternus Kohler bemerkte gleich, was da, nicht ohne seine Mitschuld, geschehen war, und als lebenskluger Mann rief er, als das Lachen sich endlich gelegt hatte: „Den Einfall, ein Trinkgefäß nach dem Nachthäubchen seiner Eheliebsten gestalten zu lassen, konnte nur einer haben, unser lieber Hans Jacob Becht. Darum Wein her, damit wir aus dieser köstlichen Schlafhaub' allesamt trinken, auf das Wohl des Stifters und seiner Frau Katharina, die uns das Geheimnis des Pokals enthüllt hat!"

Da taute das erstarrte Gesicht des Johann Jacob Becht langsam wieder auf, und er stimmte in das erneute Lachen kräftig mit ein. Die „Schlafhaub'" wurde mit edlem Rheinwein gefüllt, den er hatte bereitstellen lassen, und kreiste von Mund zu Mund um die ganze Tafel. Den letzten Schluck tat Johann Jacob selbst und trank dabei seiner Katharina zu.

Als die Gesellschaft Frauenstein im Jahre 1730 ihr Silberzeug versteigern ließ, weil es den Mitgliedern zu „altfränkisch" erschien, da wurde die Schlafhaub' ausgenommen und zurückbehalten. So blieb das Andenken an Johann Jakob Becht mitsamt dem Ausspruch von Frau Katharina auch weiterhin lebendig.

Belohnte Treue
Die Geschichte des Konrad Stein

Freienseen ist ein hessischer Marktflecken, der heute zu Laubach gehört. Dort wurde, in einem alten Fachwerkhaus, im Jahre 1604 Konrad Stein geboren, von dem diese Geschichte handelt. Konrad wollte Pfarrer werden, und so kam er später auf die Universitäten von Gießen und Marburg, wo er die Gottesgelehrsamkeit von Grund auf studierte. Danach ging er mit 24 Jahren nach Frankfurt und erhielt eine Stelle an der Lateinschule im Barfüßerkloster. Nach fünf Jahren bat er um Entlassung aus dem Schuldienst, denn er wollte sich noch weiter bilden. Reich war er nicht, aber er hoffte, mit dem auszukommen, was er sich zusammengespart hatte. „Ich wußte mich zu schicken", so hat er selbst geschrieben, „und machte mit dem Mund einen Accord, daß wir wöchentlich vier Fasttage halten wollten." Ob Mund und Magen mit solcher Übereinkunft immer einverstanden waren, wissen wir nicht.

Konrad Stein zog zunächst rheinabwärts in die Niederlande und kam an die ehrwürdige Universität Leiden. Von dort aus besuchte er die Städte und Landschaften, die damals ja noch zum Heiligen Römischen Reich gehörten. Danach fuhr er mit dem Schiff hinüber nach England und besah sich Land und Leute. Als er mit einem anderen Schiff über den Kanal nach Frankreich kam, besaß er gerade noch vierzig Reichstaler. Die sollten ihm reichen, um sich das Land der Franzosen von Norden bis zum Süden anzusehen. Er lebte so billig wie möglich, und er kam aus. Als er nach Paris zurückkam und daran dachte, wieder in die Heimat zu reisen, erhielt er durch den Vertreter der Reichsstadt Frankfurt zu Paris einen Brief des Stadtschultheißen Hieronymus Steffan von Cronstetten, dessen Sohn in der Frankfurter Lateinschule zu seinen Schülern gehört hatte. Darin schrieb der Schultheiß, daß er den Sohn, Johann Hieronymus genannt, nach Frankreich schicken wolle, und bat den Konrad Stein, „ihn in seine Conduite zu nehmen und bis zu Endt seiner vorhabenden Reiß und Erlernung der Sprachen gegen Versprechen einer guten Recompenz bei ihm zu verbleiben."

Konrad freute sich, daß er auf diese Weise noch länger in Frankreich verweilen konnte. Er sagte zu, und am 13. Juli 1635 kam der junge Frankfurter Patriziersohn in Paris an. Sein ehemaliger Lehrer zeigte ihm zunächst die Sehenswürdigkeiten der französischen Hauptstadt. Danach begaben sich die beiden nach Orléans und reisten die Loire hinab nach Tours. Dort wollten sie länger bleiben und quartierten sich im besten Gasthof der Stadt ein. Der junge Cronstetten war von seinem Vater reichlich mit Geld versehen worden, und so lebten sie nach Konrads Meinung „gar köstlich". Sein Mund und sein Magen brauchten keine Fasttage mehr einzulegen.

Doch nach fünf Wochen nahm das schöne Leben ein Ende mit Schrecken, und das wurde durch den Kardinal Richelieu herbeigeführt. In Frankreich saß zwar Ludwig XIII. auf dem Königsthron, aber der war sehr schwach, und die eigentliche Macht lag in den Händen des Kardinals, der dann auch in den großen Krieg eingriff, der seit 1618 im Heiligen Römischen Reich wütete und dreißig Jahre währen sollte. Die Reichsstadt Frankfurt hatte sich bis 1631 so gut es ging aus dem Krieg herausgehalten, mußte in diesem Jahr aber den Schwedenkönig Gustav Adolf einlassen, und seither lag in Sachsenhausen eine schwedische Besatzung. Nachdem die Schweden 1634 bei Nördlingen im Kampf mit den kaiserlichen Truppen eine schwere Niederlage erlitten hatten, wollten die Frankfurter gern die Schweden los sein, aber die gingen nicht freiwillig. So kam es im August 1635 zur Beschießung von Sachsenhausen durch die Kaiserlichen, und endlich gaben die Schweden auf. Mit den Schweden aber hatte sich Frankreich durch den Kardinal Richelieu verbündet, und der Abfall der Reichsstadt Frankfurt von der schwedischen Sache, ihre Hinwendung zum Kaiser, ergrimmte den Kardinal. Als den Hauptschuldigen sah er den Schultheiß Hieronymus Steffan von Cronstetten an, und kaum hatte er erfahren, daß dessen einziger Sohn sich in Frankreich aufhielt, da beschloß er, den Vater zu treffen, indem er den Sohn ins Gefängnis werfen ließ.

Auf Befehl Richelieus wurde ein Offizier nach Tours gesandt, und so geschah es, daß Konrad Stein und Johann Hieronymus Steffan von

Cronstetten sich in ihrem Gasthof eines Morgens früh um vier Uhr unsanft geweckt sahen, von zwei Männern, deren jeder ein Pistol auf sie richtete. Der Offizier erklärte, er habe Befehl, den Junker von Cronstetten in Arrest zu nehmen und nach Paris ins Staatsgefängnis, die Bastille, zu bringen — einen alten, festungsähnlichen Bau, an dem die beiden Frankfurter schnell vorübergegangen waren, als sie die Sehenswürdigkeiten von Paris betrachteten. Konrad Stein blieb frei, und der Offizier erlaubte ihm sogar, mit der Post voran zu reisen, damit er sich alsbald in Paris um die Freilassung von Johann Hieronymus bemühen könne.

Nun begannen für Konrad zwanzig Monate, die zu den schlimmsten seines Lebens wurden. Er wandte sich zunächst an den Kardinal Richelieu. Dieser nannte ihm nicht einmal einen Grund für die Verhaftung des jungen Frankfurters, verwies ihn nur an den König. Mit Hilfe eines Offiziers der Schweizergarde gelang es Konrad acht Tage später, den König zu erreichen. Als dieser aus der Kapelle von Saint Germain trat, fiel er vor ihm auf die Knie und überreichte ihm eine Bittschrift.

König Ludwig, der wahrscheinlich gar nichts von der Verhaftung Cronstettens wußte, blickte den Konrad starr an, übergab die Bittschrift einem seiner Begleiter und sagte nur: „Sprechen Sie mit meinem Vetter, dem Kardinal. Da werden Sie Antwort erhalten."

Inzwischen war der junge Cronstetten in der Bastille schwer erkrankt, und die Ärzte, die Konrad herbeiholte, fürchteten um sein Leben. Konrad durfte den Kranken zwar am Tage kurz besuchen, aber in der Nacht nicht bei ihm sein. Die Sorge bedrückte ihn so sehr, daß ihm in wenigen Tagen die Haare grau wurden, zur Verwunderung aller, die ihn kannten. Auch blieb er in den Nächten ohne Schlaf. „Es hat aber der allmächtige Gott dem betrübten Gefangenen seine vorige völlige Gesundheit über alles menschliche Vermuten aus Gnaden wiedergeschenkt und ihn mitten unter den Feinden weder an Leib noch Seel verderben lassen, dessen Güte sei hochgelobt in Ewigkeit."

Konrad Stein ließ nicht locker. Er reiste dem Kardinal Richelieu nach, wohin dieser sich auch begab. Nur einmal noch konnte er mit ihm sprechen und erhielt als Antwort nichts als ein: „Ich will sehen." Bei diesen Reisen geriet Konrad öfter in Lebensgefahr. In Amiens hatte gerade die Pest gewütet, als er ankam, und da er nicht im Freien nächtigen konnte, mußte er in einem von der Pest heimgesuchten Haus einkehren. Im Zimmer nebenan wurden Leichen eingesargt und dann mit Gepolter die Treppe hinuntergebracht.

Schon sank Konrads Hoffnung, den jungen Cronstetten frei zu bekommen, da hörte er, daß Herzog Bernhard von Weimar sich in Burgund aufhielt. Dieser evangelische Reichsfürst hatte sich als einer der ersten dem Schwedenkönig angeschlossen. Als Gustav Adolf in der Schlacht bei Lützen fiel, hatte er das Kommando übernommen und den Sieg für die Schweden errungen. Später war er Oberbefehlshaber des schwedischen Heeres in Süddeutschland geworden und hatte 1633 Regensburg erobert. Im folgenden Jahr kam es jedoch für ihn zur Niederlage bei Nördlingen. Dem Prager Frieden von 1635 trat er nicht bei, sondern nahm im Oktober dieses Jahres französische Dienste. Er sollte im Solde Richelieus ein Heer von 18000 Mann aufstellen, um damit in Deutschland die Übermacht der kaiserlichen Habsburger zu brechen.

Konrad Stein reiste nach Burgund und trug dem Herzog den Fall des jungen Cronstetten vor. Bernhard von Weimar verstand sogleich, daß es Kardinal Richelieu da nur um eine persönliche Rache ging, und er fand einen Weg. Er schrieb dem Kardinal, er wolle den jungen Frankfurter bei dem geplanten Kriegszug einsetzen, und darauf hin wurde Johann Hieronymus endlich, nach einer Haft von zwanzig Monaten in der düsteren Bastille, frei.

Ohne weiteren Aufenthalt verließ Konrad Stein mit dem Befreiten Paris. Auf der Heimreise wären sie beinahe noch von Bauern, die sich auf die Wegelagerei geworfen hatten, bei Dijon erschlagen worden.

„Mit was erfreuendem Geist der alte Vater seinen einzigen Sohn aus so bekannter großer Gefahr der erlittenen Gefängnuß und gethaner Reiß widerumb frisch und gesundt zu Hausse gesehen und wie seine alte betagte Mutter für Freuden geweint und den Sohn gantz verstumbt und stillschweigendt eine gute Zeit intentissimo nur angesehen, daran kann ich ohne Gemütsbewegung nicht gedenken.

Nun konnten wir unß all unßeres außgestandenen Leids wiederumb ergetzen", sagte Konrad Stein.

Der Schultheiß Hieronymus Steffan von Cronstetten blieb dem Retter seines Sohnes dankbar bis zum Tode. Er beschenkte ihn nicht nur reich, er verhalf ihm auch zu einem sorgenfreien Leben, indem er für ihn um die Hand von Elisabeth Eisner warb, der Witwe des Münzmeisters Ayrer. Der Schultheiß und seine Frau führten das Brautpaar beim öffentlichen Kirchgang über die Straße, und beim Bankett überreichten sie ihm einen silbernen, vergoldeten Pokal zum ersten Ehrentrunk.

So wurde Konrad Stein für seine Treue reich belohnt. Er wurde sogar später Ratsherr und Schöffe. Sein einstiger Schützling kam drei Jahre später ebenfalls in den Rat, und sie waren sechzehn Jahre hindurch Amtsgenossen. Johann Hieronymus wußte, was er Konrad zu verdanken hatte. Ohne ihn wäre er im Gefängnis verdorben und gestorben. Sein zweiter Retter, der Herzog Bernhard von Weimar, verstarb 1639 nach dreijährigen siegreichen Kämpfen überraschend zu Neuenburg am Typhus. Der Kardinal Richelieu erlebte den Ausgang des Dreißigjährigen Krieges nicht mehr; er verschied 1642.

Die Löwenjagd in der Töngesgasse

Lange Briefe zu schreiben war bisher nicht gerade eine Lieblingsbeschäftigung von Johannes Peisker gewesen. Doch was man versprochen hatte, mußte man halten, und er hatte dem Junker Daniel zum Jungen, der nun Student zu Helmstedt war, versprochen, regelmäßig zu berichten, was sich in Frankfurt tat. Seit dem heutigen Tag, dem 27. April 1647, waren runde zehn Jahre vergangen, seit er als siebenjähriger verwaister Bub ins Haus des reichen Patriziers und Ratsherrn Johann Maximilian zum Jungen gekommen war. Zusammen mit dem Daniel war er aufgewachsen, und sie waren fast schon vom ersten Tag an Freunde gewesen. Nun hatte man sie zum ersten Mal getrennt. Der Daniel sollte, wie sich das für einen Patriziersohn und künftigen Schöffen gehörte, Rechtswissenschaft studieren. Er, der Johannes Peisker, aber machte sich dem Herrn Johann Maximilian zum Jungen als Diener vielfach nützlich, besorgte vor allem auch die Bibliothek und erledigte die zahlreichen Buchbestellungen in Frankreich, Italien, Spanien und Schweden. Denn sein Herr war ein großer Büchersammler und hatte schon an die fünftausend Bände zusammengebracht.

Johannes überlas noch einmal seinen Brief, um zu sehen, ob er auch nichts vergessen habe. Er hatte dem Daniel berichtet, wie die Franzosen Aschaffenburg eingenommen hatten und dann vor Höchst gezogen waren. Dort hatte der Generalwachtmeister Webel drei Tage lang tapfer aus der Stadt herausgeschossen. Als jedoch die Franzosen „etliche hundert Schuß darein getan", mußte er sich auf Gnade oder Ungnade ergeben. Man hatte ihn gefangengesetzt. Gegen eine hohe Summe sollte er sich auslösen. Mit Hilfe seines Kochs hatte er sich vom Fenster herab abgeseilt. Weil das Seil aber zu kurz war, hatte er sich übel zerfallen. Daraufhin hatte der Koch ihn auf dem Rücken über die Nidda getragen und in einem Busch versteckt. Er sollte dann nach Frankfurt laufen und mit zwei Pferden zurückkommen. Es geschah jedoch, daß ein französischer Wachtmeister mit einem ledigen Handpferd an dem Busch vorbei kam. Der Generalwachtmeister hielt ihn für den Koch und rief ihn an. Der Franzose zog sein Pistol, drohte, ihn zu erschießen, und fragte, wer er sei. Der Webel antwortete, er sei der Kommandant von Höchst und wolle ihm fünfhundert Taler geben, wenn er ihn ins neutrale Frankfurt schaffe. Der französische Wachtmeister ließ sich jedoch nicht bestechen und lieferte ihn wieder zu Höchst ab.

Nun lag die Frau des Generalwachtmeisters krank zu Frankfurt und man meinte, sie müsse bald sterben. Sie starb aber erst im April, und nachdem er freigekommen war, ließ er sie in einem Grabgewölbe beisetzen, das er in der Predigermönchskirche erworben hatte. Für sie und auch für sich hatte er schöne Zinnsärge machen lassen, mit Wappen, Löwenköpfen und lateinischen Versen darauf. Es gab ein großes, feierliches Begräbnis, an dem auch der Rat teilnahm, und jedermann meinte, daß der Generalwachtmeister die Tote nicht so schnell vergessen werde. Doch schon neunzehn Tage später ließ er sich mit einer neuen Obersten Wachtmeisterin trauen.

Weiter hatte Johannes Peisker geschrieben, wie Johann Maximilian zum Jungen mit großem Gefolge, darunter auch ihm, sowie einem Trompeter hinaus nach Ginnheim gefahren war, um dem General Turenne, der dort sein Hauptquartier hatte, seine Aufwartung zu machen. Zwei Wagen hatten sie mitgeführt, einen mit Hafer für die Pferde des französischen Generals und einen mit Wein und „andern delikaten Sachen in die Küche". Kleine Geschenke erhielten nun einmal die Freundschaft, und so mußte sich auch die Reichsstadt Frankfurt ihre Neutralität etwas kosten lassen. „Ist gottlob alles wohl abgelaufen", konnte Johannes hinzusetzen.

Auch die vorösterliche Fastenmesse hatte er nicht vergessen, ja beim Nachlesen schien ihm dieser Teil des Briefes sogar am besten gelungen. Über sich selbst lächelnd, las er da:

„Was für ein Zustand wegen der Mess allhier zu berichten, ist es gar schlecht gewesen wegen der Franzosen, welche hierher kommen. Haben aber allerlei Spiel gehabt, engeländische Komödianten, welche schöne Historien agiert, will geschweigen des neuen unübertrefflichen Seiltänzers und Springers, welcher einen kleinen Jungen gehabt, der auf dem Seil zur Verwunderung getanzt und über hundert Kapriolen mit sehr hohem Springen getan. Dies ist aber nicht gegen den Meister zu vergleichen, von dem ich nicht genug sagen kann, weil noch keiner also hier ist gesehen worden, wie er auf dem Seil getanzet, mit Schrittschuh, mit Körben, mit Küraß, in summa mit viel Künsten. Was andere zuvor gemacht haben, ist alles nichts gewesen, wie er dann endlich die Stange gar von sich warf und sprang bloß auf dem Seil mit mehr als hundert Kapriolen eines halben Mannes hoch.

Auch ist ein erschrecklicher Löwe hier zu sehen gewesen, welcher ein kleines Hündlein bei sich gehabt, welches mit ihm gespielet, auch ihn gebissen, was sehr kurzweilig zu sehen gewesen, denn wann das Hündlein ihn gebissen, so hat sich der Löwe auf die Erde niedergelegt, als wenn es ihn überwunden hätte.

Auch war ein großer Elefant allhier in der Schmiedstuben zu sehen gewesen, nicht allein daß er an sich selbsten wunderlich zu sehen war, sondern auch etliche 30 Künste konnte und ist viel, viel größer gewesen als derjenige, der an der Schmiedstuben angemalt stehet. Item hat er mit seinem Schnabel können ein Pistol abschießen, er hat sich auch lassen herum turnieren, mit drei Männern auf dem Leib, auf jedem Ohr einem und auf seinem Schnabel einem. Unter diesem hat einer die Trompete geblasen, ist er deswegen mit sechs Personen brav herum marschiert. Hat auch mit einem auf den Hieb und Stich fechten können. Item eine Fahne geschwungen, auf der Trommel geschlagen. Anfänglich hat er einen Eimer mit Wasser herumgetragen, daß jedermann die Hände hat waschen müssen. Danach seine gebührliche Reverenz gemacht, gar höflich. Hab ich Maul und Nasen aufgesperrt."

Er ließ den Brief offen, denn er vermutete, Herr Johann Maximilian zum Jungen werde ihn lesen und Grüße hinzusetzen wollen. Dann beschloß er, zur Schirn zu gehen. Er hatte für den Abend zwei Freunde aus den benachbarten Häusern eingeladen. Wein durfte er sich im Keller holen, soviel er brauchte. Die Würste aber wollte er selbst einkaufen. Die Köchin hatte versprochen, sie ihm recht knusprig in der großen Pfanne zu braten.

Auf der Schirn angelangt, erstand er zwei stattliche Girlanden jener kleinen Würste, die er besonders gern aß, und verstaute sie in den großen Taschen seiner Rockschöße. Da hinderten sie ihn nicht, und er hatte die Hände frei. Obwohl es wegen der Franzosen draußen vor der Stadt eine stillere Messe gewesen war als sonst, gab es noch mancherlei Trubel auf den Gassen. Von der Schirn spazierte er hinüber zum Dom und dann die Fahrgasse hinauf. Da, wo links die Töngesgasse abbog, befand sich jener Hof, in dem das Hündlein und der Löwe ihre Künste gezeigt hatten, und siehe da: die Schaustellung währte noch. Gerade als er angelangt war, trat der Ausrufer auf die Gasse und forderte die Vorübergehenden auf, hereinzukommen, um den grimmigen Löwen zu sehen, der mit einem Hündlein spielte und sich von ihm beißen ließ.

Weil Johannes Peisker Zeit hatte und weil ihm das Schauspiel so gut gefallen hatte, kramte er die verlangte Münze hervor, ging in den Hof und setzte sich gleich vorn auf eine der rohen Holzbänke, die man aufgeschlagen hatte. Die Vorstellung verlief so, wie er sie schon einmal gesehen und dem Freund und Junker Daniel im Brief beschrieben hatte. Am Ende biß das Hündlein den Löwen im Scherz in die Nase, und der ließ sich als der Überwundene zu Boden fallen und streckte alle Viere von sich. Die Kinder jubelten, und auch die Erwachsenen sparten nicht mit Beifall.

Es war dem Johannes Peisker nicht weiter aufgefallen, daß das Hündlein im Verlauf der Schaustellung mehrfach die Nase gehoben und Witterung genommen hatte, nach der Seite hin, auf der er saß. Er wurde erst aufmerksam, als das Hündlein, mit einem alten Filzhut im Maul, Münzen sammeln ging und bei ihm besonders lange stehen blieb, so daß der Tierbändiger es durch einen Zuruf ermuntern mußte, weiter an der Zuschauerreihe entlang zu gehen. Was dann geschah, hatte Johannes Peisker freilich nicht erwartet. Während der fremdländisch aussehende Tierbändiger mit einigen Besuchern sprach, die wissen wollten, wie er den Tieren diese Künste beigebracht hatte, wobei er auf diese nicht achtete, schlüpfte das Hündlein unter den Bänken durch und folgte dem Mann, der so anziehend roch — eben dem Johannes Peisker mit den Bratwurstgirlanden in den Taschen seiner Rockschöße. Und weil der Löwe es gewohnt war, seinem kleinen Freund zu folgen, so setzte er mit einem mächtigen Sprung über die Bänke hinweg und lief hinter dem Hündlein her.

Als Johannes Peisker in die Töngesgasse einbog und sich umdrehte, weil er ungewohnte Geräusche hinter sich vernahm, sah er mit Schrecken, welche Verfolger er hinter sich hatte, und schon hörte er die ganze Gasse hinauf die Rufe: „Der Löwe ist los! Der Löwe ist los!" Was sollte er tun? Zurücklaufen konnte er nicht, denn das bedeutete, sich geradewegs in den Rachen des Löwen zu begeben. Es gab nur eines: vorwärts zu laufen und zu sehen, ob es irgendwo eine Hof- oder Haustür gab, in die er hineinschlüpfen konnte. Doch alle Tore waren zu, alle Türen verschlossen. Nur aus den Fenstern der Obergeschosse schauten die Bewohner herab und bedauerten den jungen Menschen, der von einem Hündchen und einem Löwen verfolgt wurde und ohne Zweifel über kurz oder lang vom Löwen zerrissen und verspeist werden würde.

Doch Johannes Peisker wollte nicht gefressen werden. Er lief um sein Leben, und nie zuvor war ihm die Töngesgasse so unendlich lang vorgekommen. Endlich öffnete sich der Liebfrauenberg vor dem Verfolgten, und nun sah er die Rettung vor sich. Hinter ihm japste das Hündlein, und er roch die Ausdünstung des Löwen. Doch mit einem kühnen Sprung war er auf dem Rand des Brunnenbeckens, mit einem weiteren Sprung erreichte er die Brunnensäule in der Mitte und kletterte flink an ihr hinauf. Ganz oben fand er Halt und Stand und blickte hinab. Was sah er? Das Hündlein machte Männchen und hob bittend die Pfötchen, und der Löwe saß friedlich daneben und schaute ebenfalls verlangend zu ihm hinauf.

Da mußte Johannes Peisker trotz des soeben ausgestandenen Schreckens herzlich lachen, denn nun begriff er, daß die Tiere es gar nicht auf ihn abgesehen hatten, sondern auf die Bratwürste in den Taschen seiner Rockschöße. Sich mit der einen Hand festhaltend, zog er mit der andern Hand erst die eine, dann die andere Wurstgirlande aus den Taschen und warf die einzelnen Würstchen unter dem Jubel der zahlreichen an den Fenstern erschienenen Zuschauer den beiden vierbeinigen Bettlern zu, die sie heißhungrig verschlangen. Kaum hatte er das letzte Würstchen geopfert, da erschien der Tierbändiger, und die beiden Tiere ließen sich willig an die Leine nehmen. Zu allem Überfluß öffnete der Tierbändiger dem Löwen das Maul, um

Johannes Peisker zu zeigen, daß es sich um ein altes, fast zahnloses Tier handelte.

Dennoch warf sich Johannes zu Hause erst einmal aufs Bett. Mochte der Löwe auch zahnlos sein, er hatte ihn doch verfolgt, und er war um sein Leben gelaufen. Als er, wieder erholt, aufstand, fiel sein Blick auf den Brief an den Junker Daniel, der noch auf dem Tische lag. Sollte er in einer Nachschrift sein Abenteuer mit dem Löwen schildern? Doch nein, da hatte er gleich Stoff für den nächsten Brief und konnte dem Freund in kräftigen Farben ausmalen, wie er, einem römischen Wettläufer gleich, durch die Töngesgasse gerannt war und durch seinen kühnen Sprung auf den Liebfrauenbergbrunnen sein junges Leben gerettet hatte. Außerdem war zu erwarten, daß er, der Johannes Peisker, nun für eine Weile zum Stadtgespräch würde.

So geschah es auch. Überall erzählte man von seinem Abenteuer, und das dröhnende Lachen, das Johann Maximilian zum Jungen ausstieß, als er aus der Ratssitzung kam und hörte, was dem Johannes zugestoßen war, hat dieser sein ganzes Leben lang nicht vergessen. Und ein lustiger Holzschneider machte sogar zwei Holzschnitte. Auf dem einen Bild sah man den Johannes Peisker, vom Hündchen und dem Löwen verfolgt, durch die Töngesgasse rennen, und auf dem zweiten Bild saß der Johannes oben auf der Brunnensäule und fütterte seine Verfolger mit Würstchen, die er aus seinen Rockschoßtaschen hervorzog.

Vier Jahre später starb Johann Maximilian zum Jungen, und seine große Bibliothek wurde vom Rat der Stadt erworben, kam in die Rats- und später in die Stadtbibliothek. Die Freundschaft zwischen seinem Sohn und Johannes Peisker aber dauerte fort.

Daß man zu Frankfurt noch lange von der großen Löwenjagd in der Töngesgasse erzählte, versteht sich, obwohl ja nicht der Johannes Peisker den Löwen, sondern dieser als Gefolgsmann eines Hündchens den Johannes Peisker gejagt und bis auf die Spitze der Brunnensäule auf dem Liebfrauenberg getrieben hatte.

Hobelspäne und Bärenfett

Im Jahre 1648 war endlich der große, dreißig Jahre währende Krieg zu Ende gegangen, und zehn Jahre später fand in Frankfurt mit der Krönung Kaiser Leopolds I. wieder ein glanzvolles Fest statt. Bei den Aufzügen waren auch die Handwerker, prächtig aufgeputzt, vertreten. Kein Wunder, daß die Schreiner im Jahr darauf ihren Fastnachtszug, der 43 Jahre hindurch ausgefallen war, wiederum abhalten wollten, was ihnen vom Rat auch bewilligt wurde. Wie es dabei zuging, ist in Achilles August von Lersners großer Chronik nachzulesen.

„Sie gingen", so heißt es da, „am Fastnachtsmontag aus dem Brückhof mit Trommeln und Pfeifen, je vier in einem Glied, an der Zahl einhundertunddreißig. Vorne und hinten waren etliche Glieder mit Musketen. Die andern alle hatten ein jeder ein besonderes Instrument oder Werkzeug, wie es die Schreiner gebrauchen, ober sich haltend, alles von Holz gemacht. Die Fahne war rot und weiß gescheckt, darinnen die Arche Noäh, welche die Schreiner-Zünft' im ganzen Römischen Reich im Schild führen, von lauter Hobelspänen gemacht, daß man vermeinte, es wäre alles von Taffet und Seiden. Die Gesellen waren schön gekleidet, mit schönen Bändern, Feldzeichen und Federn auf den Hüten, ebenmäßig von Hobelspän' gemacht, daß man vermeinte, es wäre alles, wie gedacht, von Seiden und Taffet. Sie marschierten erstlich auf den Römerberg um den springenden Brunnen, hernach vor eines jeden Schreinermeisters Haus und agierten nachmittags im Krachbein. Solches continuierten sie vier Tag', da sie dann letztlich, als Donnerstag nach dem Abendgebet vor dem Römer drei Gesellen gehobelt. Nachgehends marschierten sie in ihrer Ordnung und fliegenden Fähnlein, mit brennenden Lichtern jeder in den Händen auf die Brücken und warfen dieselben in den Main, damit anzuzeigen, daß sie nunmehro nicht mehr bei Licht arbeiten."

Nun wird wohl jeder, der dieses liest, fragen: „Wieso wurden am Donnerstag nach dem Abendgebet drei Gesellen gehobelt? Das waren doch lebendige Menschen, die konnte man doch nicht glatt hobeln wie ein Brett?" — Und doch geschah es, und wie es vor sich ging, das hat der junge Jakob Frank erfahren, der einer von den dreien war.

Der Jakob war einer Witwe einziger Sohn. Die beiden wohnten in der Dominikanergasse, und die Frankin brachte sich und den Buben mit Waschen und Nähen mehr schlecht als recht durch. So war sie froh, als sich der Schreiner Sebastian Knorz, dessen Frau sie bei der Wäsche half, bereit erklärte, den Jakob als Schreinerlehrling anzunehmen. Er betrieb eine große Werkstatt mit mehreren Gesellen und Lehrbuben. Der Jakob wurde vor der offenen Zunftlade verpflichtet, zwei Bürgen hatten sich gefunden. Drei Jahre mußte er lernen, und es wurden keine leichten Jahre für ihn, denn er war, als er in den Beruf eintrat, erst zwölf Jahre alt und nicht besonders kräftig. So hatte er in der Werkstatt viel auszustehen. Die Gesellen, aber auch die älteren Lehrbuben sprangen oft recht unsanft mit ihm um, und häufig mußte die Mutter ihn trösten, wenn er traurig und mutlos nach Feierabend heimkam.

„Auch das geht einmal zu Ende", sagte sie oft, und so war's denn auch. Gerade vor der Fastnachtszeit, als die Schreinergesellen ihren Umzug planten, hatte er ausgelernt. Um aber nicht mehr als „Kuhschwanz" angesehen zu werden (wie der Spottname für die Ausgelernten aber noch „Ungehobelten" lautete), mußte er nunmehr gehobelt werden. Schon einige Wochen vor dem Umzug begannen die Gesellen in Knorzens Werkstatt ihm auszumalen, was man beim Hobeln alles mit ihm anstellen würde. Da werde man ihn wie ein Stück Holz zurichten, ihn beschneiden, behacken und behobeln und zum Schluß eine saubere hölzerne Säule aus ihm machen. Wer weiß, ob er, der doch ein rechter Hasenfuß sei, mit dem Leben davonkommen werde. Seinen zaghaft geäußerten Einwand, sie, die gehobelten Gesellen, lebten ja auch noch, verlachten sie und meinten, sie seien ja auch aus einem anderen Holz geschnitzt als er, und so einen schwächlichen Kuhschwanz wie ihn hätte es wohl noch nie zuvor unter den Schreinern gegeben.

Kein Wunder, daß es dem jungen Jakob vor dem letzten Fastnachtsfesttag graute und daß er die vorangehenden drei Tage mit ihren Umzügen und dem Feiern im Gasthof zum Krachbein kaum genoß. Geld hatte er dazu auch nur sehr wenig. Mit einiger Mühe hatte die Mutter ihm selbst eine neue Fastnachtstracht zusammengenäht. Die solle er jedoch am letzten Fastnachtsnachmittag nicht anziehen, hatte ihm der Meister selbst geraten, denn beim Hobeln könne sie Schaden nehmen.

So war der Jakob Frank am Mittwoch gegen Abend nach Hause geschlichen, während die andern noch im Krachbein zechten, und hatte sich im Stüblein trübselig in eine Ecke gehockt, um über die Schrecken nachzudenken, die ihn am folgenden Tag erwarteten und denen er nicht entgehen konnte. Er fuhr zusammen, als die Mutter hereinkam und ein Licht anzündete. Noch mehr erschrak er jedoch, als sie ihm sagte, er solle noch an diesem Abend zur alten Braubachin hinüber gehen. Die Braubachin wohnte im Nachbargäßchen, und böse Zungen behaupteten, sie sei eine Hexe. Die Mutter sagte freilich, das sei dummes Gerede. Doch was sollte er bei ihr? Auf einiges Zureden hin ging er schließlich.

Er klopfte zaghaft an, wurde von der Braubachin eingelassen und in eine schöne warme Küche geführt, in der alles vor Sauberkeit glänzte und nichts nach Hexerei aussah, nur daß vor dem Herd drei Katzen saßen. Doch die begrüßten ihn freundlich schnurrend und mit erhobenen Schwänzen. Die Braubachin setzte ihm Brot und Fleisch und einen Krug Äpfelwein vor und forderte ihn auf, tüchtig zuzulangen, denn in seinem Alter habe man ja immer Hunger. Da konnte er nicht widersprechen. Er aß tüchtig und vergaß dabei beinahe seinen Kummer wegen des morgigen Tages. Die Braubachin mußte aber doch eine Hexe sein, zumindest verstand sie sich auf's Gedankenlesen. Als er nämlich satt war, sagte sie: „Nun muß ich dir verraten, warum ich dich habe rufen lassen. Ich habe gehört, daß du kürzlich ausgelernt hast und morgen nach altem Brauch gehobelt werden sollst. Und davor fürchtest du dich. Ist's nicht so?“

Er nickte, und sie fuhr fort: „Deinen verstorbenen Vater hab' ich gut gekannt. Wir waren Nachbarskinder, und er hat mir einmal geholfen, als ich in Not war. So ist's nur recht und billig, daß ich dir nun helfe“.

Sie ging zu einem Wandschrank und holte drei Dinge hervor. Das erste war ein steinerner Tiegel. Den schob sie ihm hin und bemerkte: „Darin ist Bärenfett. Wenn du dich heute abend badest und dann damit von Kopf bis Fuß einreibst, so können sie dir beim Hobeln nichts anhaben. Ein paar blaue Flecke mußt du freilich in Kauf nehmen.“ Das zweite war ein kleines Medaillon an einem Kettchen. „Das sollst du um den Hals hängen, wenn du danach auf die Wanderschaft gehst. Es ist ein geheimer Zauberspruch darin, der wird dich schützen. Und hier — damit hielt sie ihm ein Lederbeutelchen hin — ist das dritte. Es sind drei Münzen darin. Die eine magst du verwenden, um die Gesellen nach dem Hobeln freizuhalten. Die zweite Münze gibst du deiner Mutter als Notpfennig, und die dritte Münze nimmst du mit auf den Weg. Und vergiß nie: Nur den Furchtsamen beißen die Hunde. Das gilt beim Hobeln, aber auch auf der Wanderschaft.“

Damit entließ sie ihn. Zusammen mit den drei Katzen geleitete sie ihn bis zur Tür und gab ihm zum Abschied die Hand. Es war nur eine zarte Greisinnenhand, aber es war ihm, als ob eine wunderbare Kraft von dieser Hand in ihn hinüberströmte.

Als er daheim in die Stube trat, war er so froh wie lange nicht mehr. Noch am Abend badete er sich in einem Zuber und rieb sich dann von Kopf bis Fuß mit dem Bärenfett ein, das weich wie Schweineschmalz war, aber nach Thymian und etwas Unbekanntem roch. Danach schlief er tief und fest, bis die Mutter ihn am nächsten Morgen weckte. Wie erstaunt war die Mutter Frank, als sie bemerkte, daß durch das Wunder des Bärenfetts alle Furcht von ihrem Buben abgefallen war.

„Laß sie nur, Mutter“, sagte er, als sie ihm gut zusprechen wollte. „Das Bärenfett hat mich fest gemacht, und nur den Furchtsamen beißen die Hunde, hat die Braubachin mir gesagt.“

Der Donnerstagvormittag verging mit neuer Lustbarkeit, und der Jakob stand zum Erstaunen der Gesellen aus Knorzens Werkstatt seinen Mann. Man kannte ihn kaum wieder, aber, so meinten sie, den würden sie schon noch klein kriegen.

Auch am Nachmittag hielt er sich wacker. Nachdem zum Abendgebet geläutet worden war und man eine kurze stille Andacht gehalten hatte, zogen die Schreiner wieder zum Römerberg. Jeder der drei zum Hobeln bestimmten Junggesellen wurde von einem Hobelgesellen und zwei Hobelpaten geleitet. Vor dem springenden Brunnen hatte man einen großen Tisch aufgeschlagen. Ringsum drängte sich das Volk und wurde von einem Spaßmacher unterhalten, der den drei Hobelkandidaten fürchterliche Dinge prophezeite, die ihnen nun gleich geschehen würden. Dabei zeigte er auf einen mächtigen Hobel, der jedoch keine scharfe Schneide aufwies, auf ein Richtscheit, ein Winkelmaß und einen riesigen hölzernen Zirkel, der mit Blumen geschmückt war und auf dessen Spitzen Zitronen steckten.

Der Jakob Frank wurde als erster vorgenommen, weil man sich von seiner Hobelung den meisten Spaß versprach. Zuerst fragte sein Hobelgesell, ob man etwas gegen ihn, die Paten oder den Jakob zu erinnern habe. Da das nicht der Fall war, setzte die Musik mit einem kräftigen Tusch ein. Derweilen wurde der Jakob unter dem Richtscheit aufgestellt. Dort mußte er, das Winkelmaß zwischen den Füßen und die Arme auf die Hüften gestützt, wie ein Standbild stehen und die lange gereimte Rede des Hobelgesellen anhören, die mit den Versen begann:

Als ich gestern ging spazieren,
mit einer Jungfrau zu karessieren,
da kam zu mir das grobe Holz,
ganz aufgeblasen und ganz stolz.
Er stellt sich gleichsam in die Tür
und bracht mir diese Rede für:
Die Lehrzeit, sagt er, hat ein End,
doch bin ich damit nicht content,
daß man mich einen Kuhschwanz nennt.
Denn wenn ich eine Jungfer um einen Kuß will fragen,
so wird sie höhnisch zu mir sagen:
Geh hin und laß erst hobeln dich,
dann komm, dann bist du recht für mich.
Den Namen möcht ich werden los!
Da merkte ich, was ihn verdroß,
und gab ihm darauf den Bescheid:
Erwarte nur die rechte Zeit.
Und weiter sprach ich von den Sachen.
Laß dich zum ehrlichen Gesellen machen.
Ich selbst will dir dazu behülfich sein,
dann kommst du ohne große Pein
zum Ehrenstand
mit meiner Hand.

Dann gings weiter. Der Hobelgeselle erzählte von seiner Wanderschaft, pries das ehrsame Schreinerhandwerk und warnte den Jakob vor dem Kleeblatt in der Welt, das schon so manchen Held gefällt: der Liebe, dem Wein und dem Kartenspiel. Darauf kam er auf die Hauptstücke der Schreinerkunst zu sprechen, die toskanische, dorische, jonische und korinthische Säule sowie die Composita mit ihren neun

Teilen und schloß mit dem Ausruf: „Und jetzt wollen wir aus dem Kuhschwanz hier eine feine, glatte Säule machen!"

Eins, zwei, drei zeichnete er mit Kreide den Riß einer Säule auf den großen bereitstehenden Tisch. Der Jakob Frank wurde mit Schwung von den beiden Hobelpaten auf den Tisch befördert und dort auf dem Riß zurechtgelegt. Dann begann der Hobelgesell sein Werk mit Richtscheit, Winkelmaß, Beil, Hobel und dem großen Zirkel, auf dessen einer Spitze man inzwischen einen gut in Ruß getauchten Pinsel befestigt hatte. Der Pinsel fuhr dem Jakob öfter kräftig durchs Gesicht. Schlimmer aber waren die Stöße und Püffe, die das Behacken und Behobeln bedeuteten, und kein Ende nehmen wollten. Als der Jakob endlich meinte, nun sei es vorbei, rief ein Meister, so ganz richtig sei die Säule noch nicht. Da langte der Hobelgesell mit der Hand in den Rußtopf und schwärzte dem Jakob das Gesicht so sehr, daß er kam noch aus den Augen gucken konnte.

Anschließend mußte er dann wieder gewaschen werden. Das geschah, indem man ihm den ganzen Kopf mehrmals in einen Eimer mit kaltem Brunnenwasser steckte. Er ließ alles über sich ergehen, ohne zum Erstaunen der Werkstattgenossen auch nur einen Schmerzenslaut von sich zu geben.

Danach wurde er wieder unter das Richtscheit gestellt. Der Hobelgesell hielt es ihm unters Kinn und fragte: „Wie heißt du?"

„Jakob."

„Bis jetzt", fuhr der Hobelgesell fort, „hießest du Jakob unter der Bank, jetzt heißt du Jakob auf der Bank."

Dann gab er dem frisch Gehobelten eine kräftige Ohrfeige und schloß: „Das leide nun von mir und fortan von keinem andern!"

Damit war der Jakob Frank zum rechten Gesellen geworden und hätte am liebsten trotz einiger Schmerzen gejubelt. Während die beiden andern Junggesellen nacheinander unter dem Gelächter des Volkes ebenso kräftig gehobelt wurden, lief er nach Hause, wusch sich und legte sein gutes Gewand an. Die Mutter wollte kaum glauben, daß er keinen Mucks getan hatte, als er die blauen Flecken vorzeigte, die beim Hobeln entstanden waren. Beinahe hätten sie den Beutel der Braubachin vergessen. Als sie ihn öffneten, fanden sie drei Goldstücke darin. Schon eines nur zum Freihalten der mutwilligen Gesellen auszugeben, schien der sparsamen Mutter zuviel. So gab sie ihm ein kleineres Geldstück aus dem Sparstrumpf.

Er kam gerade noch rechtzeitig wieder zum Römerberg, trat in den Zug ein und warf mit den andern sein Licht in den Main. Danach gings wieder ins Krachbein, und die Gesellen lobten die Freigiebigkeit und den standhaften Mut des neu gehobelten Jakob Frank.

Nun war er frei und freute sich, als die Gesellen in der Werkstatt des Meisters Knorz ihn etliche Tage später mit dem Spruch verabschiedeten:

Ist der Beutel wohlgespickt,
sind die Schuhe wohl geflickt,
so ist gut wandern.
Wir wünschen viel Glück ins Feld.
Also mit Gunst!

Ehe Jakob aufbrach, zusammen mit einem ruhigen älteren Gesellen, der zu Frankfurt gearbeitet hatte und nun weiterzog, besuchte er noch einmal die Braubachin und dankte ihr für alles, was sie ihm geschenkt hatte, nicht zuletzt für die Goldstücke und das wunderbare Bärenfett.

Als er nach drei Jahren heimkehrte, hatte er das ganze Heilige Römische Reich durchwandert, und aus dem schwächlichen Buben und „Kuhschwanz“ von einst war ein kräftiger, braungebrannter junger Mann geworden, den seine Mutter zuerst kaum wiedererkannte. Er fand sie gesund und munter vor, bei ihr aber auch die drei Katzen der alten Braubachin. „Die drei Katzen hast du geerbt“, sagte die Mutter, als die erste Wiedersehensfreude sich gelegt hatte und die Tiere sich von ihm kraulen ließen, „aber das wird nicht alles sein. Du sollst zum Römer kommen. Dort hat sie ihr Testament hinterlegt.“

Am nächsten Tag erfuhr er auf dem Rathaus, daß er außer den Katzen auch das Haus der Braubachin geerbt hatte, mit allem, was sich darin befand, dazu ein gutes Stück Geld. Sie war also doch keine Hexe gewesen, sondern eine gütige alte Frau.

Nun konnte der Jakob Frank Meister werden. Er heiratete eine hübsche junge Meisterstochter, und sie lebten hinfort allesamt glücklich im Haus der Braubachin.

Als der Schreinermeister Jakob Frank später einmal in einer stillen Stunde das Medaillon öffnete, das er getreulich auf seiner ganzen Wanderschaft getragen hatte, da fand er darin nur einen Zettel, und auf dem stand in einer zierlichen Handschrift derselbe Spruch, den sie ihn einst vor dem Hobeln gelehrt hatte: „Nur den Furchtsamen beißen die Hunde“. Da lachte er leise und dachte bei sich: „Vielleicht war auch das Bärenfett, das sie mir an jenem Fastnachtsabend zum Einreiben gegeben hat, nur gewöhnliches Schweineschmalz, mit Thymian versetzt. — Aber geholfen hat es mir!“

Daß das Hobeln der Ausgelernten im Jahre 1731 durch einen Reichsabschied untersagt wurde, hat Jakob Frank nicht mehr erlebt, wohl aber hat er dafür gesorgt, daß keiner seiner Lehrlinge mehr von der Furcht bedrückt wurde, die er zur Fastnachtszeit 1659 hatte aushalten müssen. Vom Bärenfett hat er ihnen wohlweislich nichts gesagt, denn er wußte ja nicht, ob es bei ihnen ebenso gut anschlagen würde wie bei ihm.

Das gerettete Pfeifergericht

Seit jeher gab es zwischen den Geschlechtern der verschiedenen Reichsstädte mancherlei Verbindungen und Freundschaften. Solch eine Freundschaft bestand auch seit langen Jahren zwischen den Frankfurter Humbrachts und den Nürnberger Imhofs. Wenn die Nürnberger Kaufleute zur Messe heraufkamen, dann fanden viele Quartier bei den befreundeten Frankfurter Familien, so auch die Imhofs bei den Humbrachts. Oft brachten sie, wenn die Zeiten friedlich waren, auch ihre Familien mit.

Nun muß man wissen, daß die Reichsstadt Nürnberg neben Worms und der alten Stadt Bamberg bei den Frankfurter Messen Zollfreiheit und andere, besondere Freiheiten genoß. Um diese

Freiheit mußten die drei Städte aber alljährlich neu einkommen und zwar beim Pfeifergericht. Dieses fand zur Herbstmesse als der älteren statt und immer am nächsten Gerichtstag vor Mariae Geburt. Den Vorsitz beim Pfeifergericht führte der Frankfurter Reichsschultheiß, und der hieß zu der Zeit, in der unsere Geschichte spielt, Adolf Ernst Humbracht. Der war ein alter, würdiger Herr, der mit seiner Frau ein stattliches Haus allein bewohnte, während sein Sohn Ulrich mit seiner Familie, zu der zwei Söhne und eine Tochter gehörten, im gegenüberstehenden Hause wohnte. Dort stiegen auch die drei Nürnberger Besucher ab, Herr Christoph Imhof, seine Frau Gertrud und seine Tochter Ursula.

Zwischen den beiden Töchtern, der Katharina Humbracht und der Ursula Imhof, gab es ein besonderes Einverständnis. Das beruhte nicht nur darauf, daß sie beide gerade sechzehn Lenze zählten, sondern auch auf ihrer Liebe zur Musik. Sie hatten beide das Spiel auf der Querflöte erlernt und musizierten gern zusammen, wenn die Messe sie vereinigte.

Der alte Schultheiß Adolf Ernst Humbracht hatte freilich etwas gegen dieses Querflötenspiel seiner Enkelin, denn die Querflöte wurde dazumal einfach zu den Pfeifen gerechnet, und die Pfeifer waren doch recht gewöhnliche Leute, mit denen eine Frankfurter Patrizierstochter sich durch die Pfeiferei nicht auf eine Stufe zu stellen brauchte. Daß er schließlich bekehrt wurde, brachte das Pfeifergericht mit sich.

Schon am ersten Abend, als die Imhofs und die Humbrachts in der großen Stube im Haus Ulrich Humbrachts zusammensaßen, kam Christoph Imhof mit seinen Sorgen heraus. Er mußte als Vertreter Nürnbergs vor dem Pfeifergericht auftreten, hatte aber die Stadtpfeifer nicht mitbringen können, wie es sonst üblich war. „Hoffentlich können wir die eurigen diesmal ausleihen“, sagte er, zu Ulrich Humbracht gewandt. Dieser versprach, sich umzuhören, mußte jedoch am nächsten Tag berichten, daß man die Frankfurter Stadtpfeifer bis auf zwei zu einer benachbarten Fürstenhochzeit ausgeliehen hatte und sie nicht rechtzeitig zurückholen konnte. „Die Wormser und die Bamberger haben sich auch auf unsere Pfeifer verlassen und wollen nun mit den zweien aufziehen, die da sind. Auch Ihr werdet Euch damit zufrieden geben müssen", sagte Ulrich Humbracht am Abend, als sie wieder zusammensaßen.

„Zwei Pfeifer nur?" antwortete Christoph Imhof. „Nein, das geht nicht. Mögen die Wormser und die Bamberger sich damit zufrieden geben, wir Nürnberger können nicht so bescheiden auftreten. Das würden mir unsere Kaufherren, die mit zur Messe herauf gekommen sind, mein ganzes Leben lang nachtragen. Mindestens vier Pfeifer müssen wir haben!"

„Doch woher sollen wir die zweie, die Euch fehlen, so rasch hernehmen? Ich habe mich überall erkundigt, aber es ist wie verhext. Alle Pfeifer in der Stadt scheinen krank oder ausgeflogen zu sein."

Sorgenvoll stützte Christoph Imhof das Kinn in die Hand. Alles schwieg, nur die beiden Mädchen Katharina und Ursula tuschelten miteinander. Frau Gunda Humbracht blickte zu ihnen hinüber und erriet, worum es ihnen ging.

„Schließlich hätten wir ja zwei muntere Pfeifer hier im Haus", sagte sie, ihren Gatten anblickend. „Wenn die keine langen Zöpfe hätten, könnte es schon gehen."

Ulrich Humbracht schaute verdutzt nach den beiden Mädchen hin, während Christoph Imhofs Gesicht sich aufhellte. Er rief: „Ihr habt's getroffen, Frau Gunda. Die Zöpfe lassen sich unterm Barett verbergen, und wenn die zwei in Kleidern von Katharinas Brüdern stecken, wird's niemandem auffallen, zumal wenn sie die Silberschilde mit unserem Stadtwappen vor der Brust tragen."

„Aber was wird mein Vater, der Stadtschultheiß, dazu sagen?" wandte Ulrich Humbracht ein. „Seine Enkelin unter den Stadtpfeifern!"

„O, laß uns doch!" rief seine Tochter Katharina. „Ich hab' doch schon immer einmal beim Pfeifergericht zuschauen wollen, aber er hat's nie erlaubt. Das sei Männersache, erklärte er stets. Auch haben wir gestern schon zufällig den alten Pfeifermarsch gepfiffen. Die Noten hab' ich mir unlängst besorgt. Es ist so eine wunderliche Musik, wie man sie heute sonst gar nicht mehr spielt."

„Daß ihr zwei den Marsch gestern geübt habt, soll uns als ein Zeichen von oben gelten“, sagte Ulrich Humbracht, „nur das Gewitter, das über dich kommt, wenn der Stadtschultheiß dich und die Freundin erkennt, mußt du dann selbst aushalten.“

„Das wird sie schon tun“, lachte Frau Gunda. „Sie weiß ihren Großvater zu nehmen, die Schmeichelkatze!“

Am nächsten Morgen spähten zwei schmucke junge Stadtpfeifer hinüber zum Hause des Herrn Reichsschultheißen und sahen ihn endlich im Staatsgewand hinüber zum Römer schreiten, um dem Pfeifergericht vorzustehen. Die Ursula Imhof stieß die Katharina Humbracht an und sagte: „Du, ein bissel fürcht' ich mich doch!“

„Fürchten?“ antwortete die Katharina. „Vor meinem Großvater brauchst du keine Furcht zu haben. Ich freu' mich. Denk nur, daß wir zwei Mädchen beim Pfeifergericht dabei sein werden, bei so einer ehrwürdigen Männersache. Es kommt mir vor wie ein Märchen. — Wir müssen freilich noch warten. Erst sind die Wormser und Bamberger dran, wir kommen zuletzt.“

Sie saßen dann alle zusammen in der großen Stube, und draußen warteten die Diener, die Christoph Imhof begleiten mußten. Endlich rief's: „Sie kommen!“ Die beiden Frankfurter Stadtpfeifer, die schon für die Wormser und die Bamberger gepfiffen hatten, trafen ein und staunten, als plötzlich zwei junge, hübsch aufgeputzte Pfeifergesellen zu ihnen traten. Und wie lachten sie, als die beiden hellen Mädchenstimmen ihnen verrieten, wer die zwei waren. Die großen Silberschilde mit dem Nürnberger Wappen lagen bereit und wurden nun allen um den Hals und vor die Brust gehängt. Dann ordnete sich draußen der Zug. Voran die beiden Frankfurter Stadtpfeifer, dann die beiden Mädchen, gefolgt von Christoph Imhof im Staatsgewand und den Dienern, die trugen, was zum Pfeifergericht gebraucht wurde.

Nachdem die Stadtpfeifer sich noch einmal vergewissert hatten, daß die beiden Gehilfinnen sich auch auf den Pfeifermarsch verstanden, befahl Christoph Imhof: „Nun aber los, wir können das Gericht nicht über Gebühr warten lassen.“

Die vier Pfeifen setzten ein, und die beiden Mädchen marschierten im Takt hinter den zwei echten Pfeifern her, als ob sie nie etwas anderes getan hätten. Sie bliesen mit Herzenslust auf ihren Querflöten, und Christoph Imhof hatte seine Freude daran. Bald lockte der kleine Zug zahlreiche Zuschauer an, die Gassenbuben sprangen nebenher, und man hörte die Leute sagen, daß die Nürnberger doch viel stattlicher daherkämen als die Wormser und die Bamberger.

Vor dem Römer standen die Menschen dicht an dicht, und die junge Katharina Humbracht erinnerte sich, wie sie oft auch hier draußen gestanden und zugeschaut hatte. Nun durfte sie mit hinein marschieren und dazu sogar auf ihrer geliebten Querflöte blasen.

Drinnen im Saal war es sehr feierlich. Ihren Großvater, den Reichsschultheißen, hätte sie in dem prächtigen Mantel, den er trug, fast nicht wiedererkannt. Er saß in der Mitte, auf einem erhöhten Sitz, links und rechts von ihm die Schöffen. Fast wäre Katharina aus dem Tritt gekommen. Auch drinnen im Saal mußte man weitermarschieren und pfeifen, bis dicht vor den Richtertisch. Dann hieß es für die Pfeifer, zur Seite treten und auf einen Schlag die Pfeifen absetzen.

Auch das gelang, und nun konnten die beiden Mädchen sich als Zuschauer fühlen.

Sie sahen, wie Ursulas Vater, Herr Christoph Imhof, vor den Richtertisch hintrat und sich verneigte. Dann hörten sie, wie der Reichsschultheiß ihn mit tiefer, feierlicher Stimme fragte: „Freund, weswegen erscheinet Ihr allhier?"

Herr Christoph Imhof antwortete: „Herr Schultheiß, ich erscheine von eines ehrenfesten Rats der Stadt Nürnberg, meiner lieben Herren, und ihrer Bürger wegen, von der Zoll-Freiung wegen, so sie in dieser Stadt haben, mit der Bitt', solche Zoll-Freiung denselben meinen Herrn, der Stadt Nürnberg Bürgern, wie von alters Herkommen ist, gedeihen zu lassen."

Nun fragte wiederum der Schultheiß: „Ich frag' Euch, ob Ihr einem ehrenfesten Rat der Stadt Nürnberg mit Eiden und Pflichten zugetan und ein eingesessener Bürger daselbst seid. Antwortet Ihr ja, so gebiet' ich Euch bei den Eiden, daß Ihr niemanden, der nicht ein seßhafter Bürger zu Nürnberg sei, in solcher Zoll-Freiung verteidigen noch unterschleifen wollet. Also erkenne diese Freiheit wie vor alters. Darauf gebet Euer Zug-Geld und laßt Euch in das Gerichtsbuch schreiben."

Christoph Imhof trat zum Gerichtsschreiber und zahlte das Zug-Geld in blanker Münze, und der Schreiber trug ihn in sein Buch ein. Während dies geschah, ließ der Schultheiß die Augen wachsam im Saal herum schweifen, und dabei fiel sein Blick auch auf die vier Pfeifer, die mit ihren silbernen Schilden auf der Brust und ihren Pfeifen in der Hand geduldig warteten. Die zwei älteren erkannte er sogleich. Das waren altgediente Frankfurter Stadtpfeifer — aber die zwei jungen Burschen neben ihnen? Er schaute genauer hin. Das konnte doch nicht sein! Die Katharina, seine Enkelin, als Stadtpfeifer verkleidet? Gewiß, sie war es, und sie schaute ihn auch noch dazu ganz keck und schelmisch lächelnd an. Die andere daneben aber, das mußte die Tochter des Christoph Imhof sein, der gerade seinen Dienern winkte, denn die Feierlichkeit war noch nicht zu Ende.

Als erstes überreichte der Nürnberger dem Reichsschultheißen einen hübsch gedrehten hölzernen Becher, mit ostindischen Pfefferkörnern gefüllt. Dem folgten ein weißes gedrehtes Stäbchen und ein Paar schlichte weiße Handschuhe. Dies alles sollte, wie Ulrich Humbracht seiner Tochter erklärt hatte, die von den Kaisern gewährten Meßfreiheiten bedeuten. Endlich legte Christoph Imhof noch eine alte Münze auf den Tisch. Das war der Röder-Albus, der auf der einen Seite die Wappen der vier rheinischen Kurfürsten und auf der anderen das Zeichen des Ortes trug, wo er geprägt worden war.

Nachdem auch dies alles mit großer Feierlichkeit gegeben und genommen worden war, bedankte Herr Christoph Imhof sich im Namen der Reichsstadt Nürnberg, und dann gab der älteste Stadtpfeifer den andern einen Wink. Wieder ordnete man sich zum Zug, und dieser verließ unterm Klang des Pfeifermarschs den Saal, wobei die kecke Katharina es nicht unterlassen konnte, bei währendem Pfeifen den Kopf zu drehen und dem Großvater heimlich zuzunicken.

Nachdem der Zug wieder das Haus des jüngeren Humbracht erreicht hatte, wurden die beiden Frankfurter Stadtpfeifer bedankt, belohnt und mit Wein und Brot bewirtet. Trinkend und schmausend lobten sie die beiden Mädchen, die ihre Sache so gut gemacht hatten, und diese erröteten vor Freude und Stolz. Die Pfeifer erzählten auch, daß die Wormser außer den Geschenken, die sie gesehen, noch einen alten Filzhut hatten geben müssen, dazu zwei alte Goldgulden, von denen jedoch einer dazu diente, den Hut gleich wieder auszulösen.

Inzwischen hatte Frau Gunda Humbracht mit ihren Mägden ein festliches Mahl gerichtet, an dem auch der Schultheiß und seine Frau, Katharinas Großmutter, teilnehmen sollten. Kaum hatte sich alles versammelt, da pochte es an der Tür, und herein trat, noch im Staatsgewand, das weiße gedrehte Stäbchen als Zeichen der ihm vom Kaiser verliehenen Macht in der Hand haltend, der Reichsschultheiß. Schon an der Tür rief er mit laut hallender Stimme: „Wo sind die beiden Missetäterinnen, die als Stadtpfeifer verkleidet in das hochansehnliche Pfeifergericht eingedrungen sind?“

Katharina und Ursula eilten herbei. Sie trugen noch ihre Pfeiferanzüge. Nur das Barett hatten sie abgelegt, so daß ihnen das Haar, blond und braun, frei über die Schultern fiel. Als sie niederknieten und die Köpfe wie schuldbewußt senkten, trat Christoph Imhof auf den Schultheißen zu und sprach: „Verzeiht, Herr Reichsschultheiß, diese beiden sind nur Verführte, sind auf mein Verlangen hin eingesprungen, um das Ansehen des Pfeifergerichts und Nürnbergs Ehre zu erhalten."

Dann berichtete er, wie alles gekommen war, und man sah, wie das Antlitz des Schultheißen sich mehr und mehr aufhellte, bis er sich endlich zu dem blonden und dem braunen Mädchenkopf niederbeugte und sprach: „Wenn das so ist, dann muß ich wohl Gnade für Recht ergehen lassen und eure Strafe mildern. Es trifft zu, daß die Leute, wie man mir gesagt hat, bei den Wormsern und Bambergern über den armseligen Aufzug mit nur zwei Pfeifern gemurrt und dafür die Nürnberger gerühmt haben. Da ihr zwei Mädchen jedoch ohne mein Wissen in das ehrwürdige Pfeifergericht eingedrungen seid, so verurteile ich euch nun, dem Schultheißen und der ganzen Tafelgesellschaft zum Mahle aufzuspielen. Nehmt ihr euer Urteil an?"

Da sprang Katharina auf, zog die Ursula mit sich, und man sah plötzlich ein seltsames Bild: einen von vier Mädchenarmen umschlungenen Frankfurter Reichsschultheißen. Die Katharina aber fragte, übers ganze Gesicht strahlend: „Wir sollen aufspielen, Großvater? Habt Ihr denn Euren Spruch vergessen?"

„O nein, mein Kind", antwortete er. „Der Spruch gilt noch:

Den Mägdlein, die pfeifen,
und den Hennen, die krähen,
soll man beizeiten
den Hals herumdrehen.

Und wenn ihr bei der Tafelmusik falsch pfeift, werd' ich euch ohne Erbarmen den Hals herumdrehen lassen."

Das gab ein großes Gelächter, zumal als die beiden jungen Stadtpfeifer, nachdem alles an der Tafel Platz genommen hatte, um diese herum marschierten und aus vollem Hals den uralten Pfeifermarsch bliesen.

Später hat Katharina ihren eigenen Kindern gern von diesem denkwürdigen Tag erzählt, und die Kinder wurden nicht müde, das Märchen vom geretteten Pfeifergericht von ihr zu hören. Daß das Märchen sich aber wirklich zugetragen hatte, bewies ein Geldstück, das zum Schluß aus der Lade geholt wurde. Herr Christoph Imhof hatte der Tochter seines Gastfreundes und seiner eigenen Tochter als Stadtpfeiferlohn je einen blanken Reichstaler verehrt. Den ihrigen hatte Katharina aufgehoben und behielt ihn als Andenken fürs ganze Leben. Einen Stadtpfeifer mit versteckten langen blonden Zöpfen hat es seither zu Frankfurt nicht mehr gegeben.

Reiner Wein

1.

Es ist eine ganz eigene Empfindung, vom Pferde zu fallen, so eigen, daß sie sich gar nicht genau beschreiben läßt: man muß sie einmal erlebt haben oder noch besser mehrmals. Es fällt sich so überraschend geschwind! Ich meine, wenn wir eben erst Sitz und Bügel verloren haben, so ist die Spanne Zeit, bis wir uns selbst am Boden wiederfinden, verzweifelt kurz. In all der Geschwindigkeit aber können wir gar viel uns denken und vorstellen, denn ein Pferd ist schnell und ein Fall noch schneller, aber die Gedanken sind doch alleweil am schnellsten.

Das erfuhr Franz Hertorf vom Roßmarkt in Frankfurt, als er beim Stückschießen von 1664 über die Festwiese ritt. Er lenkte den stolzen Schimmelhengst Cyrus recht straff und keck, und wie er des alten Schöffen Lippold Silberborn mit seiner schönen Tochter ansichtig wurde, ließ er das Pferd majestätisch im kurzen Galopp ansprengen. Da krachte unversehens unter der Nase des Reiters ein Böller los, das Feuer schlug ihm fast ins Gesicht, daß er jäh zusammenfuhr. Und weil der Reiter erschrak, so erschrak das Pferd doppelt, tat einen Seitensprung in den Graben, welcher die kanonierenden Bürger von den Zuschauern trennte, brach in die Vorderbeine, warf sich aber im Nu mit wütender Schnellkraft wieder empor, schleuderte den Reiter weit ab und jagte mitten in die Schußlinie der Geschütze.

Fast im selben Augenblick stand aber auch der Reiter schon wieder auf den Füßen, sprang dem Tiere nach, das plötzlich wie eingewurzelt stehen geblieben war, faßte es fest mit der Linken am Zügel, klopfte ihm ohne eine Miene des Zornes oder der Strafe gutmütig lächelnd mit der Rechten auf den Hals und sagte: „Cyrus, Cyrus, warum hast du mir das getan?“ Dann schwang er sich leicht wieder in den Sattel und lenkte das immer noch zitternde und scheuende Roß mit sicherer Führung über den Graben zurück.

Handumgekehrt, wie man drei zählt, war die Geschichte verlaufen. Aber was dachte der Reiter nicht alles in der Geschwindigkeit! Ein ganzer Liebesroman war mit ihm durchgegangen und vom Pferde gefallen.

Er wußte wohl, welches gefährliche Tier er ritt, allein Cyrus war der stolzeste Hengst, darum hatte er ihn eigens für heute gewählt. Und war er, Franz Hertorf, gleich nur ein neu eingebürgerter Weinhändler, so wollte er sich doch der Jungfrau Susanne Silberborn, die aus den edlen Geschlechtern des Hauses Limpurg stammte, als einen leibhaften Ritter zeigen. Mit diesem Gedanken galoppierte er an dem Schöffen und seiner Tochter vorbei. Und als er den aufbäumenden Hengst nicht mehr halten konnte und instinktmäßig nach der Mähne griff, da dachte er: „Nein, Susanne schaut auf dich: lieber ritterlich herunterfallen, als unritterlich oben bleiben!“ und hielt sich getreu diesem schönen Gedanken am Zügel statt an der Mähne, wodurch er dem Cyrus das Maul blutig riß, daß ihn derselbe nun erst ganz unfehlbar abgeworfen hätte, auch wenn er kein Weinhändler gewesen wäre.

Indem er dann aber auf diese Wiese hinausflog, sah er einen Stein und dachte: „Dort wirst du dir den Schädel zerschmettern. Das ist nun ein ganz besonderes Erlebnis und wird der Jungfrau Herz erweichen.“ Allein, er hatte den Satz noch gar nicht recht ausgedacht, so stand er auch schon wieder ganz heil auf den Beinen und wußte

weniger, wie er jetzt so geschwind in die Höhe, als wie er vorhin so geschwind heruntergekommen war.

Und da er nun dem verteufelten Cyrus nachlief, quer durch die Schußlinie, meinte er, eine Stückkugel werde ihm den Kopf vom Rumpfe reißen, aber dann sterbe er für Susanne. Dies war nun eigentlich ein Unsinn, denn Jungfer Susanne ahnte nicht das Mindeste von seiner Liebesschwärmerei. Was hätte es ihr also für Nutzen gebracht, wenn ein Weinhändler vor ihren Augen zwiefach den Kopf verloren hätte, figürlich und natürlich. Dennoch gab ihm gerade jener gedankenlose Gedanke so stolzen Mut, daß er sich kühn wieder auf den scheuen Hengst schwang und geschlossenen Sitzes wie ein Stallmeister unter die staunende Menge zurückritt.

Sowie er sich aber hier wieder auf sicherem Boden und in sicherem Gange fühlte, brach alle seine Spannkraft mit einem Male. Es überfiel ihn eine Scham und ein Schreck über das eben Erlebte, daß die zitternden Knie kaum mehr Schluß zu halten vermochten, und so trabte er barhäuptig (der Hut war auf der Wiese geblieben) und geduckt nach Hause, und als das Pferd endlich von selbst vor dem Stalle stehen blieb, rutschte er im Absteigen herunter, als ob er das Fallen noch einmal probieren wolle.

Allein, der Schreck kam nicht bloß nach, sondern nach dem Schrecken auch der Trost. Ein Augenblick war wie ein Lichtstrahl in seine Seele gefallen und leuchtete jetzt wieder hell auf. Als ihn das Pferd abwarf, hatten alle Umstehenden gelacht. Nur Susanne lachte nicht, sie wurde leichenblaß und schrie und zitterte. Das hatte er bemerkt, ja hätte er's nicht so scharf bemerkt, so wäre er vielleicht fester im Sattel geblieben. Jener Schrei wurde ihm zu Hause am einsamen Abend zum beglückenden Wahrzeichen. War es nicht der erste Laut der Teilnahme für ihn, welcher der vornehmen Jungfrau über die Lippen gekommen?

Freilich kannte er den ganzen Verlauf dieser Teilnahme nicht. Genau besehen erging es nämlich folgendermaßen. Als Susanne den Reiter so hochgemut heransprengen sah, sagte sie zu ihrem Vater: „Da kommt der junge Hertorf und sitzt wie ein rechter Geck auf dem großen Gaule." Im Augenblick des Sturzes erblaßte sie dann freilich und schrie, wie Frauenzimmer pflegen, und war eine ganze Weile versteinert vor Schrecken. Doch erholte sie sich bald und sagte lächelnd: „Für einen Weinhändler ist der junge Mann nicht übel vom Pferde gefallen."

Wie seltsam aber streiten oft eines Mädchens Worte und Gefühle! Es klang dennoch ein warmer Ton bewegend aus der Stimme, welche diesen kalten Spott so leichtsinnig hinwarf.

2.

„Unsere erste Begegnung" — so nannte Franz Hertorf bald nur seinen Sturz auf der Festwiese, natürlich ganz still für sich, denn über derlei Dinge plaudert man nicht. Und er entsann sich dabei, daß schon einmal ein solcher Fall berühmt geworden war, in der Geschichte der Geschlechter des Hauses Limpurg.

Als nämlich Ambrosius Glauburger im Jahre 1498 mit einem Herzog von Braunschweig turnierte und denselben aus dem Sattel hob, ließ er sich zu Ehren des Herzogs mit herunterfallen. Die Geschichte war abgemalt am Tanzhause zum ewigen Gedächtnis, wie vornehm ein Frankfurter Patrizier sei, daß er mit einem Herzog eine Lanze gebrochen, und wie artig, daß er den Herzog nicht allein habe vom Pferde fallen lassen.

Franz meinte, die beiden Fälle seien nahe verwandt: was Ambrosius Glauburger aus Höflichkeit, das habe er aus Liebe getan. Denn es deuchte ihn nachgerade fast, er sei auch mit Absicht nur so ein wenig herabgeglitten, bloß um das Auge der spröden Jungfrau desto sicherer auf sich zu ziehen, und man könne nicht wissen, ob diese erste Begegnung nicht auch einmal irgendwo abgemalt werde.

Der Vergleich mahnte ihn aber auch mit Schrecken daran, welch große Kluft bestehe zwischen jenen alten Geschlechtern, die mit Fürsten turniert hatten, jeden bürgerlichen Erwerb verschmähend, nur der Wissenschaft, dem Kriegsdienste oder ihrer freien Muße lebten, vornehmlich aber „sehr difficile im Heiraten" waren, und ihm, dem neu eingewanderten Kaufmann. Allein, wer noch jung und schön ist und dazu ein erlesenes Weinlager am Roßmarkte hat, der sieht auch weingrünen Mutes in die Welt. Also dachte Franz Hertorf, es gebe zweierlei Edelleute, solche, die adelig geboren sind, und solche, die adelig leben und handeln, und wenn er nur diesen zweiten Adelsbrief in den Augen der Jungfer Susanne gewinne, so werde sie den Mangel des ersten wohl vergessen.

Also fuhr er nun erst recht hoch hinaus. Er wollte Unerhörtes tun, Taten, wie man sie einem gewöhnlichen Weinhändler gar nicht zutraut. Weil es aber nicht mehr wie in der Ritterzeit Riesen und Drachen zu erschlagen gab, so begann er damit, daß er ein Fuder Hochheimer Zweiundfünfziger zu zweihundert Reichstalern ersteigerte. Es war ein köstlicher Wein, und man nannte den Jahrgang damals nur „das Wunderjahr", aber zweihundert Reichstaler waren auch ein Preis, den selbst für dieses edelste Gewächs kein Mensch noch bezahlt hatte. Die reichsten Käufer boten bis zu hundertfünfzig Talern, doch Franz Hertorf rief: „Zweihundert!", und alle verstummten und fragten sich staunend, wie denn der Weinhändler so überteuren Wein wieder an den Mann bringen wolle.

Das war aber bald geschehen, denn schon des andern Tages schenkte Hertorf das ganze Fuder dem Heiligen-Geist-Spital zum Labetrunk für Genesende mit der einzigen Bedingung, daß die Spitalleute an jedem hohen Festtage seine Gesundheit in einem Becher dieses Weines trinken sollten. Und den Becher schenkte er auch dazu. Das hieß doch adelig gehandelt!

Die Sache hatte aber zudem noch ihre besondere Feinheit. Denn der alte Schöff Silberborn zählte zu den Pflegern des Stifts. Natürlich ging Hertorf gerade zu diesem Pfleger und keinem andern, um das Geschenk anzumelden, und hoffte bei dem Anlaß, doch auch die schöne Tochter zu sehen. Und in der Tat blühte ihm auch dieses Glück, denn als er zum Haustore eintrat, ging sie eben hinaus und sagte deutlich: „Guten Morgen." Der Alte nahm das überraschende Geschenk mit zögerndem Danke entgegen und belästigte seinen Besuch nicht mit allzu langem Gespräche.

Das war freilich wenig für zweihundert Reichstaler, allein es war doch der zweite Anknüpfungspunkt. Am Abend schalt Lippold Silberborn bei seiner Tochter die Hoffart dieser verderbten neuen Zeit, wo Kaufleute mit fürstlichen Geschenken prahlten. Susanne entgegnete: „Hätte der junge Hertorf das schlechteste Faß aus seinem Keller geschenkt, so würdet Ihr ihn einen rechten Christen nennen. Soll er nun darum ein schlechterer sein, weil er das beste geschenkt hat?"

Zur selben Zeit regte es sich in Hertorfs Hause am Roßmarkt von allerlei Künstlern und Handwerkern. Obgleich der stattliche Bau erst vor wenigen Jahren neu aufgeführt worden war, so dünkte er dem Besitzer jetzt doch viel zu schmucklos. Darum ließ er an der Vorderseite Schmuckbogen aus Stuck über den Fenstergewandungen anbringen und ein neues Prachtportal mit steinernen Säulen und grimmig züngelnden Löwenköpfen. Denn wo können wir den Leuten unser Geld und unsern Geschmack greifbarer zeigen als an der Straßenfront unseres Hauses?

Mit genügender Neugierde beobachteten dann auch die Frankfurter, wie sich das Bürgerhaus in ein Herrenhaus verwandelte. Ein jeder wußte zu loben und zu tadeln, und allen stand es fest, daß der junge Weinhändler viel reicher sein müsse, als man bisher geglaubt. Auch verbreitete sich bald die Sage, er habe unlängst eine große Erbschaft gemacht. Gelockt durch das viele Gerede ging nun auch einmal der Schöff mit seiner Tochter über den Roßmarkt, um die neue Herrlichkeit zu betrachten. Sie fanden den Hausherrn vor der Tür, mit zwei Handwerksmeistern sich beratend, und begrüßten ihn recht gnädig, fast schon wie einen alten Bekannten. Franz Hertorf hätte vor Freuden gestrahlt, wenn er vor Verlegenheit zum Strahlen hätte kommen können, und erläuterte beredten Mundes das begonnene Werk.

Über dem Portal stand eine kahle Wandfläche, für die noch kein passender Schmuck gefunden war. Da meinte Susanne, Herr Hertorf könne ja einen Bacchus hinaufmalen lassen, der auf einem Weinfasse reite. Es zuckte auf des jungen Mannes Gesicht, wie wenn er eine Ohrfeige erhalten hätte. Denn solch eine plumpe Figur war damals ein gebräuchliches Schild der Weinhändler. Jungfer Susanne konnte bei seinem und seines schönen Hauses Anblick an so vieles andere denken, warum gerade daran, daß er ein Weinhändler sei? Doch faßte er sich rasch und sagte mit artigstem Lächeln, der Vorschlag der Jungfrau solle ausgeführt werden.

Und nach drei Monaten lud er den Schöffen mit seiner Tochter ein, daß sie das nunmehr vollendete Bacchusbild betrachteten. Wie staunten da die beiden! Dieser Bacchus war kein pausbackiger Bube, der trunken auf einem Fasse reitet, die Flasche im Mund, sondern ein edler Jüngling, auf antikem Wagen von zwei Panthern gezogen, und auf den gefleckten Raubtieren ritten zwei Genien und bändigten mit der Leier und Flöte der weinverklärten Kunst die wilde Wut des Gespanns. Als Rahmen um das farbenleuchtende Mittelbild aber schlang sich ein Arabeskenkranz, grau in grau, mit reizenden kleinen Gruppen aus der Bacchussage. Das war kein Kaufmannsschild, sondern ein Kunstwerk. Johannes Sandrat, der Bruder des berühmten Joachim, hatte das Ganze entworfen und ausgeführt und

Johann Heinrich Roos die Panther auf dem Karton noch einmal insbesondere durchgebildet.

Mit Stolz blickte Hertorf jetzt bald auf das schöne Bild, bald auf die schöne Susanne. Kein Edelmann hätte ja feineren Geschmack zeigen und bessere Kunstgönnerschaft üben können.

Endlich brach der alte Schöff das Schweigen, klopfte dem träumenden Mäzen vertraulich auf die Schulter und sprach: „Die Panther sind gut; man kann sie auf der Messe nicht besser sehen." Susanne aber fügte teilnehmend hinzu: „Das Bild ist ein rechter Schmuck für ganz Frankfurt. Ihr beschämt den Rat dieser Stadt. Der wußte an dem Brückentor nichts Gescheiteres malen zu lassen als einen Juden, der auf einem Schweine reitet."

Beim Heimgehen zankte der Vater die Tochter, daß sie so gesprochen hatte. Man müsse der neumodischen Hoffart, die über den Stand hinauswolle, nicht schmeicheln.

Die Tochter aber erwiderte: „Dieser Hertorf ist entweder der größte Schwindler oder der feinste Weinhändler, welcher jemals gelebt. Das wird sich schon entscheiden. Dürfen wir ihn aber bis dahin tadeln, bloß weil er des Guten und Schönen zu viel tut?"

3.

Franz hatte den Vormittag geglüht im Feuer der Erwartung, und als Susanne mit ihrem Vater wieder hinweggegangen war, fror es ihn den ganzen Nachmittag.

Susanne war ein eigenes Mädchen. Groß, stattlich, voll in den Formen und von frischester Farbe, erschien sie aus der Ferne wunderschön. Trat man ihr aber nahe, so waren die Züge um ein Haar zu scharf und männlich, die Farbe um einen Ton zu derb, die Schönheit stieg mit jedem Schritte, den man zurücktrat, und fiel mit jedem Schritte, den man herankam. Die Schwaben sagen von einem solchen Frauenbilde: „Es fernelet." Nur der geistige Ausdruck des Auges wuchs in der Nähe. Alles dies hatte Franz schon oft bemerkt und meinte, das sei gerade nicht die schönste Schönheit, aber die gediegenste. Nun fand er heute, daß die Jungfrau auch noch in einem andern Sinne „fernele“. Wenn er sie nämlich gar nicht sah, Tage und Wochen lang, so neigte sie sich ihm im Geiste immer liebevoller und huldreicher entgegen. Hatte er sie vollends während eines ganzen Monats nicht einmal auf der Straße erblickt, so verkehrte er wunderbar innig mit ihr und sie mit ihm, und es hätte nur noch des letzten Wortes bedurft, so wären sie Braut und Bräutigam gewesen. Allein, er brauchte dann nur wieder ein wirkliches Wort mit ihr zu reden, und der ganze Rausch verflog. Es überlief ihn kalt, und er erkannte mit entsetzlicher Klarheit, daß Susanne gar nichts ahne von seinem vertrauten geisterweisen Verkehr, nicht ahne, daß er ihr zuliebe den Cyrus geritten und den Wein so teuer gekauft und das Haus so kostbar habe schmücken lassen.

So war es in der Tat. Dennoch hatte das Mädchen gleichfalls eine gewisse Empfindung für den jungen Schwärmer, nur in einer der seinigen ganz entgegengesetzten Weise. Sie ärgerte sich über den Großtuer und zürnte dem Verschwender, ja sie war unter Freundinnen immer seine strengste Anklägerin. Trat er ihr aber einmal persönlich gegenüber, so zerrann der Unmut, und sie konnte seine wenigen bewegten Worte niemals ohne herzliches Mitleid hören. Der junge Mensch, der so sichtbar in sein Verderben lief, dauerte sie dann gar zu sehr.

Er träumte sich am glücklichsten, wenn er sie nicht sah, und mußte sie doch suchen. Sie suchte ihn gar nicht, fühlte aber doch eine gewisse Befriedigung, wenn sie ihm ungesucht begegnete. Und warum sollte es uns nicht wohl tun, wenn wir gewahren, daß ein zweifelhafter Charakter aus der Nähe doch nicht halb so schlecht aussieht als aus der Ferne.

Franz Hertorf verfolgte inzwischen die eingeschlagene Bahn im festen Glauben, sie werde ihn zum Ziele führen. Sein Geldbeutel hielt noch eine Weile vor, und war er nur erst einmal ein recht vornehmer und berühmter Bürger geworden, so mußte sich das Übrige schon finden. Vom Weine allezeit nüchtern, im Geiste aber ewig trunken, war er jetzt schon ohne Zweifel der originellste Weinhändler. Auch drang er wirklich mehr und mehr in das Haus des Schöffen vor, und die Gespräche mit Susannen wurden ausgiebiger. Allein, der Gegenzug der Naturen verschliff sich dadurch keineswegs, sondern steigerte sich nun erst recht. Denn stand Susanne dem jungen Hertorf gegenüber, so gab sie ihm zwar manches freundliche Wort, las ihm aber auch recht mütterlich den Text und dachte: „Wenn ich ihn nur immer unter den Augen hätte, so bliebe er vor tausend Torheiten bewahrt und könnte späterhin irgend ein braves Bürgermädchen noch recht glücklich machen." Franz dagegen meinte manchmal verzweifelnd, wenn es ihm nur gelänge, bloß von fernher und in der Einbildung mit Susannen zu leben, das gäbe die seligste Liebe und Ehe, die je im Himmel geträumt worden sei. Trotzdem ging jedoch seltsamerweise wieder all sein Sinnen dahin, der von fernher so reizenden Susanne seine Liebe einmal ganz aus der Nähe zu erklären.

Vor diesem entscheidenden Schritt hatte er sich aber noch ein zwiefaches Ziel gesteckt, auf daß auch die letzten Vorurteile des Schöffen gegen seinen geringen Stand zerstreut würden, ein Doppelziel, mit welchem er freilich zunächst nur das doppelt gesteigerte Mißfallen Susannens gewann. Allein, da er ihr bisher überhaupt ja nur im Mißfallen einiges Wohlgefallen abgerungen hatte, so erschreckte ihn das gar nicht.

Erstlich trachtete er nach einem Sitz im Rathause und zwar auf der zweiten Bank, auf welche neben viel vornehmeren Leuten nur einige vornehme Kaufleute kommen konnten. Als Susanne davon hörte, fand sie dieses Vorhaben sehr anmaßlich, denn ein Mann wie dieser Weinhändler gehöre höchstens auf die dritte Bank. Doch da ihr Franz bald darauf wieder zu Gesicht kam, dachte sie ganz still: „Für die dritte Bank ist er doch zu fein, und warum soll denn ein so reich begabter Mann nicht eine Bank höher spannen?"

Um aber jener zweiten Bank sicher zu sein, veränderte er sein ganzes Geschäft von Grund auf und wollte sich demnächst als wirklicher Großhändler entpuppen. Dies war das andere Ziel.

Er mied von Stund an den Weinmarkt vor dem Leonhardstor, wo man am Mainufer unter schattigen Bäumen täglich Wein probierte und ausschenkte und die kleineren Käufe abschloß, und schickte statt seiner einen Geschäftsführer auf den Markt, der jedoch für sich bessere Geschäfte machte als für seinen Herrn. Allein, das tat nichts. Der Kleinverkauf, bisher freilich die beste Einnahmequelle, sollte ohnedies allmählich ganz eingehen. Dagegen nahm Hertorf den Rest seines Vermögens zusammen, um große Vorräte einzukaufen und neue Verbindungen zu knüpfen.

Die Leute redeten viel über diesen kühnen Aufschwung, und Susanne fand das Verschmähen des bisherigen sicheren Erwerbs äußerst unklug und spottete über den großen Handelsherrn, der für den Platz am Weinfaß zu gut geworden sei und nur noch vom Triumphwagen herab (wie der Bacchus am Roßmarkt) seine Panther, das heißt seine zwei Handlungsdiener lenke. Als sie ihm jedoch ihre Meinung recht hart sagen wollte, schmolz diese Härte in den Ton des Mitleids, und der leichtsinnige Franz ließ sich den Übergang recht wohl gefallen und meinte, Mitleid sei schon oft die Maske der Liebe gewesen.

Der Tag, wo sich's mit der zweiten Bank entscheiden mußte, stand vor der Tür. Hertorfs Hoffnung wuchs und wurzelte zuletzt so fest, daß er im Geiste die Bank schon ganz warm gesessen hatte, und als ihn gar nur vierundzwanzig Stunden noch von dem Termin der Ratswahl trennten, war seine Brust so übervoll des frohesten Mutes, daß ihm die Mauern der Stadt zu eng wurden.

Er sprengte auf dem Cyrus hinaus ins weite Land, um bis zum sinkenden Abend den stolzesten, glückseligsten Zukunftsbildern nachzujagen, und fand des Nachts vor lauter Träumen keinen Schlaf. Am hellen Tage träumte er dann weiter. War nach dem Vorschlag des Schultheißen die Wahl vollzogen, so mußte alsbald ein Kanzleischreiber ihm, dem Neugewählten, erscheinen und ihn auf den Römer entbieten. Dort schwur er den sogenannten „Corruptionseid" und empfing an der Tür die Glückwünsche seiner neuen Amtsbrüder. Alsdann aber wollte er stracks zur Jungfer Susanne eilen, um mit noch ganz anderen Schwüren als dem Corruptionseid den Tag zu besiegeln.

Er spähte recht oft durchs Fenster nach dem Kanzleiboten. Endlich klopfte es an die Tür. Hertorf setzte sich in würdige ratsherrliche Haltung, bevor er „Herein!" rief. Es kam aber kein Kanzleibote, sondern ein Handlungsdiener, welcher atemlos meldete, der Geschäftsführer am Weinmarkt sei gestern durchgegangen. Das Wort schnitt dem unglücklichen Kandidaten der zweiten Bank bis ins Mark. Er hatte dem Geschäftsführer unbegrenztes Vertrauen geschenkt, er hatte ihn den Kaufmann spielen lassen, damit er selber Zeit gewönne, den Edelmann zu spielen, hatte Wechsel und Verträge unterzeichnet, die ihm jener vorgelegt, ohne daß er nur genau den Inhalt gelesen. Das fuhr ihm jetzt alles wie ein Wetterstrahl durch die Seele.

Da klopfte es schon wieder. Jetzt kam wirklich ein Bote vom Römer. Allein, es war der rechte nicht, sondern ein Gerichtsdiener, der dem Weinhändler Hausarrest ankündigte, auf gestern bereits erfolgtes Andringen der Gläubiger, welche den durch des Geschäftsführers Flucht verstärkten Verdacht leichtsinnigen und betrügerischen Bankrotts nachgewiesen hätten.

Bei dem Wort „betrügerisch" gewann Franz Hertorf seine ganze Fassung und ratsherrliche Würde wieder. Er erhob feierlich den großen Rohrstock mit dem goldenen Knopfe, welchen er sich schon vor einer Stunde für den Gang auf den Römer zur Hand gestellt hatte, und sprach zum Gerichtsboten: „Lieber Freund, verbessere er seinen Vortrag! Ist mein Bankrott leichtsinnig, so kann er nicht betrügerisch sein, sondern höchstens ein betrogener Bankrott. Ehre mag noch bestehen neben dem Leichtsinn, und in Ehren kann man auch betrogen werden, ja man kann sogar aus lauter Ehre Bankrott machen, aber betrügen aus Ehre kann kein Mensch!"

Und so fand Franz den ersten Trost in dem Gedanken, daß er zwar Geld und Freiheit möge verloren haben, aber seine Ehre nicht.

4.

Der feinste Weinhändler, der in den Augen seiner Mitbürger nun doch plötzlich zum gröbsten Schwindler herabgesunken war, bekam einen harten Stand. Die Überschuldung errechnete sich auf zehntausendachthundert rheinische Gulden, und Franz Hertorf selber, dem doch so vieles Großartige über Erwarten gelang, hätte seiner

Lebtage nicht gedacht, daß er so großartige Schulden machen könne. Vergebens rang er, den Richtern seine Unschuld und Unwissenheit darzutun und den bodenlosen Abgrund seines romantischen Leichtsinnes zu veranschaulichen. Sie hatten kein Verständnis dafür. Kein Mensch wollte ihm glauben, daß er seit Jahresfrist den schlechten Stand seines Vermögens selber nicht gekannt und dem Geschäftsführer schriftliche und mündliche Vollmachten gegeben, deren Inhalt er gar nicht beachtet habe. Mußte er doch den letzten, einzig überzeugenden Grund, der in der Tiefe seines Seelenlebens lag, verschweigen.

Die Richter sprachen von einem leichtsinnigen, ja von einem schelmischen Bankrott, und er hatte doch nur aus bitterer Not Bankrott gemacht, aus Liebesnot. Er schimpfte inwendig auf die erbärmliche Rechtspflege, die gar keine Rubrik besitze für einen Bankrott aus Liebe, hätte sich jedoch eher die Zunge abgebissen, als daß er von dieser Ursache seiner Verschwendung und seines adeligen Abscheus gegen gemeine Rechnungsbücher, Wechsel, Quittungen und dergleichen bürgerliche Papiere gesprochen hätte. Sein geheimes Lieben war ihm heilig. Er hatte es über alle Wolken hochgehalten — sollte er's in einen ganz gewöhnlichen Konkursprozeß herunterziehen? Und sollte er wohl gar zu den Akten geben, daß er so ungeheuer viel Geld und Mühe verschwendet für ein Mädchen, das dann seinerseits vielleicht zu Protokoll erklärte, daß es von seiner Liebe niemals etwas gewußt habe, noch habe wissen wollen? Er hatte für den höchsten Besitz, für den Besitz des edelsten, echtesten Menschenherzens schnöde Erdengüter eingesetzt, und wenn er diese nun verlor, war das ein leichtsinniger Bankrott? Und konnten seine Richter und Gläubiger denn überhaupt entscheiden, daß er in diesem Handel Bankrott gemacht habe? Das konnten nur Susanne und er selbst.

Mit solchen Gründen erhitzte und kühlte er zugleich seinen brausenden Zorn. Freilich würden sie ihm, wenn er sie ausgesprochen, nicht viel genützt haben, wieviel weniger also, da er sie steif und fest für sich behielt.

Kein Wunder, daß der Prozeß einen schlimmen Ausgang nahm. Das leichtsinnige Bankrottieren war seit einiger Zeit zu Frankfurt stark in Mode gekommen. Man mußte ein Exempel statuieren und tat es vielleicht doppelt gern bei einem Manne, der vornehmer, feiner und besser hatte sein wollen als seine Mitbürger. Also erkannte der Rat zu Recht, daß Franz Hertorf „einen schelmischen Bankerott gespielet“, zumal er noch nicht zwei Jahre Haus gehalten. Man ließ ihm aber aus besonderer Huld die Wahl zwischen drei Strafen, entweder er solle dreimal je zwei Stunden am Halseisen stehen oder lebenslang einen gelben Hut tragen oder auf ewig im Schuldturm sitzen.

Die Wahl schien nicht gar schwer und der gelbe Hut sicherlich das kleinste von den drei Übeln. Doch Franz Hertorf wollte diesmal nicht wieder leichtsinnig sein und bat um Bedenkzeit, daß er sich mit seinem Advokaten berate. Dieser empfahl das Halseisen. Es sei zwar nicht die angenehmste, aber doch die kürzeste Strafe. Sechs Stunden seien geschwind vorbei, auch fehle es hier nicht an achtbaren Vorgängern, denn erst um Weihnachten habe ein wirklicher Edelmann wegen Diebstahls an demselben Eisen gestanden.

Franz fuhr den wohlmeinenden Ratgeber fast zornig an und rief, solche Schande wolle er nimmer erleben, und fragte dann, ob der gelbe Hut nicht vorzuziehen sei. Man könne ja winters und sommers etwa einen Strohhut tragen.

Als ihm aber der Advokat erklärte, was es mit dem gelben Hut für eine genauere Bewandtnis habe, da fiel ihm das Herz in die Schuhe. Wer nämlich als Bankrottierer zum gelben Hut verurteilt war, der mußte laut eines Ratsbeschlusses von 1581 samt seiner Familie geringer gekleidet gehen als die übrigen Bürger und jedes öffentlichen Verkehrs mit ehrlichen Leuten sich enthalten, bei Gefängnisstrafe. Auch war er unfähig zu städtischen Ämtern, also ausgestoßen aus der Gesellschaft und politisch tot. Da hatte der Advokat also doch mit gutem Grunde das Halseisen als bequemer empfohlen. Gleiche Schande lastete auf der eisernen Halsbinde wie auf dem gelben Hut, allein das Sinnbild der Schande trug man dort nur sechs Stunden, hier aber sein Leben lang.

Hertorf wollte verzweifeln über der Qual der Wahl. War hier am Ende gar die härteste Strafe die mildeste? Sollte er ewiges Gefängnis, welches im ersten Augenblick kein Mensch vorgezogen hätte, nicht doch zuletzt als Frucht reiflicher Erwägung begehren? In den Schuldturm nahm er seine Ehre mit und konnte sie auch unverletzt wieder heraustragen, aber leider nur, wann er selber im Sarge herausgetragen wurde. „Ewig" spricht sich so kurz und ist doch ein gar langes Wort. Mit dem Halseisen oder dem gelben Hute war er tot für seine Mitbürger, tot für die Gemeinde, in ewiger Schuldhaft war die ganze Welt tot für ihn. Am liebsten hätte er sich gleich den Hals abgeschnitten, um der Wahl zwischen jenen zweierlei Arten von Tod durch eine dritte noch tödlichere Todesart enthoben zu sein. Allein, fürs Leben würde er dadurch wenig gewonnen haben und für die Ehre auch nicht viel.

Nach langem Hin- und Widerreden erklärte endlich der Advokat, ein so wählerischer Mensch sei ihm in seiner ganzen Praxis noch nicht vorgekommen, und überließ den überkritischen Weinhändler, dem nicht zu raten und nicht zu helfen sei, dem eigenen einsamen Nachsinnen. Kaum aber sah sich Franz Hertorf allein und ohne Rechtsbeistand, so fand er auch einen erleuchteten Gedanken: Susanne sollte entscheiden.

Und kaum gedacht, so schrieb er auch schon einen Brief an die Tochter des Schöffen, und erst beim letzten Punktum erschrak er über seine eigene Kühnheit. Allein, der Brief war geschrieben und ward augenblicklich gesiegelt und fortgeschickt.

Es war sein erster Brief an Susanne: wenige trockene Zeilen mit einer kurzen Schilderung der Sachlage und der schweren Frage, welche von den drei Strafen zu wählen sei. Franz empfand viel zu stolz und dachte viel zu gescheit, als daß er auch nur die leiseste Ahnung von jener Leidenschaft hätte durchschimmern lassen, welche in diesem Augenblick qualvoller als je sein Herz zerriß. Er hätte an seine Richter nicht gedrängter und gegenständlicher schreiben können wie jetzt an die Jungfrau, und sie stand in der Tat als der Hauptrichter vor seiner bangenden Seele.

Dennoch sagte er, da er das karge Blatt abgesendet, zu sich selbst: „Das ist nun mein erster Liebesbrief!" — nicht als ein Brief, in welchem er seine Liebe erklärt, sondern durch welchen er vielmehr die Liebe Susannens, wenn sie auch nur in einem Fünklein geglommen hatte, zur Aussprache bringen mußte. Darum hoffte er auch, sie werde sich für gar keine der drei Strafen entscheiden, sondern mit ihres Vaters Einfluß Aufschub, Gnade für Recht oder wenigstens Abwendung der äußersten Schande herbeiführen. Der Schöff hatte freilich während des Prozesses nicht die mindeste Gunst für den Angeklagten gezeigt. Allein, was vermochte die geliebte Tochter nicht allezeit über den Vater!

Hertorfs Hoffnungsträume schwangen sich sogar noch kühner auf. Niemals hatte er auf das Geld der Jungfrau gerechnet. Da sie nun aber doch einen steinreichen Vater besaß, so konnte sie immerhin den Alten zu einer Bürgschaft bewegen, zu einem Vorschuß, zur Einleitung eines Vergleiches mit den Gläubigern.

Als er den Brief schrieb, hatte Franz nicht an dergleichen gedacht, es fiel ihm nur so nachträglich ein. Doch wies er den Gedanken alsbald wieder von sich wie einen teuflischen Versucher. Nein, er wollte nicht losgekauft sein, er wollte kein Almosen aus eben der Hand, die vielmehr von ihm den höchsten Reichtum des Lebensglückes hatte empfangen sollen. Er begehrte nur sein Urteil. Es kam in zwei Worten ohne Anrede und Unterschrift, aber sie waren von Susannens Hand und in ihrem Geiste. Sie lauteten: „Ewiges Gefängnis."

Franz Hertorf meldete sich zum Schuldturm auf Lebenszeit. Und es geschah ihm sein Recht, wie er's gewollt.

5.

Tief entrüstet hatte Susanne von fernher gesehen, welches schlechte Ende Franz Hertorf selbstverschuldet nahm. Doch konnte sie sich der alten Teilnahme nicht erwehren, als er ihr in dem Briefe noch einmal nahe trat. Urkunde dieser Teilnahme war die sechssilbige Antwort. Denn hätte sie ihn nach Empfang des Briefes noch gerade so schwer verdammt wie vor demselben, so würde sie ihm gar keine Silbe geschrieben haben.

Als Hertorf das ewige Gefängnis vorzog, empfand sie eine stille Beruhigung, oder sollte man's Freude nennen? Er hatte doch Ehre im Leibe. Sie ward sehr nachdenklich wegen dieser Ehrenprobe. Wie dann so Woche um Woche verstrich und das Stadtgespräch über den leichtsinnigen Menschen verklang und der Gefangene rascher, als man's hätte denken sollen, in Vergessenheit sank, da wuchs ihre verschwiegene Teilnahme gar seltsam. Sie blickte zurück auf seinen abenteuerlichen Lebenswandel und fand jetzt überall Züge edlen Ehrgeizes, wo sie früher nur den Hochmutsteufel wahrgenommen hatte. In der Tat, hier waltete ein gewisses adeliges Wesen. Und das Schuldenmachen war ja auch adelig.

Und doch begriff sie bei alledem nicht ganz, warum Franz gerade von ihr sein Urteil gefordert hatte. Sie, die Tochter des vornehmen Hauses, mußte natürlich den Ehrenpunkt allein entscheiden lassen, während Hertorf, der bürgerliche Weinhändler, doch ganz leicht einen Ausweg hätte finden können zwischen höchster Schande und schwerster Strafe, den sie ihm nicht anraten gedurft hatte. Er konnte ja den gelben Hut wählen, bei nächstem Anlaß aber aus der Stadt entweichen und anderswo sein Glück suchen. War er nur einmal vor dem Tor, so warf er den Hut in den Main, und kein Mensch sah es seinem Kopfe nachgehends an, ob einmal ein gelber Hut darauf gesessen. Was fesselte ihn denn so unlösbar an Frankfurt?

Beim Nachsinnen über diese Frage gingen der schönen Susanne, deren schwarze Augen etwas kurzsichtig waren, plötzlich einige kleine Lichter auf. Sie entdeckte einen gewissen Zusammenhang zwischen der Hoffart, welche den jungen Mann zu Fall gebracht, und seinen Besuchen in ihrem Hause, zwischen seinen tausend abenteuerlichen Plänen und der bewegten Stimme, womit er sie immer angeredet. Dienstfertige Freundinnen hatten ihr dergleichen mehrmals zu Ohren gebracht, aber sie hatte es nicht hören wollen.

Sie prüfte nochmals Hertorfs Brief, sie wog Zeile für Zeile: er las sich wirklich gar nicht wie ein Liebesbrief, und dennoch konnte er von der höchsten Liebesverzweiflung diktiert sein. Also war sie wohl gar die unschuldige Mitschuldige an des jungen Mannes Ruin? Schuldlos, weil sie ja nicht geahnt, daß er ihr zuliebe Bankrott gemacht, und dennoch schuldig, weil sie nicht viel entschiedener die Liebe und den Bankrott zurückgescheucht hatte.

Sie fühlte scharfe Gewissensbisse, und obgleich es ihr feststand, daß sie nicht hart und kalt genug gegen Franz gewesen sei, so fand sie ihn doch jetzt, aus der fernsten Ferne, weit besser und liebenswerter, als er ihr sonst jemals aus der Nähe vorgekommen war.

Es schien aber, als seien diese beiden Naturen bestimmt, sich nur zu nähern, um sich desto gewisser zu fliehen. Denn dem Gefangenen erging es gerade umgekehrt. Während er vordem das Mädchen von fernher so wunderschön gefunden und von fernher am glühendsten für sie geschwärmt hatte, erkannte er jetzt, aus der Fernsicht des Schuldturmes, wie toll und lächerlich er gehandelt und wie hart er zurückgestoßen worden war. Er verschloß seine Augen gewaltsam dem verlockenden Bild, das ihn bis dahin so oft in die Irre geleitet, und indes Susanne nunmehr mit wachsend erregter Phantasie aus der Ferne seiner gedachte, prüfte er aus der Ferne seinen traumhaften Liebeswahn mit immer wacherem Verstande.

Inzwischen peinigte sich des Schöffen Tochter dergestalt mit ihren Selbstanklagen und andern rätselhaften Qualen, daß sie bleich und geisterhaft aussah, als habe sie selber im Turme gesessen. Das mußte ein Ende nehmen. Und wie sie denn allezeit ein etwas heroisches Frauenzimmer war, furchtlos und gerade heraus, so sagte sie eines Tages ihrem Vater, mit dem sie am Mainufer spazierte, der junge Hertorf im Schuldturm lasse ihr keine Ruhe. Er sei gewiß zu hart bestraft worden. Sie selber aber habe sicher dazu beigetragen, daß er die härteste Strafe erwählt — und erzählte von ihrem seltsamen Briefwechsel, der den Ausschlag gegeben. Von der geheimen Ahnung, daß Franz ihr zulieb ein Bankrottierer geworden, erzählte sie freilich nichts.

Der Alte wies sie barsch zurück, er wollte gar nichts mehr hören von dem leidigen Prozeß. Auch als Susanne hinzufügte, ein Betrüger sei Hertorf doch unmöglich, sonst würde er ein freies Leben in Schande einer ewigen Haft in Ehren vorgezogen haben, machte sie keinen besonderen Eindruck. Mit so subtilen Gründen richtete man nichts aus bei dem Schöffen.

Da kreuzte zufällig ein seltsamer Aufzug den Weg. Unter großem Volkszulauf fuhr man sechs Fässer herbei, und auf einem jeden steckte ein rotes Fähnlein mit der Aufschrift: „Stummer Wein!" So hieß damals der gefälschte Wein, weil er keine Ansprache hat an Auge, Zunge und Herz. Vor den Fässern aber ging der Stöcker, des Henkers nächster Vetter, und als sie zum Fluß gekommen waren, schlug er den Fässern den Boden ein und ließ die trübe Brühe ins Wasser laufen.

Schöff Silberborn blieb nachdenklich bei dem Schauspiele stehen und sprach zu seiner Tochter: „Das ist doch ein rechter Schuft von einem Weinhändler, der die Leute mit dieser elenden Weinschmiererei hat betrügen wollen. Und wie milde straft man ihn durch das Ausgießen der Fässer, welche kaum die sechs roten Fähnlein wert sind. Solchen Betrug hat Franz Hertorf nie verübt, er hat allezeit reinen Wein geschenkt. Du sprachst von Ehre, Susanne. Sieh, ein allezeit reiner Wein, das ist die höchste Ehre eines Weinhändlers. Und mir scheint, den Milderungsgrund dieser Ehre hat man in der Tat beim Urteil des jungen Hertorf vergessen."

Durch fremde Gründe und die feinen Gedanken Susannens wollte der Schöff sich nicht bekehren lassen, aber die Gründe, die er aus sich selbst entwickelte, im Anblick eines so lehrreichen Exempels, wirkten sichtbar. Doch sprach er nichts weiter.

Er hielt es auch geheim vor seiner Tochter, daß er desselben Tages noch in den Schuldturm ging, um Franz Hertorf zu besuchen und ihm einmal kräftig auf den Zahn zu fühlen.

Der Gefangene saß vor einem Stoß Rechnungsbücher, die er für ein großes Handelshaus verglich und auszog, denn in der Buchführung war er Meister.

„Ihr habt da eine etwas trockene Unterhaltung“, bemerkte der Schöff nach dem Wechsel der ersten Grüße.

„Es ist gar keine Unterhaltung, sondern eine Arbeit, und zwar fürs Geld“, erwiderte Hertorf kurz und ohne sich stören zu lassen.

Ein langes Schweigen folgte. Endlich nahm der Schöff wiederum das Wort: „Seid Ihr zufrieden mit Eurem Arrest?“

„Nein“, entgegnete Franz, „das bin ich ganz und gar nicht. Durch ein Trugbild von Ehre habe ich mich hierher locken lassen und bereue jetzt bitter, daß ich den gelben Hut nicht vorgezogen habe.“

„O hätte doch Susanne dieses Wort gehört“, dachte der Schöff. „Sie könnte dann ihre Einbildungen von der Kavaliersehre eines Weinhändlers ein wenig aufbessern.“

Dann sprach er laut: „Und warum gefällt Euch denn der gelbe Hut jetzt besser als vordem?“

„Einen Augenblick Geduld, Herr Schöff“, murmelte der andere, „ich verliere sonst den Faden meiner Addition.“

Und nachdem er die Summe ausgezählt und eingeschrieben hatte, stand er auf und sprach: „Weil ich den gelben Hut für ehrenvoller halte. — Ihr staunt? — Ich ging allerdings her, daß ich meine Ehre rette um den Preis der Freiheit. Aber ist es nicht die größte Schande, daß ich mich hier füttern lasse, indes nicht wenige geringe Leute darben, die durch den Leichtsinn meines Bankrotts ihr Geld verloren haben? Seht, wenn ich den gelben Hut gewählt hätte, so könnte ich jetzt als freier armer Teufel in Frankfurt oder anderswo weit mehr Geld verdienen als zwischen diesen Mauern. Ich könnte in fünfzehn Jahren meine Schulden tilgen, indes ich hier, günstig gerechnet, hundert Jahre brauche, und das ist mir doch etwas zu lang und meinen Gläubigern vermutlich auch. Äußerlich gewönne ich wohl Schande bei dem gelben Hut, aber innerlich stets wachsende Ehre. Ein Gespenst der Ehre hat mich ruiniert. Allein, Ihr müßt nicht meinen, ich hätte die Ehre zu hoch gegriffen, nein, ich griff sie zu tief. Da ich nicht adelig geboren war, wollte ich wenigstens adelig leben. Ich flog über meinen Stand hinaus, aber ich flog nicht hoch genug, denn ich blieb an der Ehre Eures Standes hängen, über welche ich mich kraft der innerlichsten Ehre noch hoch hätte erheben sollen.

Um wie ein Edelmann zu leben, vertat ich Hab und Gut. Um wie ein Edelmann zu leiden, zog ich diesen Turm einer beschimpften Freiheit vor, aber der echteste Edelmann wäre ich dennoch gewesen, wenn ich zum gelben Hut gegriffen hätte, um möglichst rasch meine Schulden abzuarbeiten. Wo das Unrecht, das ich andern zugefügt, am sichersten getilgt werden kann, da ist für mich die Ehre wiederzugewinnen, nicht hier, wo ich nur dem Zeichen der Schande entflohen bin." Der Schöff hätte dem Manne nach diesen Worten die Hand drücken mögen. Allein, er tat es nicht, sondern schwieg und sann nur eine Weile und verabschiedete sich dann so trocken, wie er gekommen war.

Er tat aber etwas anderes. Er rief die Gläubiger zusammen, streckte eine stattliche Summe für Franz Hertorf vor und verbürgte sich für Ablösung und Verzinsung der Schuldenmassen in geregelten Fristen. Dann bewirkte er im Rat auf Grund dieser Verständigung und durch seine Fürsprache, die um so kräftiger durchschlug, weil sie so kurz war, daß man Gnade für Recht ergehen und den Gefangenen des Turmes wieder ledig ließ, nachdem er gerade ein Jahr darin gesessen. Er behauptete, dieser Franz Hertorf habe zwar echt adelige Schulden gemacht, sei aber jetzt zu so echt bürgerlicher Anschauung vom Schuldenzahlen gekommen, daß man dieselbe nicht hinter vier Mauern dem Gemeinwesen dürfe verlorengehen lassen.

Da sich nun aber der Schöff geschäftlich so eng verbunden hatte mit dem wieder ausgelösten Franz Hertorf, so war es kein Wunder, daß der junge Mann jetzt täglich aus- und einging im Hause des Schöffen. Doch sah er die Tochter anfangs nur selten, und beide verhielten sich kühl und verschlossen gegeneinander. Keines gestand dem andern ein Wort von früheren Empfindungen. Nur gewahrte Franz, daß Susanne in der Nähe jetzt viel liebenswürdiger geworden sei als früher, und Susanne, daß man den Franz jetzt auch aus der Ferne mit rechtem Wohlgefallen betrachten könne.

Zwei Jahre lebten sie so in wachsender Freundschaft. Da gestanden sie sich endlich doch einige Worte, die etwas über die Freundschaft hinaus zielten. Sie sagten aber dem alten Schöffen noch keine Silbe davon. Erst als Hertorf wieder selbständig festen Fuß in seinem neugegründeten Geschäft gefaßt hatte, wagte er, um die Hand der Tochter bei dem staunenden Alten zu werben.

Der Schöff kämpfte lange mit sich selbst. Da sagte Franz: „Bei der ersten Begegnung bin ich vom Pferde gefallen, zum ersten großen Liebeszeichen habe ich Bankrott gemacht, den ersten Liebesbrief schrieb ich, um zu erfahren, ob der Schuldturm dem Halseisen oder dem gelben Hute vorzuziehen sei, Susannens erste Liebe wandte sich mir zu, weil ich in ewigem Gefängnisse saß. Dann gestanden wir uns lange unsere Liebe dennoch nicht, um eine zweijährige Freundschaft, die wir vor der ersten uneingestandenen Liebe verabsäumt hatten, vor der zweiten, gestandenen Liebe nachzuholen ... "

Franz konnte nicht weiterreden. Lippold Silberborn fand auch kein Wort. Endlich fand er Tränen, und da löste sich dem harten alten Mann mit dem Herzen auch die Zunge. Er sprach: „Da du deine Liebe durch jene innerlichste Ehre gewannest, für welche selbst der gelbe Hut keine Schande mehr ist, so bist du auch der Tochter aus einem edlen Hause nicht unwert, und ich sehe nicht ein, weshalb ich die Hand meines einzigen Kindes einem so einzigen Manne versagen soll, der den Most seiner Jugend so brausend hat vergären lassen wie nur irgendein Kavalier und doch als Mensch und bürgerlicher Weinhändler allezeit reinen Wein geführt hat."

* * *

Im zweiten Bande von Lersners Frankfurter Chronik steht zu lesen:

„1666. Machte ein junger Kaufmann ein Banquerot von 10800 Rheinischen Gulden. Weilen dieses ein schelmischer Banquerot ware, denn er noch nicht zwei Jahre Hauß gehalten hatte, wurde ihm von E.E.Rath aus folgenden dreyen Straffen eine zu erwählen auferlegt: 1.) Ob er drey Freytag nach einander jedesmahl 2 Stund am Halseisen stehen wollte? 2.) Ob er Zeit seines Lebens einen gelben Hut wollte tragen. 3.) Oder ob er in ewiger Gefängnuß sein

Leben wollte zubringen? Das letzte erwählet er, wird den 26. Martii in das Pantzerloch gesetzet. 1667 wiederum erlediget worden."

Der Chronist, welcher selbst zu den Geschlechtern des Hauses Limpurg gehörte, verschweigt den Namen des Kaufmanns wie die ganze Beziehung zum Schöffen Silberborn und seiner Tochter aus naheliegenden Gründen. Und die Welt würde den inneren Zusammenhang jenes wunderlichen Urteils und der so rasch erfolgten Begnadigung wohl niemals erfahren haben, wenn der Erzähler den Chronisten nicht ergänzt und die ganze Kette der Tatsachen aus völlig verschütteten Quellen hier zum ersten Mal ans Licht gestellt hätte.

(Wilhelm Heinrich Riehl)

Der Stecknadelkönig

Hinter dem Römer lagen früher die Kerben- und die Karpfengasse, und zwischen diesen Gäßchen befanden sich zwei Häuser, die hießen „Zum Laneck“ und „Zum jungen Frosch“. Aus den zwei Häusern wurde im Jahre 1437 ein einziges, das den Namen „Laneck“ weiterführte. Im Jahre 1682 erwarben Peter Caspar Gläser von Gläsernthal und seine Frau Anna Maria Rasor das baufällig gewordene Anwesen und erbauten an seiner Stelle den „Gläsernhof“. Ihre Wappen ließen sie in den beiden Gäßchen über die Tore setzen, wo sich zuletzt das Wappen derer von Glauburg befunden hatte. Der Neubau des „Gläsernhofs“ kostete über zwanzigtausend Gulden, und das war damals eine stattliche Summe.

Wie Peter Caspar Gläser zu seinem Reichtum gekommen war, darüber wurde in Frankfurt und in Nürnberg mancherlei erzählt. Hinter seinem Rücken nannte man ihn gern den Stecknadelkönig, und mit diesem Namen hatte es eine besondere Bewandtnis. Gläser war ein gebürtiger Nürnberger und kleiner Leute Kind. Später kam er nach Frankfurt und hatte 1673 das Bürgerrecht erhalten. Er handelte mit allerlei Messinggerätschaften, mit Spielzeug und anderen Nürnberger Waren. Den Grund zu seinem Reichtum hatte er, wie er selbst zuweilen erzählte, dadurch gelegt, daß er arme Kinder ermunterte, in Kehrichthaufen und Abflußrinnen, damals „Flößer“ genannt, nach verlorengegangenen Stecknadeln, Messingstücken und anderem Metall zu suchen. Für das, was sie ihm ablieferten, zahlte er ihnen einige Heller, sammelte die Fundstücke und konnte am Ende das solcherart gewonnene Messing zentnerweise nach Nürnberg verkaufen, mit einem sehr stattlichen Gewinn. Als die Franzosen im linksrheinischen Gebiet des Reiches schrecklich hausten, da erwarb er von den Flüchtlingen für geringes Geld, was sie an Geräten aus Messing, Kupfer und anderem Metall mit auf die Flucht genommen hatten, scheute sich auch nicht, mit den raublustigen französischen Soldaten einen entsprechenden Handel zu treiben. So hatte er Geld genug, einen stattlichen Hof aufzubauen.

Noch ehe er den „Gläsernhof" bezog, hatte sich jedoch im Jahr zuvor etwas ereignet, das von den Frankfurtern staunend bemerkt wurde. Der Peter Caspar Gläser erlebte eine Wandlung, und die wurde durch ein kleines Kind bewirkt. Anna Maria Rasor war seine zweite Frau. Aus seiner ersten Ehe war ihm ein Töchterchen geblieben, das Agnes hieß und an dem er sehr hing. Als er, Frau Anna Maria und die kleine Agnes eines Tages am Mainufer spazieren gingen, geschah es, daß sie einem befreundeten Ehepaar begegneten. Während sie miteinander schwatzten, hatte Agnes sich von Frau Anna Marias Hand losgerissen und war auf einen großen Abfallhaufen geklettert, der in der Nähe aufgetürmt war. Als der Vater und die Stiefmutter sich von den Freunden verabschiedet hatten und nach der Kleinen umsahen, da stand sie triumphierend auf dem Kehrichthaufen und hielt ein kleines, in der Sonne glänzendes Ding in der Hand — eine große Messingstecknadel. Während Frau Anna Maria dem Kind die schmutzigen Hände abrieb, hielt Agnes die Nadel wie eine Kostbarkeit fest. Kaum war der schlimmste Schmutz herunter, da sah die Stiefmutter, daß die Kleine eine Verletzung davongetragen hatte. Über den einen Handrücken lief ein Riß, der geblutet hatte, durch den Schmutz aber verkrustet war.

Der Riß wurde zu Hause ausgewaschen und mit Salbe bedeckt, doch am Abend war eine Blutvergiftung eingetreten, und die kleine Agnes fieberte. Der herbeigerufene Stadtarzt machte ein ernstes Gesicht und gab ein Mittel gegen das Fieber. Als die Kleine endlich eingeschlafen war, riet Frau Anna Maria dem Gatten, sich schlafen zu legen. Sie wollte bei der kleinen Kranken wachen. In der Sorge um Agnes wurde Peter Caspar ungerecht gegen seine Frau und sagte: „Warum hast du sie auch von der Hand gelassen!"

Da antwortete sie, schroffer, als sie es eigentlich wollte: „Das sagst du mir, weil es dein Kind ist. Hast du nicht oft erzählt, daß du andere Kinder in solchen Schmutzhaufen und Flößern nach Messing suchen ließest und dann ein paar Heller für sie hattest? Wie viele mögen dabei ähnlich zu Schaden gekommen sein wie unsere Agnes! Aber daran, so dünkt mich, hast du bis auf den heutigen Tag nie gedacht!"

Er hatte sie stumm angeblickt und war in die Schlafkammer gegangen. In der Nacht aber hatte er einen seltsamen Traum. Er ging durch die Straßen der Stadt und sah in allen Kehrichthaufen und Flößern Kinder nach Stecknadeln wühlen, und immer, wenn er an ihnen vorbeikam, hoben sie anklagend ihre schmutzigen, zerschundenen oder blutenden Hände empor, und o Wunder: sie hatten alle das Gesicht seiner kleinen Agnes.

Als er am Morgen erwachte, war es ihm, als sei er durch das Fegefeuer gegangen. Als er in die Kinderkammer trat, fand er darin Frau Anna Maria mit freudigem Gesicht und eine fieberfreie kleine Agnes. Peter Caspar Gläser umarmte seine Frau, erzählte ihr von seinem Traum und sagte dann: „Ich habe es damals falsch gemacht, habe nur an mich und nicht an die Kinder gedacht. Nun will ich Gott danken, daß er uns die Agnes gelassen hat und wieder gutmachen, was ich einst verschuldete, soweit es sich tun läßt."

Die Gelegenheit, Gott so zu danken, wie es sich für einen reichen Frankfurter Handelsmann geziemte, bot sich leicht. Im Jahre 1677 hatte der Frankfurter Rat beschlossen, die Katharinenkirche, die fast ebenso baufällig geworden war wie das Haus Laneck, völlig neu zu errichten. Dieser Neubau wurde so schön, daß andere Städte, wie etwa Speyer und Worms, ihn sich zum Vorbild für eigene Bauten nahmen. Auch die Bürgerschaft wetteiferte, das Innere prächtig auszugestalten. Die Gesellschaft Frauenstein ließ die ganze Decke der neuen Kirche ausmalen. Der reiche Handelsherr Franz von Barckhaus stiftete die prunkvolle barocke Kanzel, und Peter Caspar Gläser schenkte der Kirche nun drei große, reich verzierte Messingleuchter, alle mit seinem Wappen versehen. Auf dem einen Leuchter war die heilige Katharina abgebildet, auf dem andern der Pelikan, der sich selbst die Brust öffnet, um seine Jungen zu nähren. Auf dem dritten Leuchter aber sah man einen Engel, und der trug die Züge der kleinen Agnes, die mit Gottes Hilfe dem Tod entgangen war. Am 20. Februar 1681 wurde die neue Katharinenkirche feierlich eingeweiht, und alle bewunderten die köstlichen Leuchter, die von der Decke des Kirchenschiffs herabhingen. Als man ihn nach dem Gottesdienst darauf ansprach, sagte Gläser schlicht: „Ich habe Gott nun zurückgegeben, was er mir einst durch Kinderhände bescherte."

Im folgenden Jahr wurde der neue Gläsernhof fertig, und Agnes durfte alle Kinder des Viertels um den Römer einladen. Es blieb aber nicht bei dieser einen Einladung. Immer war danach der Gläsernhof erfüllt von fröhlichem Kinderlärm, und Herr Peter Caspar und Frau Anna Maria, die bald danach einen Sohn Johann Christian zur Welt brachte, sorgten dafür, daß kein Kind übersehen wurde und keines vor den Festtagen das Haus unbeschenkt verließ.

Die Stecknadel, die seine kleine Tochter einst im Kehrichthaufen gefunden hatte, ließ Peter Caspar Gläser in eine kunstvolle Brosche einfügen, und Agnes hat diese Brosche ihr ganzes Leben lang getragen, als Mädchen, als Frau, und noch als Großmutter hat sie ihren Enkeln erzählt, was es mit dieser Brosche auf sich hatte. Was später aus der Stecknadel-Brosche geworden ist, weiß man nicht. Sie ist ebenso verschwunden wie der Gläsernhof. Was aber aus den prächtigen Messingleuchtern in der Katharinenkirche geworden ist, weiß man. Als die Kirche am 22. März 1944 von Bomben getroffen und bis auf die Grundmauern zerstört wurde, gingen auch sie zugrunde. So lebt das Andenken an den Stecknadelkönig von Frankfurt heute nur noch in den Büchern fort.

Johann Hieronymus zum Jungen entkommt zu Belgrad den Türken und wird kaiserlicher Generalfeldmarschall

Das Patriziergeschlecht zum Jungen, das 1430 aus Mainz nach Frankfurt gekommen war und drei silberne, mit Gold verzierte Jagdhörner auf rotem Grund als Wappen führte, hat vom 16. bis zum 18. Jahrhundert eine ganze Reihe tapferer Soldaten hervorgebracht, die meist im kaiserlichen Heer dienten. Unter ihnen ist Johann Hieronymus zum Jungen der bedeutendste, und er hat es bis zum Generalfeldmarschall gebracht.

Johann Hieronymus trat in ganz jungen Jahren ins Heer des Kaisers ein, und als die Türken 1683 Wien mit über hunderttausend Mann belagerten, war er schon Hauptmann. Er kämpfte weiter gegen diese bei Gran, Ofen und Baracan, und er war dabei, als Österreicher und Reichstruppen unter dem Kurfürsten Maximilian von Bayern Belgrad belagerten und am 6. September 1688 erstürmten. Er befand sich jedoch auch in dieser Festung, als die Türken sie 1690 unter dem Großwesir Mustafa Köprülü im Sturm zurückeroberten, und wie er ihnen im letzten Augenblick entkam, hat er bis an sein Lebensende gern erzählt.

Als das Signal ertönte, den Kampf gegen den überlegenen Feind abzubrechen und in die Schiffe zu gehen, die am Donau-Ufer lagen, hörte der junge Frankfurter Offizier den Trompetenruf wohl, aber er konnte ihm nicht folgen, denn er war gerade in einen Zweikampf verwickelt. Sein türkischer Gegner mochte etwa im gleichen Alter sein wie er und aus vornehmer Familie stammen, denn seinen Turban zierte eine mit funkelnden Edelsteinen besetzte Agraffe. Sie waren einander ebenbürtig, und so ging der Zweikampf hin und her. Sie hieben und stachen aufeinander ein, ohne daß einer einen entscheidenden Vorteil über den andern erringen konnte oder das Pistol zog. Im Hintergrund hatten sich zahlreiche türkische Krieger versammelt, die dem Kampf zuschauten und ihren jungen Führer durch Zurufe anfeuerten.

Johann Hieronymus zum Jungen wars wie auf dem Fechtboden zumute, und auch sein Gegner schien Gefallen an diesem Kampf zu finden, obwohl es doch ein Spiel auf Leben und Tod war.

Endlich gelang es Johann Hieronymus, eine Blöße des Gegners zu nutzen. Er hätte den Türken tödlich treffen können, aber er tat es nicht, denn der andere kam ihm fast wie ein Bruder vor. Statt dessen schlug er ihm den Säbel aus der Hand und versetzte ihm einen Hieb mit der flachen Klinge, der ihn betäubt zu Boden sinken ließ, wobei der Turban in den Sand rollte. Rasch riß er die Agraffe von der Kopfzier des Gegners und steckte sie als Andenken in die Tasche. Dann hieß es Reißaus nehmen, denn schon hatte er das ganze Rudel jener Türken hinter sich, die bisher nur Zuschauer gewesen waren. Er sprang Mauern und Wälle hinab, überwand Gräben und erreichte endlich jenen wüsten Streifen Landes zwischen der Festung und dem Donau-Ufer, der Kalimejdan genannt wurde. Doch die Verfolger waren kaum weniger flink als er, und als er ans Ufer des Stromes gelangte, hörte er den ersten von ihnen ganz nahe hinter sich keuchen. Die andern jubelten schon, denn sie meinten, den „Christenhund“ gefangen zu haben, da das letzte Schiff der Kaiserlichen schon weit draußen schwamm.

Doch Johann Hieronymus zum Jungen war unter den Frankfurter Buben, die sommertags im Main badeten und schwammen, nicht der letzte gewesen. Mit einem kühnen Sprung rettete er sich ins Donauwasser und schwamm dem Schiff zu. Die Türken lärmten und schossen hinter ihm her. Er hörte die Kugeln aufs Wasser prallen, aber keine von ihnen traf. Als er das Schiff erreichte, streckte ihm der Generalfeldzeugmeister selbst einen Schiffshaken entgegen und zog ihn an Bord.

Noch im selben Jahr kämpfte Johann Hieronymus in der Schlacht von Salankemen, und dort traf er unverhofft zum zweiten Mal auf seinen Gegner vom Wall der Festung Belgrad. Im Getümmel streifte ihn plötzlich ein Schuß über dem rechten Auge, und obwohl ihm das Blut über Auge und Gesicht rann, erkannte er den andern, der sein Pistol gerade wieder lud. Nun durfte er ihn um seines eigenen Lebens willen nicht mehr schonen. Er zielte, schoß und sah den jungen Türken niedersinken.

Das Auge blieb zum Jungen erhalten, nur die Narbe erinnerte ihn später an diese Begegnung. Er kämpfte in der Schlacht bei Zentha, wurde Oberstleutnant und Oberst, zeichnete sich im Kampf gegen die Bayern in Tirol aus und erhielt auf Empfehlung des Prinzen Eugen von Savoyen ein eigenes, steiermärkisches Regiment. 1707 wurde er zusammen mit seinem Bruder in den Reichsfreiherrenstand erhoben. Dieser, Johann Maximilian genannt, hatte in Marburg und Utrecht studiert und im Regiment Houchon Dienst getan, als sein Bruder Hauptmann in diesem Regiment war, hatte dann aber, anders als Johann Hieronymus und ihr berühmter Großvater, der „Gelehrte“, das stille Leben vorgezogen und hauste vorwiegend auf der Burg zu Niedererlenbach.

In den Kämpfen gegen Franzosen und Spanier tat sich Johann Hieronymus weiter hervor, erhielt den Oberbefehl auf Sizilien, wurde Generalfeldzeugmeister und endlich im Jahre 1723 Generalfeldmarschall. Seine Frankfurter Landsleute vernahmen es staunend und waren stolz auf ihn.

Die mit Edelsteinen besetzte Agraffe vom Turban des Belgrader Türken schenkte er 1713 Anastasia Basilissa Gräfin von Pergen, die er 1713 zu Mailand als Witwe eines Feldmarschall-Leutnants heiratete.

Die Ehe blieb kinderlos. Er zählte schon 53, seine Frau 34 Jahre. Gestorben ist der Reichsfreiherr Johann Hieronymus von und zum Jungen 1732 zu Brüssel. Beim Spaziergang in einem Park traf ihn der Schlag. Er erhielt ein schönes Grabmal in der Kirche der Barmherzigen Brüder. Ihm vorangegangen war sein Neffe, von dem er gehofft hatte, daß er das Geschlecht der zum Jungen fortsetzen würde. Hieronymus Maximilian, der als Hauptmann im Regiment zum Jungen diente, wurde in der von den Spaniern belagerten Festung Melazzo mit 23 Jahren von einer tödlichen Kugel getroffen. Der Oheim ließ ihm am Felsen unter dem Kapuzinerkloster einen Gedenkstein setzen und verbiß als tapferer Kriegsmann seinen Schmerz.

Die Gräfin von Pergen überlebte ihren Gatten und beerbte ihn. Außerdem aber hinterließ Johann Hieronymus seinen Frankfurter Verwandten die stolze Summe von 178900 Gulden.

Der Traum der Maria Sibylla Merian

Beim Erwachen fiel Maria Sibylla Merian als erstes ein, daß heute ein besonderer Tag war. Seit dem vergangenen Jahr kannte sie ihren Geburtstag, den 2. April. Der war heute, und da ihr Geburtsjahr 1647 hieß, zählte sie nun genau elf Jahre. Vor elf Jahren hatte ihre Mutter sie zur Welt gebracht. An ihren Vater, den von aller Welt gerühmten Matthäus Merian, erinnerte sie sich nur dunkel. Sie war erst drei Jahre und etliche Wochen alt, als er zu Schwalbach im Bade starb. Wenn sie an ihn zurückdachte, dann sah sie zwar ein freundliches, bärtiges Gesicht, vor allem aber erinnerte sie sich des sonnigen Junitages, an dem sie, sich an die Hand der Mutter klammernd, an seinem Begräbnis auf dem Peterskirchhof teilnahm. Damals hatte sie noch gar nicht recht gewußt, was tot sein hieß, und in den folgenden Wochen noch oft gefragt, ob denn der Vater nie mehr zurückkäme.

Die Mutter, das hatte sie später erfahren, war seine zweite Frau gewesen. Seine erste Gattin, die Maria Magdalena de Bry, war ihm 1645 gestorben. Zwei Jahre darauf hatte er dann die Mutter geheiratet. Sie war die Tochter eines Rentmeisters des Grafen von Wied in Runkel an der Lahn und hatte den Mädchennamen Johanna Katharina Heim getragen. Vor der Heirat hatte sie bei ihrem Bruder, dem niederländischen Prediger Wilhelm Christoph Heim in Hanau gewohnt. Nicht einmal fünf Jahre waren vergangen, als Matthäus Merian starb. Nach ihr, Maria Sibylla, war noch ein zweites Kind, ein Sohn auf die Welt gekommen, aber wieder gestorben.

Nach dem Tod ihres Mannes hatte Johanna Katharina Merian das Verlagsgeschäft seinen Söhnen aus erster Ehe, dem jüngeren Matthäus und dem Caspar Merian, überlassen und war eine zweite Ehe eingegangen, mit Jakob Marrel, der niederländischer Herkunft war wie ihr Vater auch. Er hatte jahrelang zu Utrecht einen Kunsthandel betrieben, war dann nach Frankfurt übergesiedelt, wo die niederländische Malerei in hohem Ansehen stand, und 1651 Bürger geworden. Da er Witwer mit drei kleinen Kindern war, bekam Maria Sibylla durch die zweite Heirat ihrer Mutter drei Stiefgeschwister.

Während in den Märchen, die Maria Sibylla liebte und sich gern von einer alten Nachbarin erzählen ließ, oft böse Stiefeltern vorkamen, hatte sie das Glück, in Jakob Marrel einen Stiefvater zu erhalten, den sie bald liebte, vor allem, weil er sie tun ließ, woran ihr kleines Herz hing: sie durfte zeichnen und malen. Er hatte nicht nur einen Bilderhandel, er malte auch selbst, vor allem Blumen und Früchte, zu denen er gern Käfer, Schmetterlinge und andere Insekten gesellte. Er hatte nichts dagegen, wenn die kleine Stieftochter sich in der Werkstatt aufhielt, gab ihr Papier, Stifte und Pinsel und freute sich über ihre Fortschritte, ja er zeigte ihr manchen kleinen Handgriff. Er war freilich oft auf Reisen, sein Kunsthandel wollte mit immer neuen Bildern gespeist werden.

Leider war die Mutter weniger begeistert von Maria Sibyllas Künsten. Sie war eine genaue, strenge Frau und meinte, daß Maria Sibylla sich lieber im Nähen, Stricken, Sticken und anderer weiblicher Handarbeit üben solle. Das stehe einer künftigen Hausfrau besser an, als unnütze Bildchen zu malen. So kam es oft zu Schelte und Streit, und schließlich konnte Maria Sibylla nur noch heimlich in einem verborgenen Winkel unterm Dach malen.

Heute jedoch, an ihrem elften Geburtstag, wollte Maria Sibylla die Mutter überraschen und ihr zeigen, daß sie trotz aller Schelte heimlich weitergelernt hatte und daß eine Künstlerin in ihr steckte, was auch Jakob Marrels Ansicht war. Denn während die Mutter drei Tage in Hanau weilte, dort ihren Bruder, den Prediger, besuchte, hatte sie wieder einmal bei ihrem Stiefvater in der Werkstatt sitzen und malen dürfen. Jakob Marrel hatte ihr einen besonders schönen Bogen Papier gegeben und erklärt: „Nun malst du den kleinen Blumenstrauß in der Vase, der dort auf dem Tisch steht. Wenn dir das Bild gelingt, dann werden wir's der Mutter zeigen, und ich werde ihr gut zureden, daß du weiter hier in der Werkstatt malen darfst. Nähen, sticken und stricken können viele Mädchen. In dir aber fließt, wie ich meine, das Blut des großen Merian, und du wirst dir später mit deiner Kunst auch etwas verdienen können."

Mit heißen Wangen hatte Maria Sibylla sich an die Arbeit gemacht. Es war ein schöner Frühlingsstrauß mit goldgelben Osterglocken, Weiden- und Haselnußkätzchen in einer rotbraunen, gebrannten Tonvase. Zuerst machte sie sich eine Vorzeichnung, so genau wie es ihr nur möglich war, und als sie diese dem Stiefvater zeigte, nickte er anerkennend und sagte: „So ist's gut, mein Kind!" Danach mußte sie sich selbst die Farben reiben, und aus dem Vorrat von Pinseln, den Jakob Marrel besaß, durfte sie sich auswählen, was ihr dienlich schien.

Dann ging sie ganz behutsam zu Werk. Erst kamen die Stengel und Zweige mit ihrem Grün und Braun. Dann malte sie die Weidenkätzchen und die hängenden Haselblüten, und sie setzte ihren ganzen Ehrgeiz darein, alles so getreu wie möglich abzubilden. Das Gelb der Osterglocken, das danach an die Reihe kam, war ein Fest für sich, und sie brauchte den ganzen zweiten Nachmittag, bis jede Blüte so war, wie sie sein mußte. Die Vase kam zum Schluß, und es gelang ihr, die Farbe des gebrannten Tons, die sie sehr liebte, genau aufs Papier zu bringen.

Als sie mit dem Ruf: „Fertig!“ den Stiefvater von der Staffelei weglockte, betrachtete er das Bild mit freudigem Gesicht und sagte in seinem breiten Niederländisch: „Ein vortreffliches Blumenstück, das ich auch nicht viel besser malen könnte, Maria Sibylla.“ Nach einer Weile des stillen Nachdenkens setzte er hinzu: „Vielleicht könntest du das Bild noch schöner machen. Warte bis morgen früh. Die Mutter kommt ja erst am späten Nachmittag aus Hanau zurück.“

Am nächsten Morgen ging er zu einem Schrank, in dem er allerlei Malgerät und Vorlagen aufbewahrte, und brachte eine Pergamentrolle mit. Als er sie aufrollte, stieß Maria Sibylla einen Ruf des Entzückens aus. Es waren darauf Schmetterlinge aller Art und in allen Stellungen, sitzend und fliegend, abgebildet, in ihren natürlichen Farben. Viele davon kannte die junge Malerin, andere aber, und gerade die farbenprächtigsten, hatte Maria Sibylla noch nie gesehen. „Wo hast du das her, und wo gibt es diese wunderbaren Sommervöglein?“ fragte sie.

Jakob Marrel lachte, als er ihre Begeisterung sah. „Diese Pergamentrolle hab' ich von David de Heen erworben, dem großen Blumen- und Früchtemaler in meiner niederländischen Heimat. Diese Sommervöglein hier oben kennst du“, fuhr er fort, auf die oberen Bildreihen deutend. „Die hier unten aber stammen aus einem Land, das wir zwei nie sehen werden. Es wird Surinam genannt und liegt in dem fremden Erdteil, der auf den Kartenblättern Südamerika heißt. Vor fünfzig oder sechzig Jahren haben sich dort Niederländer festgesetzt und später eine besondere Handelsgesellschaft begründet, mit Schiffen, die zwischen Rotterdam und jenem Surinam hin und her fahren, einmal mit unseren heimischen Waren und dann mit den Erzeugnissen jenes fernen Landes beladen. Es ist sehr heiß dort. Man baut da Zuckerrohr und Kakao an. Auch der Kaffeestrauch, der den schwarzen, bitteren Trank liefert, gedeiht dort. Weiter liefert der Urwald viele vertvolle Hölzer. Die Leute, die ursprünglich dort wohnten und heute noch im Landesinneren wohnen, haben eine rötliche Hautfarbe und werden Indianer genannt. Es gibt aber auch ganz dunkelhäutige Menschen mit schwarzem Kraushaar. Das sind Neger, die man in Afrika gefangen hat und die als Sklaven auf den Plantagen, den Pflanzungen der Weißen, arbeiten müssen."

„Dieses Land und diese Sommervöglein möchte ich einmal sehen", sagte Maria Sibylla.

„Wie sollte das geschehen", lachte Jakob Marrel. „Aber wie wär's, wenn du eines unserer heimischen Sommervöglein da auf einen Weiden- oder Haselzweig setztest? Traust du dir das zu?"

„Ich will's versuchen", antwortete Maria Sibylla, „und zwar mit diesem hier." Sie deutete auf das prächtige Pfauenauge.

„Oho", lachte Jakob Marrel, „gleich ans schwierigste Stück willst du dich wagen!"

Maria Sibylla begann mit dem Vorzeichnen, nachdem ihr Stiefvater die Pergamentrolle auf einem Brett befestigt hatte. Danach trug sie mit einem ganz zarten Pinsel die Farben auf. Dabei schweifte ihr Blick immer wieder vom Pfauenauge, dessen Abbild sie so auf ihr Blatt übertrug, daß es auf einen anmutig gebogenen Haselzweig zu sitzen kam, hinab zu den fremden Sommervöglein mit ihren herrlichen Farben.

Es dauerte lange, bis sie mit diesem Schmetterling zu Ende war, und ganz war sie nicht mit ihrem Werk zufrieden, aber sie hatte getan, was sie konnte.

Jakob Marrel spendete ihr Lob, ja er nannte das Bild ihr Gesellenstück. Dann kramte er wieder in seinem Werkstattschrank, griff einen schmalen, vergoldeten Rahmen heraus, und siehe da: der paßte. „Den Rahmen sollst du behalten und das Bild auch", sagte er. „Später einmal, wenn du größer bist und noch mehr gelernt hast, mag das Bildchen dich an deine Anfänge erinnern. Anfangen müssen wir ja alle und uns dann immer neu üben, denn es ist noch kein Meister vom Himmel gefallen."

Am Nachmittag kam die Mutter mit der Postkutsche aus Hanau zurück, und nachdem sie genug von der anderen Stadt und vom Bruder erzählt hatte, gab Jakob Marrel Maria Sibylla einen Wink. Sie lief, ihr Bild aus der Werkstatt zu holen, und hielt es der Mutter hin. Die fragte: „Wer hat das gemacht? Du etwa?"

Maria Sibylla nickte. Ehe die Mutter weiterreden konnte, sagte Jakob Marrel: „Ja, Johanna Katharina, sie hat es gemacht und zwar ganz allein. Nur für das Pfauenauge hat sie die Vorlage von David de Heen benutzt. Die habe ich, wie du weißt, von ihm erworben, als ich den jungen Abraham Mignon zu ihm brachte. Nun hat er mir geschrieben, daß er mir den Abraham wieder hierher nach Frankfurt schicken will. Er sei ja nun achtzehn Jahre alt und so tüchtig in seinem Fach, daß er ihn nichts mehr lehren könne."

„Und willst du ihn wieder in deine Werkstatt nehmen?" fragte Frau Johanna Katharina.

„Eine Zeitlang recht gern. Er kann mir viel helfen, und außerdem möchte ich, daß er unserer Maria Sibylla hier alles beibringt, was er bei David de Heen gelernt hat. Du siehst ja nun, daß in deiner Tochter das Künstlerblut ihres Vaters steckt, daß sie malen muß. Es ist bei ihr dasselbe wie beim Abraham, als ich ihn mit sieben Jahren zu uns ins Haus nahm, nachdem sein Vater, der Kaufmann Mignon, so kläglich geendet hatte."

Was würde die Mutter darauf antworten, würde es einen Zornesausbruch geben? Maria Sibylla schaute zu Boden und wartete. Doch die Mutter entgegnete ganz ruhig: „Nun wohl, so soll es sein. Ich habe es gut gemeint. Doch ist mir gerade heute in der Kutsche eingefallen, daß die Maria Sibylla ja heute Geburtstag hat und daß ich, als ich sie unter dem Herzen trug, selbst mit Leidenschaft Pflanzen, Steine, Schmetterlinge und anderes aus dem Naturreich gesammelt habe. Möge sie sich also nach deinem und ihrem Willen zur Malerin ausbilden. Der Abraham wird ihr gewiß ein guter Lehrer sein."

Wer konnte glücklicher sein als Maria Sibylla. Sie küßte die Mutter und den Stiefvater und hing alsbald ihr Bild, das „Gesellenstück", über ihrem Bett so an der Wand auf, daß sie es beim Einschlafen und Aufwachen als erstes sehen konnte.

Zum Abendbrot schenkte ihr Jakob Marrel, weil sie ja Geburtstag hatte, einen ganzen Becher Wein ein, und sie tranken mit ihr auf die Zukunft und auf die Kunst. Statt von dem ungewohnten Getränk müde zu werden, wurde es Maria Sibylla so leicht und froh

ums Herz, daß sie meinte, fliegen zu können wie die Sommervöglein.

Als sie in ihrem Bett lag, erschien ihr dieser Tag als der glücklichste ihres Lebens. Sie sollte malen und bei Abraham Mignon lernen dürfen! Als sie endlich einschlief, hatte sie in der Nacht einen wunderbaren Traum.

Sie befand sich auf einer Waldlichtung, wie es deren mehrere draußen im Stadtwald und in der Dreieich gab, doch alles war ganz anders. Die Sonne schien heiß vom Himmel herab. Das Grün des Grases war viel kräftiger und leuchtender als dort. In einiger Entfernung erkannte sie hölzerne Häuser und jenseits der Wiese Felder, auf denen fremdartige Büsche wuchsen. Dazwischen sah sie dunkelhäutige Menschen, die Hacken schwangen und in einer fremden Sprache schwermütige Lieder sangen.

Der Weg führte weiter und mitten in einen Wald hinein, wie sie noch keinen gesehen hatte, mit mächtigen Baumriesen. Von den Bäumen herab hingen grüne Girlanden, Schlinggewächse mit seltsamen Blüten. Kleine, zierliche Vögel schwirrten wie fliegende Edelsteine von Blüte zu Blüte. Affen schaukelten in den Bäumen, schwangen sich von Ast zu Ast. Weiter drinnen im Wald hörte man die Stimmen unbekannter Tiere. Das Schönste aber waren die Sommervöglein, jene von der Pergamentrolle des David de Heen, nur waren sie noch viel zahlreicher und schöner, weil sie lebten. Sie gaukelten vor ihr her, und sie folgte ihnen, empfand keine Furcht, auch als sie plötzlich fast nackten rothäutigen Menschen begegnete, die sie durch Zeichen einluden, weiterzugehen, bis hin zu einer neuen Lichtung, die durch einen dahinströmenden Fluß begrenzt wurde. Dort standen kleine hölzerne Hütten, brannte ein Feuer, und plötzlich trat ein uralter Mann vor sie hin, der mit weit ausholender Gebärde auf alles wies, auf die Lichtung, den großen Wald, die Sonne, die Vögel und Schmetterlinge, als ob er sagen wollte: „Dies alles gehört nun dir!“

Als Maria Sibylla erwachte, stand der Traum wie ein gemaltes Bild vor ihren Augen, und sie wußte, wo sie gewesen war: in jenem fernen Surinam, von dem Jakob Marrel erzählt hatte. Sie beschloß, niemandem von diesem Traum etwas zu erzählen. Vielleicht, daß er sich dann erfüllen würde! Sie dachte oft an ihn, wenn sie das Bild über ihrem Bett ansah, und zuweilen war es ihr dann, als ob das Pfauenauge sich in eines der Sommervöglein aus ihrem Traum verwandele. Um mehr über das Leben der Schmetterlinge zu erfahren, begann sie eine Seidenraupenzucht, die ihr viel Mühe machte, aber auch viel Freude schenkte, weil sie nun erfuhr, welch wunderbare Verwandlungen nötig waren, bis ein Schmetterling seine Flügel entfaltete.

Nach wenigen Wochen traf Abraham Mignon in Frankfurt ein. Er begann neu in Jakob Marrels Werkstatt und wurde für Maria Sibylla kein strenger Lehrmeister, sondern ein älterer Bruder, der ihr, die lernen, nur lernen wollte, alles zeigte und erklärte, was er bei David de Heen gelernt hatte und nun selbst meisterlich beherrschte. Mit Staunen sah sie, wie er Blumen, Früchte, totes Getier und anderes scheinbar mühelos auf die Leinwand brachte, wie er Kränze von Blumen und Früchten malte, die das Auge entzückten. Manches Mal war sie in Versuchung, ihm von ihrem Traum zu erzählen, doch sie tat es nicht, denn als sie einmal das Wort Traum aussprach, legte er den Finger auf den Mund und sagte: „Träume sind das Kostbarste, das uns Künstlern geschenkt wird. Man darf sie nicht erzählen, muß sie still im Herzen hüten, auf daß sie sich eines Tages vielleicht erfüllen.“

Als Abraham Mignon später nach Wetzlar zu seiner verwitweten Mutter zog, die ihn brauchte, da hatte er Maria Sibylla alles gelehrt, was er zu lehren vermochte. Vielleicht, so dachte sie später oft, wäre er der richtige Mann für sie gewesen. Doch es sollte nicht sein. Als er wieder zurück nach Frankfurt kam, freite er eine andere, und sie heiratete im gleichen Jahr, als sie knapp achtzehn Lenze zählte, den Nürnberger Johann Andreas Graff. Der war zehn Jahre älter als sie, hatte früher fünf Jahre bei ihrem Stiefvater gelernt und war danach zu einer großen Wanderschaft aufgebrochen, hatte Venedig und Rom gesehen und viele Kirchen, Paläste und andere Denkmäler gezeichnet.

Maria Sibylla brachte zwei Töchter zur Welt. Die erste Tochter, Johanna Helene, wurde noch in Frankfurt geboren, die zweite, Maria Dorothea Henrica, zu Nürnberg, in der Heimatstadt ihres Vaters. 1684 zog die Familie nach Frankfurt zurück. Doch bald darauf trennte sich Maria Sibylla von ihrem Mann, nahm wieder den Namen Merian an und reiste mit ihren beiden Töchtern und ihrer Mutter, die drei Jahre zuvor ihren Gatten, den Jakob Marrel, an den Tod verloren hatte, ins niederländische Westfriesland. Dort führte ihr Bruder Caspar Merian sie in eine fromme reformierte Sekte ein, die auf dem Schlosse Thedinga ein gemeinsames Leben führte.

Und dort erwachte ihr Kindertraum zu neuem Leben: der Besitzer des Schlosses hatte aus Surinam eine Sammlung tropischer Insekten nach Hause gesandt. Die bunten Sommervöglein riefen wieder nach ihr, und sie riefen nicht vergebens. In ihrem dreiundfünfzigsten Lebensjahr trat Maria Sibylla, von ihrer älteren Tochter begleitet, die große Reise übers Meer an. Sie dauerte von Amsterdam aus, wo sie nach dem Zerfall der Sektengemeinschaft gewohnt hatte, über zwei Monate. Dann sah sie vom Segelschiff aus die Küste des Märchen- und Traumlandes Surinam. Von der Hauptstadt Paramaribo aus fuhren sie vier Tage lang einen Fluß hinauf bis zu einer Pflanzung, wo man sie freundlich aufnahm.

Eine sehr fremde und doch heimlich vertraute Welt öffnete sich vor Maria Sibylla. Ihr Traum war Wirklichkeit geworden. „Weißt du“, sagte sie am ersten Abend auf der Pflanzung zu ihrer Tochter,

„daß ich schon einmal hier war?" Und dann erzählte sie der Staunenden, wie alles sich zugetragen hatte, vom Osterglockenstrauß mit dem Pfauenauge bis zur Pergamentrolle des David de Heen und zu dem Ausspruch des Abraham Mignon über die Träume. „Nun hat sich mein Traum erfüllt", schloß sie. „Ich weiß nun, daß Träume keine Schäume sind, wie viele sagen. Man muß nur ganz fest an sie glauben und warten, bis der heimliche Ruf ergeht."

Fast zwei Jahre blieben Mutter und Tochter in Surinam, unermüdlich zeichnend und sammelnd. „Du wirst sehen, daß aus alldem ein herrliches Werk entstehen wird, Johanna Helene", sagte Maria Sibylla an einem anderen Abend. „Es soll noch weit schöner und reicher werden als das 'Neue Blumenbuch', das ich zu Nürnberg gemacht habe, und als 'Der Raupen wunderbare Verwandlung und sonderbare Blumennahrung', die mir soviel Anerkennung eingebracht hat und der ich wohl auch den Zuschuß zu unseren Reisekosten verdanke, den die niederländischen Generalstaaten geleistet haben."

Gern wäre Maria Sibylla Merian noch länger in ihrem Traumland geblieben, aber Fieber und Herzschwäche zwangen sie zur Heimreise. Im Herbst 1701 trafen Mutter und Tochter wieder in Amsterdam ein, und vier Jahre später erschien Maria Sibyllas großes Werk über die Insekten Surinams. Darin waren alle Geschöpfe in ihrer natürlichen Größe abgebildet, und die schönen Kupferstiche wurden nach ihren Vorlagen in Farbe angelegt. Einige Bände hat sie auch selbst ausgemalt.

Der Traum der Elfjährigen, dem sie ihr ganzes Leben hindurch treu geblieben war, verschaffte der alt gewordenen Frau Ruhm und Ehre, auch in der gelehrten Welt. Ihre Tochter wurde die Gattin des Kaufmanns Herold, der mit Surinam Handel trieb, und mit ihm reiste Johanna Helene noch einmal hinüber, um noch Fehlendes und Neues zu sammeln. Doch kam Maria Sibylla nicht mehr dazu, den Nachtrag zu ihrem großen Werk zu schaffen. Sie kränkelte und starb im Januar 1717. Wir wissen nicht, ob auch ihr letzter Traum dem verborgenen Paradies Surinam galt, doch wir können es vermuten.

Ihre Bücher aber sind nicht vergessen. Sie sind heute, selbst in einzelnen Blättern, hoch bezahlte Kostbarkeiten geworden.

AUS DEM 18. UND 19. JAHRHUNDERT

Wie drei alte Jungfern den Parrthorn bohnen mußten

Wenn in Frankfurt stolze junge Mädchen viele Bewerber abweisen, also immer neue Körbe austeilen, dann sagt man zu ihnen: „Du wirst noch einmal als alte Jungfer den Parrthorn bohnen müssen."

Der Parrthorn, das ist der Pfarrturm, der Frankfurter Domturm, und bohnen bedeutet soviel wie bohnern, also reinigen, putzen und dann den Boden mit Wachs einreiben und zum Glänzen bringen. Das mußte jedesmal oben, in der großen Stube unter der runden Haube des Pfarrturms, getan werden, wenn eine Hochzeit gefeiert werden sollte. Das geschah in den alten Zeiten oft, wenn ein angesehenes Paar aus den Geschlechtern oder der Bürgerschaft sich vermählte. Wie aber die Redensart von der alten Jungfer entstand, das wird so erzählt: In einem Haus am Hühnermarkt lebte einstmals der Goldschmied und Ratsherr Hans Peter Ammerich. Dem schenkte seine Frau nacheinander drei Töchter, und die nannten sie Annetrinchen, Annegrittchen und Annemariechen. Als die drei noch Kinder waren, wurden sie von allen gern gesehen, wenn sie auf dem Hühnermarkt spielten. Mit Vorliebe tummelten sie sich rings um den großen Ziehbrunnen, der sich dazumal auf dem Platz befand und den umliegenden Häusern das notwendige Wasser lieferte. Er war von einem zierlichen eisernen Gitterwerk umgeben und wurde den ganzen Tag über fleißig von Hausfrauen und Mägden besucht, die dort mit Eimern und Zubern das nützliche Naß aus der Tiefe des Brunnens herauszogen.

Später freilich, als die drei Ammerich-Töchter groß geworden und ins Heiratsalter gekommen waren, wurden sie stolz und hoffärtig, und mancher junge Handwerkersohn, der sich um sie bemühte, wurde von ihnen ausgelacht und fortgeschickt. Besonders gern hielten sie sich auch da wieder am Brunnen auf, um Körbe auszuteilen, wie sie spöttisch sagten. Das machte oft böses Blut unter den Haustöchtern und jungen Mägden, die ja auch gesehen und umworben werden wollten.

Nun war unter den Gesellen in der Werkstatt des Goldschmieds Hans Peter Ammerich einer, der hieß Florian Sturmfels, war der Sohn einer Goldschmiedswitwe und ein Frankfurter Kind mit rotblonden Haaren, die ja gut zu einem Goldschmied passen. Der hätte nicht übel Lust gehabt, eine von den drei Töchtern seines Meisters später zu nehmen, und er dachte: „Ehe du nach deinen vier Lehrjahren auf die Wanderschaft gehst, fragst du erst einmal, ob du Aussichten hast, ob dich eine von den dreien mag. Er sprach vertraulich mit dem Meister, und der hörte ihn wohlwollend an, meinte dann aber: „Mir wäre das schon recht, Florian, aber du weißt ja, wie die drei sind. Sie haben Grillen im Kopf und wollen zu meinem Leidwesen hoch hinaus. Es geht die Rede, daß sie draußen am Brunnen schon eine ganze Fuhre voll Körbe ausgeteilt haben sollen. Am besten wird's sein, du fragst sie gleich selbst. Komm mit, eben sitzen sie alle drei drinnen in der Stube, und du kannst deine Frage keck anbringen." Das tat der Florian denn auch — aber was für Antworten empfing er da!

„Ich — den Florian heiraten?" rief das Annetrinchen, die älteste. „Nie und nimmer. Da wüßt' ich mir schon etwas Besseres."

„Was hast du dir da ausgedacht, Florian", sagte das Annegrittchen, die zweite. „Mich bekommst du nicht, denn deine Haare sind mir viel zu rot."

„Und ich", fiel das Annemariechen, die jüngste, ein, „ich denk' noch gar nicht im Ernst ans Heiraten, und wenn ich einmal einen Mann nehme, dann wird's bestimmt kein Goldschmied sein, und wenn einer noch so geschickte Finger hätte."

„So, da hast du gleich drei Körbe auf einmal, Florian", knurrte der Meister und schüttelte den Kopf über soviel Unverstand. Auch daß er danach, als der Florian draußen war, seinen drei Töchtern kräftig ins Gewissen redete, half nichts.

Der Florian jedoch wußte nun Bescheid. Nachdem er sein Gesellenstück gemacht hatte, schnürte er sein Bündel, nahm Abschied von der Mutter, dem Meister und der Meisterin, rief den drei Stolzen lachend zu: „Will sehen, wieviel schönere Mädchen es auf der Welt gibt als euch!" und wanderte zum Bockenheimer Tor hinaus. Statt der verlangten zwei Wanderjahre blieb er fünf Jahre in der Fremde. Als er die Sachsenhäuser Warte wiedersah und über die Brücke schritt, hatte er so ziemlich das ganze Heilige Römische Reich gesehen, hatte bei vielen Meistern gearbeitet und war ein Könner in seinem Handwerk geworden. Nun wollte er daheim, in seiner Mutter Haus, das nicht weit vom Hühnermarkt lag, des toten Vaters Werkstatt wieder eröffnen. Alles, was ein Goldschmiedemeister brauchte, war noch darin vorhanden, und sein Meisterstück konnte er wohl bei seinem alten Meister, dem Hans Peter Ammerich, fertigen.

Der Meister empfing ihn herzlich, und bald waren sie sich einig. Auch als Fürsprecher bei der Zunft wollte der Meister sich verwenden. Das Annetrinchen, das Annegrittchen und das Annemariechen hießen ihn ebenfalls mit großer Freundlichkeit willkommen, und die Meisterin kredenzte ihm sogar gleich einen Becher Wein.

„Sieh da", dachte er still bei sich, „die drei sind also immer noch nicht unter die Haube gekommen, und jünger sind sie in den fünf Jahren, die ich weg gewesen bin, auch nicht gerade geworden. Wenn ich Bäcker wäre, würde ich sagen, daß sie schon ein wenig altbacken aussehen, und der Meister wäre wohl froh, wenn er sie billig weggeben könnte."

Und richtig: Als sie abends in der Zunftstube zusammensaßen, machte der Meister ihm das erwartete Angebot, meinte, daß nun wohl keine von den dreien mehr nein sagen würde. Doch Florian sagte: „Verübelt mir's nicht, Meister, aber wenn man so abgefahren ist wie ich damals, fragt man nicht zum zweiten Mal. Da hätte ich auch in Prag bleiben und eine bildschöne Meisterstochter heiraten können, aber unser Main war mir dann doch lieber als die Moldau."

„Das kann ich verstehen, Florian", antwortete der Meister. „Es ist schon ein Kreuz mit den drei Mädchen. Sie werden wohl als alte Jungfern sterben, wenn nicht noch ein Wunder geschieht. Wären wir nicht lutherisch, könnt' ich sie wenigstens im Kloster einkaufen. So kommt's, wenn das Frauensvolk die Nase gar so hoch trägt. Hätten sie auf ihre Mutter und mich gehört, so wären sie schon längst aus dem Hause. Nun müssen sie sehen, wie sie sich nach meinem Tod weiterhelfen."

Danach mußte der Florian von seiner langen Wanderschaft erzählen, und am nächsten Morgen stellte er sich in der vertrauten Werkstatt ein, um unter den Augen des Meisters sein Meisterstück zu beginnen, wie das von der Zunft vorgeschrieben war. Er hatte „einen wohlgemachten Gürtelknopf zu verfertigen", wobei er alle Punzen, klein und groß, mit eigener Hand herstellen mußte — eine Arbeit, die ein scharfes Auge und vor allem geschickte Finger verlangte.

Als er nach Feierabend über den Hühnermarkt ging, geschah es, daß er der Ursula Greiff begegnete, der Tochter des Ratsherrn und Kaufherrn Valentin Greiff, mit dem sein Vater befreundet gewesen war. Als er auf die Wanderschaft ging, war die Ursel noch ein Kind gewesen. Nun aber traf er in ihr eine schöne Jungfrau wieder. Sie begrüßten sich, plauderten miteinander, und als sie sich trennten, da war's auf beiden Seiten eine Liebe auf den ersten Blick.

Schon am nächsten Tag machte der Florian einen Besuch im Hause des Valentin Greiff, das auf der andern Seite des Hühnermarkts lag, dem Anwesen des Hans Peter Ammerich gegenüber. Er wurde gut aufgenommen und zum Wiederkommen aufgefordert. Es dauerte kaum ein paar Wochen, da war er schon mit der schönen Ursel versprochen. Heiraten wollten sie, wenn der Florian die väterliche Werkstatt wieder eröffnet hatte. Da Valentin Greiff ein wohlhabender Mann und die Ursel seine einzige Tochter war, so bestimmte er, daß die Hochzeit hoch droben, auf dem Pfarrturm gefeiert werden sollte.

Die drei Ammerich-Jungfern ahnten von diesem heimlichen Verlöbnis nichts. Jeden Tag kamen sie, meist nacheinander, in die Werkstatt, erkundigten sich, ob Florians Meisterstück Fortschritte machte, und zeigten sich von ihrer besten und freundlichsten Seite.

Eines Abends jedoch beobachtete das Annetrinchen den Florian in vertrautem Gespräch mit der Ursel Greiff und sah schließlich, wie das Paar vor der Greiffschen Haustür mit einem Kuß Abschied nahm.

Nun wußte das Annetrinchen, was in der Stille geschehen war. Wutschnaubend eilte die Jungfer in die Kammer zu ihren beiden Schwestern und berichtete, was sie gesehen hatte. „Sie hat uns den Florian weggenommen, diese Falsche!“ schnaubte sie.

„Und wir waren schon so sicher, daß wenigstens eine von uns noch unter die Haube kommen würde“, entrüstete sich das Annegrittchen.

„Ja, und das wäre wohl ich gewesen“, maulte das Annemariechen. „Ihr hättet bei mir im Hause bleiben können und wäret gut aufgehoben gewesen.“

„Wir können es nun kaum noch ändern“, meinte das Annetrinchen. „Die Ursel ist eben jünger als wir. Aber eine Strafe muß sie mindestens dafür haben, daß sie uns den Florian weggeschnappt hat.“

„Aber was sollen wir tun?“ fragten die beiden andern.

Schließlich rückte das Annegrittchen mit einem Plan heraus: Sie wollten aufpassen, wenn die Ursel Greiff in der Abenddämmerung noch einmal zum Ziehbrunnen ging. Das geschah öfter, weil die Hausmagd der Greiffs schon alt war und die Gicht hatte. Dann wollten sie den Vogel fangen. Zwei von ihnen konnten die Ein- und Ausgänge des Brunnengitters versperren, und die dritte konnte die Ursel erschrecken und so tun, als ob sie diese in den Brunnen stürzen wolle.

Das Annetrinchen spann den Plan noch weiter aus. Sie wollten sich in schwarze Gewänder hüllen und Teufelsmasken mit Hörnchen auf dem Kopf vor's Gesicht binden. Das würde die falsche Ursel noch mehr erschrecken. Das fand den Beifall der beiden Schwestern.

Alles wurde vorbereitet, und eines Abends, als der Hühnermarkt still und leer war und schon tief im Schatten lag, kam die erwartete Gelegenheit. Die Ursel Greiff ging mit einem Eimer zum Brunnen. Die drei Ammerich-Jungfern, die am Fenster auf der Lauer gelegen hatten, zogen eilig ihre schwarzen Kittel über, stülpten sich die Teufelsmasken übers Gesicht und schlichen zum Brunnen.

Das Annetrinchen und das Annegrittchen besetzten die beiden Ein- und Ausgänge des Gitters. Das Annemariechen hingegen, dessen Rachegelüste am stärksten waren, weil es ja den Florian hätte bekommen sollen, näherte sich von hinten der ahnungslosen Ursel, die gerade den vollen Eimer hochgezogen hatte, und sprang sie an, wie eine Katze fauchend. Der Ursel verschlug es vor Schreck den Atem. Sie konnte nicht schreien, ihre Kehle war zu. Sie ließ den gefüllten Eimer stehen und wollte entfliehen, doch vor den beiden Ausgängen standen zwei andere Teufel und zischten sie an. In ihrer Verzweiflung hastete sie nun immer rund um den Brunnen, vom Teufel Annemariechen verfolgt.

Wer weiß, vielleicht wäre die Ursula Greiff in ihrer Not am Ende wirklich in den Brunnen gesprungen, gerade als aus dem „Spiel" bitterer Ernst zu werden drohte, indem alle drei Teufel nun die Ursel umringten und auf sie eindrangen. Doch gerade im rechten Augenblick kam der Florian Sturmfels, der auf dem Weg zum Haus seiner Liebsten war. Er sah das Getümmel hinter dem Gitter und erriet, was da vorging. Mit seinen kräftigen Armen warf er die drei Ammerich-Teufel zur Seite und hob die halb ohnmächtige Ursel auf, deren Brust sich nun endlich ein befreiender Schrei entrang.

Dieser Schrei weckte den ganzen Hühnermarkt auf. Aus allen Häusern kamen die Leute gelaufen, darunter auch die beiden Ratsherren, der Kaufherr Valentin Greiff und der Goldschmied Hans Peter Ammerich. Beim Laternenschein sah man den Florian Sturmfels, der noch immer die Ursel im Arm hielt und beruhigend auf sie einsprach, und die drei Teufel, die nun wie verscheuchte Hühner eng zusammengedrängt dastanden. Es fiel nicht schwer, zu erraten, was innerhalb des Brunnengitters vorgegangen war.

Schon wurden Stimmen laut, daß die drei Teufel, in denen man unschwer die Ammerich-Jungfern erkannte, die Ursel in den Brunnen hätten werfen wollen, und man rief nach der Scharwache. Doch da griffen die beiden Ratsherren ein und erklärten, daß man aus dummen Jungfernstreichen keine Staatsaktion machen solle. Der

Goldschmied Ammerich trieb seine drei eingeschüchterten Teufel mit hängenden Köpfen nach Hause. Der Kaufherr und das Liebespaar gingen zum Greiffschen Hause hinüber, und allmählich wurde der Hühnermarkt wieder still und leer.

Es sollte aber dennoch eine Staatsaktion geben, denn im Römer hatte man von der „Teufelei" der drei Ammerich-Jungfern erfahren und beschlossen, daß sie zumindest einen Denkzettel erhalten müßten, denn die Sache hätte ja schlimm ausgehen können. So wurden die drei Jungfern einige Tage später ins Rathaus bestellt. Dort standen sie mit gesenkten Köpfen vor dem älteren Bürgermeister, der ihnen eine gesalzene Strafrede hielt. Darin hieß es zum Beschluß: „Zuerst, ihr drei Jungfern, habt ihr den Florian Sturmfels nicht haben wollen, er war euch nicht gut genug. Nun, da keiner mehr um eine von euch wirbt, wolltet ihr ihn haben und euch an seiner Braut, der Ursula Greiff, für eure eigene Torheit rächen. Denkt, wie leicht hätte es geschehen können, daß die Ursel um ihren Verstand gekommen oder in den Brunnen gesprungen wäre. Eigentlich müßten wir euch daher erst einmal in den Turm setzen und dann vor Gericht stellen. Das wird auch geschehen, wenn ihr euch weigert, die euch zugedachte Strafe anzunehmen. Der Florian Sturmfels wird sein Meisterstück in wenigen Tagen vollendet haben, und dann werden er und die Ursula Greiff, die sich zum Glück rasch erholt hat, heiraten, und die Hochzeit soll nach dem Willen des Ratsherrn Valentin Greiff droben im Pfarrturm gefeiert werden. Daher ist es unser Wille, daß ihr vor der Hochzeitsfeier die Treppenstufen, die hinaufführen, sauber putzt und die große Stube droben so gründlich bohnt, daß man sich im Holzwerk spiegeln kann. Und diesen Dienst sollt ihr drei Jahre lang jedem Hochzeitspaar, das auf dem Turm feiern will, erweisen. Außerdem aber sollt ihr der Ursula Greiff vor der Hochzeit am Hühnermarkt-Brunnen, dem Schauplatz eurer Missetat, Abbitte leisten. — Wollt ihr das alles tun oder soll euch der Büttel gleich in den Turm bringen?"

Das Annetrinchen, das Annegrittchen und das Annemariechen sahen einander an und sprachen wie aus einem Mund: „Ja, das wollen wir tun", denn das Putzen und Bohnen war ja immer noch besser

als die Schande, im Turm zu sitzen und dann vor Gericht zu treten.

So geschah es denn auch, und als die drei Jahre herum waren, in denen sie für manches Hochzeitspaar den Parrthorn gebohnt hatten, war ihr Vater, der Goldschmied Hans Peter Ammerich, an einer Krankheit gestorben und hatte der Mutter und ihnen nicht sehr viel hinterlassen, weil viele Kunden zum Florian Sturmfels abgewandert waren. So beschlossen sie, den ihnen auferlegten Dienst fortan freiwillig und gegen eine bescheidene Entlohnung fortzusetzen. Das taten sie, bis ihnen, nachdem sie ganz alte Jungfern geworden waren, der Rücken und die Knie den Dienst aufsagten. Jeder in der Stadt kannte sie, und schon vor ihrem Tod wurden sie allen allzu spröden Mädchen als abschreckendes Beispiel vor die Augen gerückt.

Ein kleines Heftchen, das im Jahre 1801 gedruckt wurde, zeigt auf dem Titelblatt den Pfarrturm mit angelehnter Leiter und auf ihr drei alte Jungfern, die den Turm sogar von außen blank putzen, von zwei Stadtsoldaten bewacht. Einer der Soldaten hält eine vierte Jungfer, die davonlaufen will, an der Schulter fest. Darunter steht: „Die muß auch noch den Pfarrthurm bohnen. Altes Sprichwort." Und in den beigefügten Reimen heißt es:

Den Pfarrthurm bohnen heißt im Grund:
Wenn stolze Mädchen hier auf Erden
am Ende alte Jungfern werden,
weil keine sich zum Ja verstund.

Die Geschichte des Schneiderleins aus Sachsenhausen

Es begab sich, daß ein zartes frommes Schneiderlein zu Sachsenhausen an einem Sonntage gar schön geputzt mit seiner Frau Liebsten aus der Kirche kam. Die Luft war rauh, das Schneiderlein hatte zu Nacht nichts genossen als ein halbes weichgesottenes Ei und eine Pfeffergurke, morgens aber ein kleines Schälchen Kaffee. Wollte ihm daher flau und erbärmlich zumute werden, weil er überdem in der Kirche gar heftig gesungen, und ihn nach einem Magenschnäpschen gelüstete. War die Woche über fleißig gewesen und auch artig gegen die Frau Liebste, der er von den Stücken Zeug, die beim Zuschneiden unter die Bank gefallen, einen propren Unterrock gefertigt. Frau Liebste bewilligte also freundlich, daß das Schneiderlein in die Apotheke treten und ein erwärmendes Schnäpschen genießen möge.

Trat auch wirklich in die Apotheke und forderte dergleichen. Der ungeschickte Lehrbursche, der allein in der Apotheke zurückgeblieben, da der Rezeptarius, das Subjekt, kurz alle übrigen klügeren Leute fortgegangen, vergriff sich und holte eine verschlossene Flasche vom Repositorio herab, in der kein Magenelixier befindlich, wohl aber brennbare Luft, womit die Luftbälle gefüllt werden. Davon schenkte der Lehrbursche ein Gläschen voll. Das setzte das Schneiderlein an den Mund und schlürfte die Luft begierig hinunter, als ein angenehmes Labsal. Wurde ihm aber alsbald gar possierlich zumute, war ihm, als hätte er ein Paar Flügel an den Achseln oder als spiele jemand mit ihm Fangball. Denn ellenhoch und immer höher mußte er in der Apotheke aufsteigen und niedersinken. „Ei jemine, jemine", rief er, „wie bin ich doch solch ein flinker Tänzer geworden!" Aber dem Lehrburschen stand das Maul offen vor lauter Verwunderung. Geschah nun, daß jemand die Türe rasch aufriß, so daß das Fenster gegenüber aufsprang. Strömte alsbald ein starker Luftzug durch die Apotheke, erfaßte das Schneiderlein, und schnell wie der Wind war es fort durch das offene Fenster in die Lüfte. Niemand hat es wieder gesehen.

Begab sich nach mehrer Zeit, daß die Sachsenhäuser zur Abendzeit hoch in den Lüften eine Feuerkugel erblickten, die mit blendendem Glanz die ganze Gegend erleuchtete und dann verlöschend zur Erde hinabfiel. Wollten alle wissen, was zur Erde gefallen, liefen hin an den Ort, fanden aber nichts als ein kleines Klümpchen Asche, dabei aber den Dorn einer Schuhschnalle, ein Stückchen eiergelben Atlas mit bunten Blumen und ein schwarzes Ding, das beinahe anzusehen

war wie ein Stockknopf von schwarzem Horn. Haben alle darüber nachgedacht, wie solche Sachen in einer Feuerkugel aus dem Himmel fallen mögen.

Da ist aber die Frau Liebste des entfahrenen Schneiderleins dazu gekommen, und als diese die gefundenen Sachen erblickt, hat sie die Hände gerungen, gar erbärmlich getan und geschrien: „Ach Jammer, das ist meines Liebsten Schnallendorn, ach Jammer, das ist meines Liebsten Sonntagsweste, ach Jammer, das ist meines Liebsten Stockknopf!" Hat ein großer Gelehrter erklärt, der Stockknopf sei kein Stockknopf, sondern ein Meteorstein oder ein mißratener Weltkörper. Ist nun aber auf die Weise den Sachsenhäusern und aller Welt kund worden, daß das arme Schneiderlein, dem der Apothekerbursche brennbare Luft gegeben statt Magenschnaps, in den hohen Lüften verbrannt und heruntergesunken ist zur Erde als Meteorstein oder mißratener Weltkörper.

(E.T.A. Hoffmann)

Der Sachsenhäuser Konstabler und der Kurfürst von Köln

Am 30. April 1729 wurden die Frankfurter schon früh aus ihrem Morgenschlaf geweckt. Bum, bum, dröhnte es vom Allerheiligentor her, zwölfmal. Das war der Salut für einen hohen Herrn, der die Reichsstadt mit einem Besuch beehrte. Schon zum Frühstück war bekannt, wer der hohe Gast war: Clemens August von Bayern, Erzbischof und Kurfürst von Köln war mit seinem Gefolge „per posta", will sagen mit dem bequemsten Reisewagen der Thurn und Taxis'schen Post, eingetroffen und hatte im „Guldnen Engel" Quartier bezogen. Clemens August aus dem Hause Wittelsbach war ein prunkliebender Herr, und es hieß alsbald, er sei nur deshalb mit der Post gekommen, um seine Staatskarosse nicht den schlechten Straßen auszusetzen, deren es von München herauf manche gab. Das habe der erste Minister des Kurfürsten selbst gesagt, und der müsse es ja wissen.

Jene, die früh um fünf die Kanonen bedient und Salut geschossen hatten, hießen im Unterschied zum gemeinen Fußvolk zu Frankfurt die Konstabler, und sie hatten ihr Wachhaus am östlichen Eingang der Zeil, wo sich auch das Zeughaus für die schweren Feuerwaffen befand. Zu diesen Konstablern gehörte der Peter Rumbler. Der war ein Sachsenhäuser Gärtnerssohn. Da der Vater noch rüstig und das Stück Land, das er bebaute, nicht allzu groß war, hatte der Peter sich gefreut, als er zu den Kanonen kam, und er hatte sich sogar freiwillig verpflichtet, drei Jahre länger zu dienen.

Der Dienst war nicht schwer für einen kräftigen Gärtnerssohn, und wenn er nicht gerade auf Wache ziehen mußte, konnte er in seiner freien Zeit über die Brücke gehen und den Eltern auf dem Gemüseland helfen. Seine Kanone hatte der Peter immer gut im Schuß, außen blank und innen gut geölt, und weil er sie liebte, hatte er sie genau so genannt wie das Mädchen, das seine Frau werden sollte: Bärbel. Das paßte auch gut, denn die heilige Barbara war ja die Schutzheilige der Artillerie. Seine Menschen-Bärbel war freilich keine Heilige, sondern ein Sachsenhäuser Gärtnerskind wie er, mit einem blonden Wuschelkopf, zwei kräftigen Armen und Händen, die zupacken konnten. Außerdem hatte der Vater der Bärbel das Gartenland neben dem von Peters Vater inne, und da sie die einzige Tochter des Sebastian Löffler war, konnte man später zusammenlegen. Er und die Bärbel waren sich schon einig. Mit dem künftigen Schwiegervater war noch zu reden, aber der hatte bestimmt keine Einwände.

Als der Peter Rumbler die Kanone Bärbel zu Ehren des Kölner Kurfürsten Salut schießen ließ, war seine Dienstzeit nahezu abgelaufen. Er freute sich, wie schön die Schüsse dröhnten. Es waren selbstverständlich blinde Schüsse. Die Kanonenkugel mußte man vorher herausnehmen, denn sonst hätte es ja ein Unglück geben können. Das wußte der Konstabler Peter Rumbler ganz genau, und sein Korporal, der Valentin Sauerwein, wußte wiederum, daß er sich auf den Peter Rumbler verlassen konnte. Und doch geschah das Unglück wenige Tage später, und das kam so:

Der Kurfürst Clemens August wollte nur kurze Zeit in Frankfurt verweilen, um diplomatische Gespräche mit den Stadtoberhäuptern zu führen, aber auch (und das war eigentlich die Hauptsache) mit einem Frankfurter Juwelier einen Handel abzuschließen. Der hatte ihm allerlei Kostbarkeiten angeboten, darunter eine mit Brillanten besetzte Tabatière, eine Schnupftabaksdose, die der Beschreibung nach ein wahres Prunkstück sein mußte. Wieviel bei den erwähnten diplomatischen Gesprächen herauskam, wissen wir nicht. Hingegen ist bekannt, daß das Geschäft mit dem Juwelier zustande kam. Neben verschiedenen kostbaren Ringen und sonstigem Geschmeide ging auch die Schnupftabaksdose in den Besitz des Kurfürsten über, der

sie alsbald in Gebrauch nahm und jedesmal seine helle Freude daran hatte, wenn er ihr eine Prise entnahm. Nun hielt ihn nichts mehr in Frankfurt, und er setzte schon den 3. Mai als Abreisetag fest.

Da der Kurfürst auf der alten Handelsstraße von Frankfurt nach Köln, über Königstein, Limburg und den Westerwald reisen mußte, hatten die Konstabler ihre Kanonen am Vorabend mit Hilfe von Pferden zum Galgentor zu bringen, um am nächsten Morgen, wieder in aller Frühe, dem hohen Herrn den Abschiedssalut zu schießen. Das paßte dem Peter Rumbler schlecht, denn gerade an diesem Abend, so war verabredet, wollten die Rumblers und die Löfflers das Verlöbnis zwischen dem Peter und der Bärbel bereden. Er beeilte sich jedoch und kam, nachdem sie alles gerichtet hatten, noch zeitig genug hinüber nach Sachsenhausen. Dort war man sich bald einig, und nachdem die praktischen Dinge geregelt waren, wurde das Verlöbnis noch kräftig mit dem heimischen Äpfelwein begossen.

Als der Peter Rumbler wieder auf der Konstabler Wache eintraf, schlug es gerade Mitternacht, und da der Kurfürst wieder früh aufbrechen wollte, blieben ihm nur wenige Stunden Schlaf. Doch pünktlich standen die Konstabler am nächsten Morgen bei ihren Kanonen und erwarteten den Kutschenzug. Nun hätte der Korporal Sauerwein noch einmal die Kanonen inspizieren müssen, doch das tat er nicht.

Er wußte ja, daß er sich auf seine Leute verlassen konnte. Es war ja auch noch nie geschehen, daß einer beim Salutschießen die Kanonenkugel im Rohr hatte stecken lassen. Zumal dem Peter Rumbler hätte er das nie zugetraut, und gerade dem sollte es passieren.

Trotz des kurzen Schlafs war der Peter munter, als er neben der Kanone Bärbel stand, die er nun bald an einen anderen Konstabler abgeben würde, sich an ihrem metallenen Glanz freute und dabei an die andere Bärbel dachte, die nun bald seine Frau werden sollte.

Plötzlich hörte man Pferdegetrappel, und dann rollten die kurfürstlichen Postkutschen heran. Im ersten Wagen saß der Kurfürst selbst mit seinem Kammerherrn. Dann folgten die Wagen mit dem Gefolge. Nun hieß es für die Konstabler, die Ohren zu spitzen und die Lunten parat zu halten. Der Korporal Sauerwein erteilte seine Befehle, und als die letzte Kutsche in gebührender Entfernung war, ertönte mit lautem Bum der erste Salutschuß. Keine Kanone hinkte nach. Darauf war der Korporal Sauerwein stolz. Doch was war das? Während aus den anderen Kanonen nur der Pulverdampf hervorquoll, schoß aus einer, der des Konstablers Peter Rumbler, eine Kugel hervor und sauste im Bogen durch die Luft, gerade auf den Kutschenzug zu. Würde sie in eines der sich entfernenden Fahrzeuge einschlagen? Alles hielt den Atem an, und zweien, dem Korporal Sauerwein und dem Konstabler Rumbler, stockte geradezu der Atem. Jetzt hatte die Kugel, sich niedersenkend, die Höhe der letzten Kutsche erreicht, jetzt mußte es geschehen. Doch gerade da trieb der Wind sie im Fall ab, und sie schlug knapp neben der Kutsche auf die Straße.

Alles atmete auf. „Weiterschießen", befahl der Korporal, denn die anderen elf Salutschüsse mußten unbedingt heraus. Auch der Konstabler Peter Rumbler tat seine Pflicht, mit etwas wackeligen Knien und dem Gedanken: „Jetzt ist's aus, du hast aus deinem Glück selbst einen Scherbenhaufen gemacht."

Als der letzte Schuß verhallt war und der Pulverdampf sich verzogen hatte, sah man, daß die letzte Kutsche immer noch anhielt. Die Insassen waren ausgestiegen, hoben die Arme gen Himmel, und einer hob etwas von der Straße auf — die Kugel. „Die nehmen die

Kugel mit als Beweisstück", seufzte der Korporal Sauerwein, und dann gab er den Befehl zum Abrücken.

Der wachhabende Offizier auf der Konstabler Wache machte ein ernstes Gesicht, als der Sauerwein und der Rumbler vor ihn hintraten und meldeten, was geschehen war. Als er hörte, daß die Kölner die Kugel mitgenommen hatten, sagte er: „Die haben sie, und ableugnen können wir's damit nicht. Ich muß euch beide in Arrest schicken und Meldung auf dem Römer machen. Es wird auf die Kölner ankommen, was mit euch geschieht. Nehmen sie's krumm, und danach sieht es aus, dann kann die Sache euch Kopf und Kragen kosten."

Während der Korporal und der Konstabler mit hängenden Köpfen in die dumpfe Arrestzelle einzogen, schritt der Offizier dem Römer zu. Weil er aber ein Sachsenhäuser war und Peters Vater, den alten Rumbler, gut kannte, machte er einen kleinen Umweg über den Markt. Wie er's erwartet hatte, fand er dort unter den anderen Sachsenhäuser Hockinnen auch die Rumblerin, die ihren frischen Salat verkaufte. Wer das Mädchen mit dem blonden Wuschelkopf war, das ihr half, konnte er leicht erraten. Er erzählte den beiden mit wenigen Worten, was sich zugetragen hatte, und riet der Bärbel, ihm zu folgen und sich nahe bei der Römerpforte aufzuhalten. „Denn", so sagte er, „soviel ich weiß, ist der kurkölnische erste Minister, der Graf von Plettenberg, noch in der Stadt und vielleicht gerade jetzt im Römer. Der soll ein umgänglicher Herr sein, und vielleicht weiß er Rat."

So war's denn auch. Nachdem die Bärbel eine gute halbe Stunde gewartet hatte, trat der Offizier mit einem freundlich dreinblickenden älteren Herrn aus dem Römer. Der Offizier winkte der Bärbel, die schüchtern vor dem Minister knickste, und sagte dann: „Der Herr Minister will dich heute nachmittag mit hinauf nach Königstein nehmen, wo die kurfürstliche Durchlaucht im Kapuzinerkloster für die Nacht abgestiegen ist. Dort sollst du einen Kniefall tun und für deinen Peter bitten. Eine Stunde nach Mittag sollst du dich im Guldnen Engel einfinden."

Die Bärbel knickste wieder und eilte davon, um zuerst ihrer künftigen Schwiegermutter Bescheid zu geben und sich dann daheim reisefertig zu machen. Wäre nicht die Angst um den Peter gewesen, der nun mit seinem Korporal in der Konstabler Wache hinter Gittern saß, so hätte sie danach die Fahrt hinauf nach Königstein mehr genossen. Schließlich saß man ja nicht alle Tage einem leibhaftigen Minister und Grafen in einer Kutsche gegenüber. Sie hatte bescheiden zum Kutscher auf den Bock klettern wollen, aber der Graf von Plettenberg hatte gesagt: „Nichts da, hinein in die Kutsche. Wir haben unterwegs ja noch allerlei zu bereden."

Zuerst hatte er sie dann ausgefragt, nach den Eltern, nach dem Peter und ihren Plänen. Darauf hatte er ihr vorgesagt, wie sie den Kurfürsten beim Kniefall ansprechen mußte und ihr erklärt, wie sie seinen Fingerring zu küssen hatte. Da die Bärbel einen flinken Verstand hatte, wußte sie bald genau Bescheid. Sie konnte dem Grafen auch die Namen der Dörfer nennen, an denen sie vorbei kamen. Auch von dem Städtlein Kronberg, das man mit seiner Burg auf der Höhe liegen sah, wußte sie etwas zu erzählen, weil sie dort eine Base wohnen hatte. So waren sie schneller in Königstein, als die Bärbel gedacht hatte, und hielten beim Kapuzinerkloster an. An der Pforte mußte die Bärbel warten, bis man sie rufen würde.

Da schönes, warmes und sonniges Wetter war, hielt der Kurfürst Clemens August seine Kaffeetafel im offenen Klosterhof. Er war in glänzender Laune. Immer wieder nahm er die prächtige neue Schnupftabaksdose zur Hand, schnupfte und freute sich am Glitzern der kostbaren Steine. Vor ihm auf dem Tisch aber lag zwischen dem Kaffeegeschirr die verhängnisvolle Kanonenkugel. Die sah die Bärbel noch, ehe sie vor dem Kurfürsten niederfiel und ihre Bitte genau so vortrug, wie es der Graf von Plettenberg, der mit an der Tafel saß und ihr ermutigend zugenickt hatte, wünschte.

„Gut so", lobte der Kurfürst sie, als sie zu Ende war und ihn flehend anblickte. „Es wäre grausam, wollten wir dir deinen Peter nehmen, indem wir den Frankfurter Rat bitten, ihn ins Gefängnis zu werfen oder gar aufzuknüpfen. Es hat ja zum Glück niemand Schaden genommen, und den Zehnpfünder hier, der uns gewiß nicht absichtlich zugedacht war, werden wir mit nach Köln nehmen, und dort kann ich ihn als Briefbeschwerer auf meinem Schreibtisch brauchen."

Danach hatte er sich an jenen Herrn gewandt, der neben dem Minister von Plettenberg saß, und gesagt: „Graf von Manderscheid, wir wollen heute noch einen Brief an unseren Frankfurter Residenten, den Romerskirch, schreiben, worin er ersucht wird, sich beim Frankfurter Rat dafür zu verwenden, daß der Korporal und der Konstabler umgehend freigelassen und wieder in ihren Dienst eingesetzt werden. Unser Minister, der Graf von Plettenberg, wird den Brief und die kleine Bittstellerin dann morgen mitnehmen, wenn er noch einmal nach Frankfurt zurückkehrt.

Da senkte die Bärbel erneut ihren blonden Wuschelkopf und küßte dem Kurfürsten den Ring und die Hand. Der aber rief: „Halt, noch eines. Die beiden jungen Leute wollen ja Hochzeit machen, und damit sie den ausgestandenen Schrecken schneller überwinden, schreibt unserem Residenten noch, er solle sich den Konstabler Rumbler alsbald bestellen und ihm in meinem Namen vier Louisd'or als Hochzeitsgabe auszahlen."

„Und du", lachte er dann, zur Bärbel gewandt, „bist du nun zufrieden? Taufpate kann ich ja bei euch nicht werden, denn ihr seid ja Lutherische. — Aber wie wirst du deinen ersten Buben nennen?"

Da lief die Bärbel feuerrot an, aber sie antwortete tapfer: „Clemens August, Euer Gnaden."

Alles klatschte Beifall. Dann wurde die Bärbel entlassen. Da sie ja nicht im Kloster bleiben konnte, wurde sie für die Nacht als Gast des Kurfürsten im besten Königsteiner Gasthof einquartiert.

Als am nächsten Tag die Kutsche des kurkölnischen Ministers und Grafen von Plettenberg wieder in den Hof des Guldnen Engels rollte, wurden der herbeigeeilte Wirt, der Kutscher und der Diener des Grafen Zeugen eines merkwürdigen Schauspiels. Sie sahen, wie die junge Sachsenhäuserin mit dem blonden Wuschelkopf dem Herrn Grafen plötzlich um den Hals fiel und ihn auf beide Wangen küßte. Noch erstaunter aber waren sie, als der würdige Herr Minister seinerseits dann einen Kuß auf den frischen Mädchenmund drückte.

Kaum war der Peter Rumbler in Ehren aus dem Konstablerdienst entlassen, da fand die Hochzeit statt, und es versteht sich, daß unter den Gästen auch der Korporal Sauerwein war. Der erste Bub stellte sich pünktlich im Jahr darauf ein und wurde, wie's die Bärbel dem Kurfürsten versprochen hatte, Clemens August genannt.

Der Segen des Rabbi

Im „Frankfurter Sagenschatz" ist nachzulesen, wie im Jahre 1711 in der Judengasse, der heutigen Börne-Straße, ein großer Brand ausbrach, der später im Unterschied zum „Großen Christenbrand" von 1719 der „Große Judenbrand" genannt wurde.

Der Brand soll im Hause des Rabbiners Naphtali Cohen entstanden sein. Der Rabbiner galt als ein Wissender, der sich auf die geheimen Lehren der Kabbala, eines mittelalterlichen jüdischen Buches, verstand. Um zu beweisen, was er vermochte, soll er auf dem Holzfußboden seiner Stube ein Feuer angezündet haben. Statt des rettenden Wasserengels habe er dann jedoch irrtümlich den Feuerengel beschworen, der so eifrig tätig wurde, daß die ganze Judengasse eingeäschert wurde.

Auf Grund dieses Gerüchts wurde der Rabbi von allen Seiten angefeindet, von der christlichen Bürgerschaft Frankfurts, mehr noch aber von seinen Glaubensgenossen, die wähnten, daß nur durch ihn allein dieses schwere Unglück über sie hereingebrochen sei.

Schließlich wurde der Unwille so stark, nahm so drohende Formen an, daß der Rabbi um sein Leben fürchten mußte. In seiner Not rettete er sich in das Haus eines Christen, eines ehrsamen Schneidermeisters, von dessen Familiennamen wir nur noch den Anfangsbuchstaben F. kennen. Der nahm den Bedrängten freundlich auf und verbarg ihn eine Zeitlang, bis sich die Gelegenheit bot, ihm zur Flucht aus der Stadt zu verhelfen.

Vor dem Abschied gab der Rabbi dem Schneider das einzige, das er zu geben vermochte, seinen Segen. Dieser Segen war, wie berichtet wird, zweiteilig. Im ersten Teil bat der Rabbi Gott, er möge den Schneidermeister, seine Familie und seine Nachkommen bis in die fernsten Zeiten behüten und den Wohlstand der Familie bewahren. Auch sollten sie niemals ein ungewöhnliches Unglück zu beklagen haben, ein friedliches Leben führen, ein hohes Alter erreichen, geachtet, geehrt und geliebt sein von allen Menschen. Im zweiten Teil jedoch wurde Gott gebeten, er möge das Haus des Schneiders und die Wohnungen seiner Nachkommen vor der Ratten- und Mäuseplage bewahren, die dazumal Frankfurt heimsuchte.

Der Chronist von 1880 fügte hinzu: „Ob der zweite Teil des Segens in Erfüllung gegangen, ist mir unbekannt. Der erste Teil aber hat sich vollständig bewährt. Noch leben viele Nachkommen des menschenfreundlichen F. unter uns, geachtet und geehrt durch ihr frommes, christliches, gottesfürchtiges Leben, durch ihren Wohltätigkeitssinn, alle würdig ihres edlen Vorfahren, der einem armen verfolgten Juden Obdach und Schutz nicht versagte.

Der Rabbi Naphtali Cohen gelangte dann auf mancherlei Umwegen nach Konstantinopel und ist dort später verstorben.

Das verlorene Halstuch

Ein jedes Städtchen hat jetzt sein Blättchen — sein Wochenblättchen nämlich, worin allerhand öffentliche Bekanntmachungen vorkommen und das von gewöhnlichen Leuten oft mehr studiert wird als alle andern Zeitungen und die besten Bücher.

Vor Zeiten aber war das nicht so, und was da öffentlich bekannt gemacht werden sollte, wurde, wie es noch jetzt in kleinen Dörfern geschieht, an die Kirchentüren, am Rathaus, auch wohl an die Stadttore angeschlagen, auf den Straßen oder auch wohl von der Kanzel herunter verkündigt. So geschah's denn auch in der freien Reichsstadt Frankfurt am Main.

Nun hatte aber auch einmal eine Magd ein Halstuch verloren, und der Pfarrer forderte in der Katharinenkirche nach der Predigt den ehrlichen Finder auf, es zurückzugeben, fügte aber ärgerlich hinzu: „Man soll es der Schlamp wiedergeben. Sie mag aber ein ander Mal besser Acht haben!"

Dieser derbe Ausspruch hatte zweierlei Wirkung. Einmal lief bei einer, die hinten, unter den andern Mägden saß, das Gesicht dunkelrot an. Das war die Anna Katharina Weigand, aus Dortelweil gebürtig und bei einem würdigen Senator in Dienst. Wer wollte auch gern in aller Öffentlichkeit während des sonntäglichen Gottesdienstes eine Schlamp genannt werden! Die andern Mägde stießen sich heimlich an, und alle blickten auf die purpurrot gewordene Anna Katharina, die sich am liebsten unter der Kirchenbank verkrochen hätte. Doch das ging nicht. Sie mußte ihre Schande aushalten, und dabei war sie doch eine, die sehr auf Ordnung hielt und darum von der Frau Senator schon manches Lob erhalten hatte. Das Halstuch war ihr am vergangenen Sonntag beim Tanz abhanden gekommen, sie wußte selbst nicht, wie. Plötzlich war es nicht mehr da gewesen und hatte sich auch nicht finden lassen. Das hatte sie sehr geschmerzt, denn es war ihr schönstes, das mit den bunten Blumen. So war sie ins Pfarrhaus gegangen und hatte die Frau Pfarrerin gebeten, der Herr Pfarrer möge doch den Verlust bekannt geben. Aber daß der sie von der Kanzel herab eine Schlamp heißen würde, das hatte sie nicht geahnt und gewiß nicht verdient.

Hätte sie einmal zu den Männerbänken hinüber geblickt (was sie nicht tat, weil sich das für eine sittsame Magd in der Kirche nicht schickte), dann wäre ihr vielleicht ein Licht aufgegangen. Als der Pfarrer von der Kanzel herab so derb schalt, da hatte nämlich noch jemand einen roten Kopf bekommen, und das war ein Schreinerssohn aus dem Holzgraben, Peter genannt und der Anna Katharina nicht ganz unbekannt. Was der mit der Sache zu tun hatte, werden wir gleich hören.

Als der Pfarrer die Gemeinde mit dem Segen entlassen hatte, da verließ die Anna Katharina die Kirche so rasch wie es nur möglich war. Statt wie sonst draußen bei den andern Mägden stehen zu bleiben und noch ein wenig mit ihnen zu schwatzen, lief sie eilig davon. Dieses Mal würden sie und ihr verlorenes Halstuch sowieso im Mittelpunkt des Schwatzes stehen, und man würde sie kräftig durchhecheln.

So schnell sie auch lief, einer kam, ohne daß sie darauf achtete, hinter ihr her, und am Liebfrauenberg holte er sie ein, als sie ins Haus ihrer Herrschaft hineinschlüpfen, sich droben in ihrem Dachkämmerlein erst einmal richtig ausweinen wollte.

„Anna Katharina, so warte doch, ich muß dir etwas sagen und auch etwas zurückgeben", schnaufte der Peter. „Du läufst ja wie der Wind davon."

„Was willst du mir sagen, mir, einer Schlamp, und was willst du mir wiedergeben? Ich wüßte nicht, was ich dir geliehen hätte, oder ... "

Schon begann das Lichtlein in Anna Katharinas Kopf aufzuleuchten, und es gab einen hellen Schein, als der Peter stotterte:

„Aber das ist es ja gerade. Ich hab's nicht bös gemeint und auch nicht geahnt, daß der Herr Pfarrer es solcherart von der Kanzel herab bekannt machen würde."

Damit zog der Peter etwas unter seinem Sonntagswams hervor, und siehe da, es war das verlorene Halstuch mit den bunten Blumen. Da begannen Anna Katharinas Augen zu funkeln und zu blitzen. „So,

du hast mir's heimlich genommen und vor der ganzen Gemeinde Schande über mich gebracht!" rief die junge Magd voller Zorn, und ehe der Peter wußte, was ihm geschah, hatte er einen Backenstreich erhalten, der die kräftigen Spuren von fünf Mädchenfingern auf seiner Wange hinterließ.

„Pfui, schäm' dich!" schnaubte die Anna Katharina, öffnete die Haustür und wollte dem also Bestraften entrinnen. Doch der war flink, stellte den Fuß in die Tür und folgte ihr in den Hausflur. Diesmal war die Anna Katharina die Überraschte, denn plötzlich sah sie sich von zwei starken Schreinerarmen wie in einem Schraubstock gefangen und vermochte nicht, sich zu befreien.

„So hör' doch nur, ich hab's ja nur aus Lieb getan, hab' ein Pfand haben wollen, das du am Nachmittag hättest auslösen müssen. Und ich will ja meine Dummheit auch wieder gut machen."

„Wieder gut machen?" höhnte die Anna Katharina. „Willst du auf die Kanzel steigen und den Leuten erklären, daß ich keine Schlamp, du aber ein Dieb bist, der unschuldige Mädchen ins Gerede bringt?"

„Wenn ich's dürfte, würde ich's tun", sagte der Peter, „aber wie wär's, wenn wir statt dessen den Herrn Pfarrer bitten, unser Verlöbnis von der Kanzel herab zu verkündigen und uns in etlichen Wochen als Eheleute zusammenzugeben? Meine Gesellenwanderung hab' ich längst hinter mir. Mein Vater will sich zur Ruhe setzen, und ich mein', du müßtest eine gute Meisterin abgeben. Solche Backenstreiche wie den vorhin solltest du freilich den Lehrbuben nicht so oft verabreichen."

Als der Herr Senator und seine Frau, die sich unterwegs über ihre Magd und über die Grobheit des Herrn Pfarrers unterhalten und entrüstet hatten, ihre Haustür öffneten, da bot sich ihnen drinnen das Bild eines jungen Paares, das so ins Küssen vertieft war, daß es nicht einmal das Öffnen der Tür bemerkt hatte.

Des Pfarrers derber Ausspruch hatte aber, wie schon gesagt, noch eine zweite Wirkung. Obwohl dergleichen Ausdrücke damals nicht eben selten von der Kanzel herab ertönten, wurmte es doch viele, die da dachten, auch einmal zu einem solchen öffentlichen Ehrentitel gelangen zu können.

Damit es nun nicht dahin komme, gründete ein Frankfurter Buchdrucker am 1. Januar 1722 die „Wochentliche Frankfurter Frag- und Anzeigungsnachrichten von allerhand in- und außerhalb der Stadt zu kauffen und zu verkauffen, zu verleyhen und lehnen seyenden, auch verlohren, gefundenen und gestohlenen Sachen" usw.

Da ward denn nichts mehr dergleichen von der Kanzel herunter verkündigt, sondern wurde in „das Blättchen" gerückt, das sogar sein hundertjähriges Jubiläum feiern konnte. Und an alledem war jenes unschuldige Halstuch schuld. Seit 1807 nannte man es „Intelligenzblatt". Im Volkston sprach man aber immer noch von der „Nachricht".

Die drei Leiern

In der Mitte des 17. Jahrhunderts lebte in Artern, einem Städtchen der Grafschaft Mansfeld, ein ehrsamer Hufschmiedmeister, gewöhnlich nur der alte Hans genannt.

Bei diesem stand einmal in der Abenddämmerung plötzlich ein vornehmer Herr in der Werkstatt, ohne daß Hans gesehen oder gehört hätte, wie und wo er hereingekommen. Er sah fast aus wie ein spanischer Edelmann, blinzelte aber gar kurios mit dem einen Auge, als hätt' er Sand darin, und hinkte, als wär' ihm ein Amboß auf den Fuß gefallen.

„Guten Abend, Meister!"

„Schönen Dank, Herr Unbekannt!"

„Mein Fuß schmerzt mich. Ich möchte reiten."

„Dazu scheint mir ein Pferd dienlich."

„Das Pferd hätt' ich schon, aber es ist nicht beschlagen."

„Dem Fehler könnt' ich abhelfen."

„So macht mir vier hübsche Hufeisen."

„Hat's Eile?"

„In zwei Stunden muß ich sie haben."

„Das ist nicht möglich!"

„Auch nicht, wenn ich Euch dieses hier gebe?"

„Doch, doch", rief eilig, aber ein wenig erschreckt Hans, als ihm jener vier Goldstücke hinreichte, von denen jedes fast so groß war wie ein Hufeisen selbst. Indem Hans sie in seinen Händen wog, sprach er geschäftig: „Aber sputen muß ich mich!"

„Wird einem so geschickten Meister nicht schwerfallen!"

„Den besten Thüringer Stahl nehm' ich dazu."

„Nein, nein, mein Rößlein muß noch blankere Schuhe tragen. Die Hufeisen müssen von Silber sein."

„Von Silber? Ihr scherzt, Herr. Ist das jetzt Mode?"

„Bei mir, ja."

„Aber ich hab' im ganzen Hause nicht so viel Silber ... "

„Als dieses hier!" fiel der Fremde ein, zog unter seinem Mäntelchen eine dicke Silberstange hervor und fuhr fort: „Nehmt! Es reicht gerade für die vier Hufeisen."

Hans schaute zwar verwundert drein, doch nahm er das Silber. Er hätte gern noch mancherlei gefragt, aber der Fremde sprach schnell: „Also in zwei Stunden!" und war verschwunden, ehe Hans noch recht wußte, wie ihm geschah und woher plötzlich der starke Luftzug im Schornstein kam.

Er beschaute nochmals nachdenklich, aber doch liebäugelnd seine vier Goldstücke und legte sie dann auf das Fenstergesims. Darauf begab er sich schnell an die Arbeit, schmolz und hämmerte mit solcher Emsigkeit, daß ihm der Schweiß von der Stirne troff, und wirklich waren die vier Hufeisen fertig, ehe noch zwei ganze Stunden verflossen.

Es war allmählich Nacht geworden. Durch die schmutzigen kleinen runden Fensterscheiben schien der Mond und vermischte auf unheimliche Weise sein Licht mit dem erlöschenden Schmiedefeuer.

Hans wartete und wartete, aber der fremde Herr kam immer noch nicht. Um nach harter Tageslast nicht vom Schlaf übermannt zu werden und sich bis zur Ankunft des Fremden wachzuhalten, nahm Hans aus einer Nische in der Mauer ein altes vergilbtes Büchlein hervor, das er schon gar oft gelesen hatte und das ihm doch immer wieder gefiel: „Des Erzschwarzkünstlers Dr. Johannes Faust ärgerliches Leben und schreckliches Ende. Eine höchst wunderbare und schauerliche Historie, gedruckt in diesem Jahr."

Als er sich nun so recht hineingelesen hatte, schauert' es ihn auch wirklich, besonders wenn zuweilen noch ein Funken aus der Schmiedeesse in die Höhe flog und in dem dunklen Rauchfang erlosch.

Plötzlich erlosch aber auch seine trübe Lampe. Ein Krach, sodann ein Geklirr und Geklingel an der Esse, darin die Flamme nochmals neu aufloderte, und als Meister Hans erschrocken aufsprang, um zu sehen, woher dieser gespenstische Lärm kam, trat der vornehme Herr in hinkender Eile zu ihm heran und sprach: „Ich komme spät, aber den Arterner Weiberchen ist nichts anzuhaben. Draußen steht mein Rößlein. Macht Eure Sache gut, Meister!"

Von kaltem Schauer überrieselt, aber froh, daß die Sache ihrem Ende nahe war, suchte Hans seine vier silbernen Hufeisen, fand aber nur drei davon. Das vierte war bei dem Krach ins Feuer gefallen und zerschmolzen.

„Das soll ja gleich der Teufel holen!" brummte Hans in den Bart. „Wenn er's nicht schon geholt hat!" erwiderte der Fremde mit höhnischem Lachen.

„Alle guten Geister!" bekreuzigte sich Hans.

Der Fremde wandte sich ab und sprach: „Ich hab' große Eile, Meister!" „Soll ich Euch ein neues Hufeisen schmieden?"

„Kann nicht länger warten. Es ist heut' der letzte April. Muß noch auf den Brocken reiten. Ein weiter Weg! Geht's nicht mit, so geht's ohne Hufeisen. Laßt nur die andern drei auch vom Teufel holen."

„Wollt Ihr sie denn nicht haben? Drei sind doch besser als keins!"

„Nein, nein, die Drei ist mir verhaßt."

„Aber warum denn, lieber Herr?" stotterte Hans, um nur etwas zu sagen, und ging dem Fremden vorsichtig zur Tür nach.

Mit schief geneigtem Kopf und einem flüchtigen Achselzucken schwang der Fremde sich auf sein seltsam aussehendes Rößlein, das Hörner zu haben schien und aus dessen Nüstern Feuerschlängelchen hervorsprühten. Und indem er dem Meister zum Abschied nochmals kurz zunickte, so daß die rote Feder auf seinem Barett wunderlich schwankte, galoppierte er sausend davon. Fast kam es dem Hans so vor, als sähe er des Satans schnellsten Botschafter durch die Lüfte dahinfliegen, bis jener im mondbeleuchteten Tannenwald spurlos verschwand.

Meister Hans ging nun zuerst an das Fenstergesims zu seinen Goldstücken, wollte sie anfassen, verbrannte sich aber tüchtig seine schwieligen Hände, denn statt der Goldstücke lagen glühende Kohlen da, aus denen Schwefeldünste emporstiegen. Da nahm Hans eine Schaufel und warf sie damit in sein Schmiedefeuer. Er dachte schon, mit den Hufeisen würde es ihm ebenso gehen, aber nein, die blieben, wie sie waren. Er nahm sie und eilte damit aus der Werkstatt, um sie den Seinigen zu zeigen und ihnen die Wundergeschichte zu erzählen. Als er aber hinauf in die Stube kam, schliefen schon alle. Er wollte sie nicht wecken, legte die Hufeisen beiseite und sich selbst ins Bett, nachdem er noch ein Vaterunser mehr als gewöhnlich gebetet.

Am anderen Morgen schlief der Meister Hans noch fest, als die Sonne schon längst aufgegangen war. Da ward er geweckt, und vor ihm stand sein Sohn Georg reisefertig, um vor seiner Wanderung in die Fremde Abschied zu nehmen. Meister Hans gab ihm seinen Segen. Schon stand Georg unter der Tür, als ihn sein Vater nochmals zurückrief.

„Sieh, dort drüben auf dem Ofen liegen sie ja noch, die drei verwünschten silbernen Hufeisen. Ich mag sie nicht mehr anrühren. Nimm du sie mit, Georg. Vielleicht helfen sie dir einmal aus der Not."

„Wo sind die denn her, Vater?"

„Nicht von weit! Kann dir's nicht recht sagen. Nimm sie nur mit. Und wirst du vielleicht einst ein vornehmer Herr, so kannst du sie dir ja in dein Wappen malen lassen. Sieht doch hübscher aus als Scher' und Bügeleisen!"

Hans mußte über seinen eigenen wunderlichen Einfall so lachen, daß Georg kaum mehr zu Worte kommen konnte, nicht weiter nach der Herkunft der Hufeisen fragte, sondern sie in sein Felleisen steckte und damit in die weite, weite Welt hinauswanderte. Er reiste lange durch Frankreich und kam auch nach Paris, das seine Leute bildet, denn er war ein Schneider. Dann überschritt er wieder den Rhein, um in sein Vaterland zurückzukehren. Endlich kam er in die schöne Stadt am Main, die man Frankfurt nennt.

Hier gefiel es ihm sehr wohl, und blieb daselbst. Aus dem Schneidergesellen wurde ein Schneidermeister und endlich gar ein Gastwirt. Sein Gasthof hieß der Weidenhof und stand in Frankfurts Hauptstraße, der Zeil. Aber bis zu einem Wappen bracht' es der Gastwirt noch nicht. Er hatte jedoch einen Sohn, der sollt' es dahin bringen. Den ließ er studieren, und bald sah er in seinem Sohn einen Herrn Rat und noch mehr. Der heiratete ein vornehmes Jungfräulein und bezog ein Haus in der Straße, die man den Großen Hirschgraben nennt, weil dort in früheren Zeiten eine mit Nußbäumen bepflanzte Wiese war, auf welcher Hirsche weideten, die da gehegt und gepflegt wurden für die großen Hirschessen des hohen Rates.

Da sagte Vater Georg zu seinem Sohne: „Lieber Caspar, jetzt mach an dein Haus auch ein Wappen. Bist ein vornehmer und gescheiter Herr geworden — du kannst's ja. Sieh, hier sind drei Hufeisen von deinem seligen Großvater. Die laß in das Wappen hauen, und du wirst sehen, daß es gut steht."

Die Schwiegertochter, die Frau Rat, sagte: „Ach ja, das Andenken der Vorfahren muß man ehren. Die drei Hufeisen gefielen mir auch."

Dem Herrn Rat Johann Caspar aber gefielen sie gar nicht. Er wollte jedoch nicht ganz gegen den Willen des Vaters handeln und versprach's.

Aber erst lange nach Vater Georgs Tod kam es dazu. Der Herr Rat hatte jedoch dem Steinmetzen befohlen, keine Hufeisen, sondern drei umgekehrte gekrönte Steigbügel in das Wappen zu hauen, das passe für einen vornehmen Herrn und kaiserlichen Rat besser. Steigbügel seien in Form und Gebrauch auch gar nicht weit entfernt von Hufeisen, hingen aber doch um ein gutes Teil höher und erinnerten zugleich durch den Namen an das Bügeleisen. So sei des Großvaters, des Vaters und des Sohnes Wunsch genügt und der Geschmack von allen dreien dargetan.

Bald war denn auch oberhalb einer schmiedeeisernen Verzierung mit den drei ineinander geschlungenen Buchstaben J. C. G. über der Haustür das Wappen mit den drei Steigbügeln angebracht. Der Steinmetz ließ sich aber gewiß nicht träumen, daß sein bescheidenes Kunstwerk einst noch von Dichtern besungen und von der Menge angestaunt würde als ein Wahrzeichen in Frankfurts Mauern.

An demselben Tage, als es fertig war, soll der Herr Rat einen feinen Kavalier aus dem schönen Lande des Weins und der Gesänge zu Besuch gehabt haben. Als dieser jedoch wieder fort war, seien auch die lange aufbewahrten drei silbernen Hufeisen verschwunden gewesen.

Und es geschah, daß der Herr Rat ein Söhnlein bekam. An diesem Tage, mittags um die zwölfte Stunde, soll sich mit dem Wappen über der Haustür etwas ganz Absonderliches zugetragen haben. Um das Hauswappen herum schwebte eine Geisterschar, gehörnte Teufel im Kampf mit Engeln. Die Engel besiegten endlich die Püsteriche, die hastig die drei hufeisenförmigen Steigbügel aus dem Wappen rissen, herunterplumpsten und im Boden versanken. Alsbald umschwebten Amoretten und Genien das leere Wappenschild. Danach erschien zuerst die Muse der Liebeslieder, Erato, mit Myrthen und Rosen geschmückt. Sie fügte an die Stelle des obersten Steigbügels eine Leier ein. Sodann erschien die lorbeerumkränzte Kalliope, die Muse des Epos, und fügte an die Stelle des untersten Steigbügels eine Leier ein.

Endlich erschienen die Musen des Trauerspiels und des Lustspiels, Melpomene mit dem Zypressenkranz und Thalia mit dem Jokusstab, gemeinsam und fügten in der Mitte jener beiden Leiern noch eine dritte in das Wappen. Danach verschwand die ganze Erscheinung, und auf dem Großen Hirschgraben war nur das gewöhnliche Werktagsgetriebe zu sehen.

Und als die Leute zufällig nach jenem Hauswappen sahen, erblickten sie die drei Leiern, ohne jedoch allzuviel zu denken. Aber sie waren da und sind noch da bis auf den heutigen Tag.

Während jene Wunder sich begaben, war das Knäblein, das um diese Stunde im Hause geboren wurde, fast wie tot und gab kein Lebenszeichen von sich. Da wusch man aber seine Herzgrube mit Wein, und plötzlich schlug es die Augen auf, so daß die Großmutter freudig erschreckt rief: „Rätin, er lebt!"

Und das Knäblein lebte nicht nur, sondern strebte auch, ward ein Männlein und ein Mann und hat sein ganzes Leben lang gar viel auf der Leier gespielt, schöner als irgend ein anderer. Ist auch ein gar vornehmer Herr geworden, doch nennt man ihn gewöhnlich nur mit seinem schlichten Namen: Johann Wolfgang Goethe.

(Karl Enslin)

Der Irrlichtertanz

Im Herbst, zur Zeit der Weinlese, ging es schon vor alten Zeiten lustig zu in Frankfurt am Main, so wie heutigentags auch noch. Feuerwerk in allen Gärten, Kanonenschläge in allen Gebüschen, Raketen in allen Lüften, und wenn sich sonst die Knaben für einen in ihrem Besitz befindlichen Groschen oder Sechser Eß- oder Spielwerk kaufen, an den Herbsttagen müssen sogenannte Frösche zum Abbrennen herbei oder Pulver für das Pistölchen. So ist's jetzt, so war's damals.

Ruhigere Leute gehen spazieren und sehen sich die Feuerkünste von weitem an, und indem sie dort weit hinüber ins Feld schauen,

erblicken sie, was sie in ihrem Leben noch nicht gesehen: viele Irrlichter, hin und her hüpfend, bald zusammen kommend, bald sich voneinander entfernend und gar wunderliche Tänze auf dem dunklen Felde aufführend.

Den Leuten schauert's anfänglich, denn sie denken, das bedeute nichts Gutes und möge ein Strafzeichen sein für den Übermut, mit dem die Frankfurter ihr Geld verfeuern. Aber die Neugierde treibt sie doch endlich, zu sehen, wie es eigentlich mit diesen gespenstischen Irrlichtern sei ... Sobald sie jedoch näher darauf zukommen, erlischt ein Irrlicht nach dem andern. Manches hüpft noch einmal hoch empor und verschwindet hinter einer Hecke, und manches steigt sogar auf einen Baum hinauf und schimmert unheimlich durch die Zweige. Und die Leute kehren gern wieder um von dem Felde, auf dem es nicht geheuer ist, zurück zur Straße. Aber sogleich stellt sich ein Irrlicht nach dem andern wieder ein, und die geheimnisvolle Irrlichterschar beginnt ihre Spuktänze von neuem, tanzt endlich weiter und weiter, fast um die halbe Stadt herum. Doch zuletzt werden alle neckischen Geister auch einmal müde, folglich auch die Irrlichter. Man sagt dann gewöhnlich, sie seien erlöst. Und so nahm denn auch dieser Spuk ein Ende.

Naturforschern wird es nicht schwer fallen, diese Erscheinung zu erklären, Zeichendeutern und Wundergläubigen auch nicht. Den andern Leuten aber soll noch ins Ohr gesagt werden, welche Bewandtnis es mit diesem Irrlichtertanz gehabt hat. Eine Schar Knaben hatte sich in toller Jugendlust Lichter auf die Hüte gesteckt und mit ihrem ergötzlichen Mutwillen die Leute also geneckt.

Willst du aber auch wissen, lieber Leser, welch großes Licht der Anführer jener Irrlichterschar war? — Damals riefen sie ihn Wolfgang, jetzt nennt man ihn Goethe.

(Karl Enslin)

Vom goldenen Apfel der Eris und vom neuen Paris

Zu Douai, das in Französisch-Flandern liegt, lebte einst ein wohlhabender Mann, der Sebastian Crespel hieß. Von seiner Gattin Louise-Therese hatte er zwei Töchter und sechs Söhne. Die Töchter fanden in der Stadt ihre Männer. Von den Söhnen blieb nur einer dort wohnen. Der zweite wurde Silberschmied in London. Der dritte kam in die Dienste des Fürsten von Thurn und Taxis zu Regensburg. Der vierte wurde zum katholischen Priester geweiht und kam auf Reisen bis nach Rußland. Der fünfte wurde ebenfalls Geistlicher. Er trat in jungen Jahren in den Franziskanerorden ein, wurde von seinen Oberen nach Kanada geschickt und arbeitete zwölf Jahre als Missionar unter den Indianern. Danach war er Feldprediger in der französischen Armee, ging aber später, weil ihm Klima und Nahrung nicht mehr behagten, nach Kanada zurück und starb dort. Der sechste hieß Pierre Louis Alexandre Crespel, wurde im Jahre 1705 geboren und ergriff den Beruf eines Juwelenhändlers. Als solcher reiste er nach Italien, Ungarn und ins Heilige Römische Reich. Schließlich ließ er sich in Frankfurt nieder. Von hier aus konnte er bequem seine reichen, meist fürstlichen und adligen Kunden an den weltlichen und geistlichen Höfen besuchen. So war er unermüdlich unterwegs, bot seine kostbaren Waren in Wien, München, Dresden, Mainz, Würzburg, Köln, Mannheim und andernorts an.

An das Heiraten dachte der Juwelenhändler Crespel erst, als er schon über vierzig Lebensjahre hinter sich hatte. Er nahm sich eine Frau aus einer hessischen Familie, die fünfunddreißigjährige Katharina Elisabeth Rohr. Im November 1746 fand die Hochzeit statt, und die Frankfurter wunderten sich über das ungleiche Paar: er ein redegewandter, zierlicher, rascher und launischer Franzose und Katholik, sie eine nur sparsam redende, kühle und nüchtern denkende Hessin aus lutherischer Familie. Doch die Ehe hielt.

Das neuvermählte Paar fand seine Wohnung in der Friedberger Gasse, in einem Haus, das zum Textorschen Familienbesitz gehörte. Bei der Erbteilung hatte der Stadtschultheiß Johann Wolfgang Textor den größeren Teil des Besitzes erhalten. Das südlich vom großen, zinnengekrönten Eingangstor gelegene Haus aber war seiner Schwester zugefallen, der Anna Maria, die mit dem hessendarmstädtischen General von Hoffmann verheiratet war. In dieses Haus, das zur Miete stand, zogen die Crespels, und bald war es von fröhlichem Kinderlärm erfüllt. Schon Ende März 1747 kam ein Sohn zur Welt, der Johann Bernhard Crespel genannt wurde, und in den Jahren 1749 und 1752 folgten zwei Mädchen, Maria Katharina und Franziska Jakobea, später meist Fränzchen gerufen. Den Stammhalter nannte der Juwelenhändler, der die deutsche Sprache nie richtig beherrschte, gern den kleinen Hofrat, denn als Vater Crespel dem Fürsten Alexander Ferdinand von Thurn und Taxis die Geburt des Sohnes anzeigte, hatte dieser den neuen Erdenbürger im Scherz gleich zu seinem Hofrat gemacht. Der Fürst residierte damals noch in Frankfurt und gehörte zu den besten Kunden des Juwelenhändlers.

Nun hatte der Stadtschultheiß Johann Wolfgang Textor zwei Enkelkinder, den nach ihm benannten Johann Wolfgang Goethe und dessen Schwester Cornelia. Die beiden waren gern bei den Großeltern und liebten vor allem den großelterlichen Garten. So blieb es nicht aus, daß die Crespel-Kinder und die Goethe-Kinder sich im Garten des Herrn Stadtschultheißen zusammenfanden. Solange sie klein waren, spielten und tollten sie nach Herzenslust, wobei sie nur darauf achten mußten, daß sie nicht auf die Beete sprangen oder Zweige abbrachen, denn da verstand Johann Wolfgang Textor keinen Spaß.

Als sie älter wurden und allmählich die feinen Sitten der Erwachsenen annahmen, ging es bei den Zusammenkünften im Garten, zu denen auch Freunde und Freundinnen der zwei Geschwisterpaare kamen, friedlicher zu. Man saß beieinander, plauderte, sang, erzählte sich Märchen oder trieb kleine Gesellschaftsspiele. Beim Märchenerzählen tat Johann Wolfgang Goethe, der Sohn des Herrn Kaiserlichen Rats aus dem Hirschgraben, sich besonders hervor.

So hatte das junge Volk sich auch an einem schönen, schon fast sommerlich warmen Maientag des Jahres 1763 im Textorschen Garten zusammengefunden. Der junge Bernhard Crespel war vor kurzem heimgekehrt. Sein Vater hatte ihn auf Schulen in Bruchsal, Pont-à-Mousson und Metz geschickt, und er wußte viel von Menschen und Städten zu erzählen, wobei er oft vom Deutschen ins Französische verfiel. In einer Pause rief seine jüngere Schwester, das Fränzchen, plötzlich: „Aber ich muß euch doch zeigen, was der Bernhard mir aus Metz mitgebracht hat!“ Sie lief ins elterliche Haus hinüber, und als sie zurückkam, hielt sie einen aus Porzellan gefertigten, hübsch bemalten Apfel, wie man sie damals gern schenkte, auf der Hand und zeigte ihn stolz dem Kreis mit der Frage: „Ratet, was darin steckt!“

„Hoffentlich kein Wurm“, rief Cornelia Goethe.

„Aber pfui“, sagte das Fränzchen schmollend, „kein Wurm, sondern etwas viel Schöneres. Ratet!“

Während sie sich zierlich um sich selber drehte und den Apfel auf der Hand balancierte, meinte Wilhelm Moors, Johann Wolfgang

Goethes bester Freund und mit ihm an einem Tage geboren, lächelnd: „Wenn das Fränzchen keine Röcke anhätte, könnte man es eben just für Merkur, den Götterboten, halten."

„Oder besser noch für die Eris", fiel Heinrich Sebastian Hüsgen ein, der älteste im Kreis und der gelehrteste dazu, wie vor allem die Mädchen meinten.

„Eris? Wer ist denn das schon wieder?" Das Fränzchen hielt inne und sagte kopfschüttelnd: „Die jungen Herren erfahren auf dem Gymnasium und anderswo so viele gelehrte Dinge, die uns Mädchen unbekannt bleiben. Doch schaut erst, was in meinem Apfel steckt." Sie drehte am Stiel des Apfels, wodurch sich der Deckel der Dose öffnete, und hob die zierliche Figur einer ebenfalls aus Porzellan geformten Tänzerin heraus, stellte sie, in ihrer graziösen Pose erstarrt, auf ihre Hand.

Als alle die kleine Tänzerin bewundert hatten, barg das Fränzchen sie behutsam wieder in ihrem Wohnhaus, dem Apfel, setzte sich nieder, diesen im Schoß behaltend und rief: „So, und nun will ich von Monsieur Hüsgen wissen, wer diese Eris war, der ich gleichen soll!"

Heinrich Sebastian Hüsgen ließ sich nicht lange bitten. „Eris", so begann er, „war die Schwester des Ares, von den Lateinern auch Mars genannt, und da dieser der Gott des Krieges war, so galt sie als die Göttin des Streites."

„Pfui", unterbrach ihn das Fränzchen, „ich bin doch keine streitsüchtige Person!"

Doch Hüsgen ließ sich nicht aus der Ruhe bringen. „Besagte Eris", setzte er seine Erzählung fort, „warf bei der Hochzeit des Peleus und der Thetis, die zu den Meeresgöttinnen gehörte und als einzige ihre Schwestern verließ, um zu heiraten, einen goldenen Apfel unter die Gäste, der die Aufschrift 'Der Schönsten' trug."

„Und wie wurde die Schönste herausgefunden?" erkundigte sich Fränzchen Crespel.

„Um den Preis bewarben sich die Göttinnen Hera, Athena und Aphrodite, und zum Schiedsrichter machte man Paris, einen Prinzen von Troja. Die drei göttlichen Damen versuchten, ihn durch Versprechungen für sich zu gewinnen. Hera versprach ihm Herr-

schaft und Reichtum, Athena Ruhm und Weisheit. Schönheitskönigin wurde jedoch Aphrodite, denn sie hatte dem Paris die schönste Frau auf Erden versprochen. Das war Helena, und sie gehörte dem König Menelaus von Sparta. Paris mußte sie diesem rauben, und daraus entstand der große trojanische Krieg, der über zehn Jahre dauerte und mit der Zerstörung der Stadt endete. Davon hat unser Fränzchen wohl schon gehört."

„Eine schöne Geschichte", lobte diese und setzte hinzu, sich im Kreis der Mädchen umblickend: „Wie würde wohl das Urteil eines neuen Paris unter uns ausfallen?"

„Darüber ließe sich reden", meinte Wolfgang Goethe. „Allerdings müßten unsere jungen Damen sich dann so wie die griechischen Göttinnen aller ihrer Hüllen entledigen."

„Pfui", rief das Fränzchen, blitzte den Wolfgang keck an, bekam jedoch ein purpurrotes Gesicht. „Zur Strafe wird der Herr uns bei der nächsten Zusammenkunft hier in diesem Garten ein Märchen erzählen, das „Der neue Paris" heißen soll. Man bittet ihn aber, uns nach Möglichkeit mit nackten antiken Göttinnen zu verschonen. Dergleichen schickt sich nicht recht für ehrbare Frankfurter Bürgerstöchter."

Alle Mädchen klatschten ihr Beifall, und danach brach man bald auf, denn es begann kühl zu werden.

Als man sich in der Woche nach Pfingsten wieder im Garten des Herrn Stadtschultheißen Textor traf, erinnerte Fränzchen Crespel den Wolfgang Goethe sogleich an das fällige Märchen, und dieser begann alsbald: „Wie von Mademoiselle Crespel befohlen, habe ich ein Märchen ersonnen und nach Wunsch benannt. Es heißt somit

Der neue Paris

Mir träumte neulich in der Nacht vor Pfingstsonntag, als stünde ich vor einem Spiegel und beschäftigte mich mit den neuen Sommerkleidern, welche mir die lieben Eltern auf das Fest hatten machen lassen. Der Anzug bestand, wie ihr wißt, in Schuhen von sauberem Leder, mit großen silbernen Schnallen, feinen baumwollnen Strümpfen, schwarzen Unterkleidern von Sarsche[1] und einem Rock von grünem Berkan[2] mit goldnen Balleten[3]. Die Weste dazu, von Goldstoff, war aus meines Vaters Bräutigamsweste geschnitten. Ich war frisiert und gepudert, die Locken standen mir wie Flügelchen vom Kopfe; aber ich konnte mit dem Anziehen nicht fertig werden, weil ich immer die Kleidungsstücke verwechselte und weil mir immer das erste vom Leibe fiel, wenn ich das zweite umzunehmen gedachte.

1) Sarsche = Sersche, Serge = Atlas-Gewebe.
2) Berkan = Barakan = ein wollenes Gewebe.
3) Ballette = Paillette = glitzerndes Metallblättchen, als Kleiderschmuck aufgenäht.

In dieser großen Verlegenheit trat ein junger schöner Mann zu mir und begrüßte mich aufs freundlichste. „Ei, seid mir willkommen“, sagte ich, „es ist mir ja gar lieb, daß ich Euch hier sehe.“

„Kennt Ihr mich denn?“ versetzte jener lächelnd.

„Warum nicht?“ war meine gleichfalls lächelnde Antwort. „Ihr seid Merkur, und ich habe Euch oft genug abgebildet gesehen.“

„Das bin ich“, sagte jener, „und von den Göttern mit einem wichtigen Auftrag an dich gesandt. Siehst du diese drei Äpfel?“

Er reichte mir seine Hand her und zeigte mir drei Äpfel, die sie kaum fassen konnte und die ebenso wundersam schön als groß waren, und zwar der eine von roter, der andere von gelber, der dritte von grüner Farbe. Man mußte sie für Edelsteine halten, denen man die Form von Früchten gegeben.

Ich wollte danach greifen; er aber zog zurück und sagte: „Du mußt erst wissen, daß sie nicht für dich sind. Du sollst sie den drei schönsten jungen Leuten von der Stadt geben, welche sodann, jeder nach seinem Lose, Gattinnen finden sollen, wie sie solche nur wünschen können. Nimm und mach deine Sachen gut!“ sagte er und gab mir die Äpfel in meine offenen Hände; sie schienen mir noch größer geworden zu sein.

Ich hielt sie darauf in die Höhe, gegen das Licht, und fand sie ganz durchsichtig; aber gar bald zogen sie sich aufwärts in die Länge und wurden zu drei schönen, schönen Frauenzimmerchen in mäßiger Puppengröße, deren Kleider von der Farbe der vorherigen Äpfel waren. So gleiteten sie sacht an meinen Fingern hinauf, und als ich nach ihnen haschen wollte, um wenigstens eine festzuhalten, schwebten sie schon weit in der Höhe und Ferne, daß ich nichts als das Nachsehen hatte.

Ich stand ganz verwundert und versteinert da, hatte die Hände noch in der Höhe und beguckte meine Finger, als wäre daran etwas zu sehen gewesen. Aber mit einmal erblickte ich auf meinen Fingerspitzen ein allerliebstes Mädchen herumtanzen, kleiner als jene, aber gar niedlich und munter; und weil sie nicht wie die andern fortflog, sonder verweilte und bald auf diese, bald auf jene Fingerspitze

tanzend hin und her trat, so sah ich ihr eine Zeitlang verwundert zu. Da sie mir aber gar so wohl gefiel, glaubte ich sie endlich haschen zu können und dachte geschickt genug zuzugreifen; allein in dem Augenblick fühlte ich einen Schlag an den Kopf, so daß ich ganz betäubt niederfiel und aus dieser Betäubung nicht eher erwachte, als bis es Zeit war, mich anzuziehen und in die Kirche zu gehen.

Unter dem Gottesdienst wiederholte ich mir jene Bilder oft genug; auch am großelterlichen Tische, wo ich zu Mittag speiste. Nachmittags wollte ich einige Freunde besuchen, sowohl um mich in meiner neuen Kleidung, den Hut unter dem Arm und den Degen an der Seite, sehen zu lassen, als auch, weil ich ihnen Besuche schuldig war. Ich fand niemanden zu Hause, und da ich hörte, daß sie in die Gärten gegangen, so gedachte ich ihnen zu folgen und den Abend vergnügt zuzubringen.

Mein Weg führte mich den Zwinger hin, und ich kam in die Gegend, welche mit Recht den Namen „Schlimme Mauer“ führt; denn es ist dort niemals ganz geheuer. Ich ging nur langsam und dachte an meine drei Göttinnen, besonders aber an die kleine Nymphe, und hielt meine Finger manchmal in die Höhe, in der Hoffnung, sie würde so artig sein, wieder darauf zu balancieren. In diesen Gedanken vorwärts gehend, erblickte ich linker Hand in der Mauer ein Pförtchen, das ich mich nicht erinnerte, je gesehen zu haben. Es schien niedrig, aber der Spitzbogen darüber hätte den größten Mann hindurch gelassen. Bogen und Gewände waren aufs zierlichste vom Steinmetz und Bildhauer ausgemeißelt, die Türe selbst aber zog erst recht meine Aufmerksamkeit an sich. Braunes uraltes Holz, nur wenig verziert, war mit breiten, sowohl erhaben als vertieft gearbeiteten Bändern von Erz beschlagen, deren Laubwerk, worin die natürlichsten Vögel saßen, ich nicht genug bewundern konnte. Doch was mir das Merkwürdigste schien, kein Schlüsselloch war zu sehen, keine Klinke, kein Klopfer, und ich vermutete daraus, daß diese Tür nur von innen aufgemacht werde. Ich hatte mich nicht geirrt; denn als ich ihr näher trat, um die Zieraten zu befühlen, tat sie sich hineinwärts auf, und es erschien ein Mann, dessen Kleidung etwas Langes, Weites und Sonderbares hatte. Auch ein ehrwürdiger Bart umwölkte sein Kinn; daher ich ihn für einen Juden zu halten geneigt war. Er aber, eben als wenn er meine Gedanken erraten hätte, machte das Zeichen des heiligen Kreuzes, wodurch er mir zu erkennen gab, daß er ein guter katholischer Christ sei.

„Junger Herr, wie kommt Ihr hierher, und was macht Ihr da?“ sagte er mit freundlicher Stimme und Gebärde.

„Ich bewundre“, versetzte ich, „die Arbeit dieser Pforte; denn ich habe dergleichen noch niemals gesehen, es müßte denn sein auf kleinen Stücken in den Kunstsammlungen der Liebhaber.“

„Es freut mich“, versetzte er darauf, „daß Ihr solche Arbeit liebt. Inwendig ist die Pforte noch viel schöner; tretet herein, wenn es Euch gefällt.“

Mir war bei der Sache nicht ganz wohl zumute. Die wunderliche Kleidung des Pförtners, die Abgelegenheit und ein sonst Ich-weiß-nicht-was, das in der Luft zu liegen schien, beklemmte mich. Ich verweilte daher unter dem Vorwande, die Außenseite noch länger zu betrachten, und blickte dabei verstohlen in den Garten; denn ein Garten war es, der sich vor mir eröffnet hatte. Gleich hinter der Pforte sah ich einen großen beschatteten Platz; alte Linden, regelmäßig voneinander abstehend, bedeckten ihn völlig mit ihren dicht ineinandergreifenden Ästen, so daß die zahlreichsten Gesellschaften in.der größten Tageshitze sich hätten darunter erquicken können.

Schon war ich auf die Schwelle getreten, und der Alte wußte mich immer um einen Schritt weiter zu locken. Ich widerstand auch eigentlich nicht; denn ich hatte jederzeit gehört, daß ein Prinz oder Sultan in solchem Falle niemals fragen müsse, ob Gefahr vorhanden sei. Hatte ich doch auch meinen Degen an der Seite; und sollte ich mit dem Alten nicht fertig werden, wenn er sich feindlich erweisen sollte? Ich trat also ganz gesichert hinein; der Pförtner drückte die Türe zu, die so leise einschnappte, daß ich es kaum spürte. Nun zeigte er mir die inwendig angebrachte, wirklich noch viel kunstreichere Arbeit, legte sie mir aus und bewies mir dabei ein besonderes Wohlwollen.

Hierdurch nun völlig beruhigt, ließ ich mich in dem belebten Raume an der Mauer, die sich ins Runde zog, weiterführen und fand manches an ihr zu bewundern. Nischen, mit Muscheln, Korallen und Metallstufen künstlich ausgeziert, gaben aus Tritonenmäulern reichliches Wasser in marmorne Becken; dazwischen waren Vogelhäuser angebracht und andere Vergitterungen, worin Eichhörnchen herumhüpften, Meerschweinchen hin und wieder liefen und was man nur sonst von artigen Geschöpfen wünschen kann. Die Vögel riefen und sangen uns an, wie wir vorüberschritten; die Stare besonders schwätzten das närrischste Zeug; der eine rief immer: „Paris, Paris" und der andere: „Narziß, Narziß", so deutlich als es ein Schulknabe nur aussprechen kann. Der Alte schien mich immer ernsthaft anzusehen, indem die Vögel dieses riefen. Ich tat aber nicht, als wenn ich's merkte und hatte auch wirklich nicht Zeit, auf ihn achtzugeben, denn ich konnte wohl gewahr werden, daß wir in die Runde gingen und daß dieser beschattete Raum eigentlich ein großer Kreis sei, der einen andern viel bedeutendern umschließe.

Wir waren auch wirklich wieder bis ans Pförtchen gelangt, und es schien, als wenn der Alte mich hinauslassen wolle. Allein, meine Augen blieben auf ein goldnes Gitter gerichtet, welches die Mitte dieses wunderbaren Gartens zu umzäumen schien und das ich auf unserm Gange hinlänglich zu beobachten Gelegenheit fand, ob mich der Alte gleich immer an der Mauer und also ziemlich entfernt von der Mitte zu halten wußte. Als er nun eben auf das Pförtchen losging, sagte ich zu ihm mit einer Verbeugung: „Ihr seid so äußerst gefällig gegen mich gewesen, daß ich wohl noch eine Bitte wagen möchte, ehe ich von Euch scheide. Dürfte ich nicht jenes goldne Gitter näher besehen, das in einem sehr weiten Kreise das Innere des Gartens einzuschließen scheint?“

„Recht gern“, versetzte jener, „aber sodann müßt Ihr Euch einigen Bedingungen unterwerfen.“

„Worin bestehen sie?“ fragte ich hastig.

„Ihr müßt Euren Hut und Degen hier zurücklassen und dürft mir nicht von der Hand, indem ich Euch begleite.“

„Herzlich gern“, erwiderte ich und legte Hut und Degen auf die erste beste steinerne Bank. Sogleich ergriff er mit seiner Rechten meine Linke und führte mich mit einiger Gewalt gerade vorwärts.

Als wir ans Gitter kamen, verwandelte sich meine Verwunderung in Erstaunen; so etwas hatte ich nie gesehen. Auf einem hohen Sockel von Marmor standen unzählige Spieße und Partisanen nebeneinandergereiht, die durch ihre seltsam verzierten oberen Enden zusammenhingen und einen ganzen Kreis bildeten. Ich schaute durch die Zwischenräume und sah gleich dahinter ein sanft fließendes Wasser, auf beiden Seiten mit Marmor eingefaßt, das in seinen klaren Tiefen eine große Anzahl von Gold- und Silberfischen sehen ließ, die sich bald sachte, bald geschwind, bald einzeln, bald zugweise hin und her bewegten.

Nun hätte ich aber auch gern über den Kanal gesehen, um zu erfahren, wie es in dem Herzen des Gartens beschaffen sei. Allein, da fand ich zu meiner großen Betrübnis, daß an der Gegenseite das Wasser mit einem gleichen Gitter eingefaßt war, und zwar in so künstlicher Weise, daß auf einen Zwischenraum diesseits gerade ein Spieß oder eine Partisane jenseits paßte und man also, die übrigen Zieraten mitgerechnet, nicht hindurchsehen konnte, man mochte sich stellen, wie man wollte. Überdies hinderte mich der Alte, der mich noch immer festhielt, daß ich mich nicht frei bewegen konnte. Meine Neugier wuchs indessen, nach allem, was ich gesehen, immer mehr, und ich nahm mir ein Herz, den Alten zu fragen, ob man nicht auch hinüberkommen könne.

„Warum nicht", versetzte jener, „aber auf neue Bedingungen."

Als ich nach diesen fragte, gab er mir zu erkennen, daß ich mich umkleiden müsse. Ich war es sehr zufrieden. Er führte mich zurück nach der Mauer in einen kleinen reinlichen Saal, an dessen Wänden mancherlei Kleidungen hingen, die sich sämtlich dem orientalischen Kostüm zu nähern schienen. Ich war geschwind umgekleidet; er streifte meine gepuderten Haare unter ein buntes Netz, nachdem er sie zu meinem Entsetzen gewaltig ausgestäubt hatte. Nun fand ich mich vor einem großen Spiegel in meiner Vermummung gar hübsch und gefiel mir besser als in meinem steifen Sonntagskleide. Ich machte einige Gebärden und Sprünge, wie ich sie von den Tänzern auf dem Meßtheater gesehen hatte. Unter diesem sah ich in den Spiegel und erblickte zufällig das Bild einer hinter mir befindlichen Nische. Auf ihrem weißen Grunde hingen drei grüne Strickchen, jedes in sich auf eine Weise verschlungen, die mir in der Ferne nicht deutlich werden wollte. Ich kehrte mich daher etwas hastig um und fragte den Alten nach der Nische sowie nach den Strickchen. Er, ganz gefällig, holte eins herunter und zeigte es mir. Es war eine grünseidene Schnur von mäßiger Stärke, deren beide Enden durch ein zwiefach durchschnittenes grünes Leder geschlungen, ihr das Ansehen gaben, als sei es ein Werkzeug zu einem eben nicht sehr erwünschten Gebrauch. Die Sache schien mir bedenklich, und ich fragte den Alten nach der Bedeutung. Er antwortete mir ganz gelassen und gütig: es sei dieses für diejenigen, welche das Vertrauen mißbrauchten, das man ihnen hier zu schenken bereit sei. Er hing die Schnur wieder an ihre Stelle und verlangte sogleich, daß ich ihm folgen solle; denn diesmal faßte er mich nicht an, und so ging ich frei neben ihm her.

Meine größte Neugier war nunmehr, wo die Türe, wo die Brücke sein möchte, um durch das Gitter, um über den Kanal zu kommen, denn ich hatte dergleichen bis jetzt noch nicht ausfindig machen können. Ich betrachtete daher die goldene Umzäumung sehr genau, als wir darauf zueilten. Allein, augenblicklich verging mir das Ge-

sicht, denn unerwartet begannen Spieße, Speere, Hellebarden, Partisanen sich zu rütteln und zu schütteln, und diese seltsame Bewegung endigte damit, daß die sämtlichen Spitzen sich gegeneinander senkten, eben als wenn zwei altertümliche, mit Piken bewaffnete Heerhaufen gegeneinander losgehen wollten. Die Verwirrung fürs Auge, das Geklirr für die Ohren war kaum zu ertragen, aber unendlich überraschend der Anblick, als sie völlig niedergelassen den Kreis des Kanals bedeckten und die herrlichste Brücke bildeten, die man sich denken kann; denn nun lag das bunteste Gartenparterre vor meinem Blick.

Es war in verschlungene Beete geteilt, welche zusammen betrachtet ein Labyrinth von Zieraten bildeten, alle mit grünen Einfassungen von einer niedrigen, wollig wachsenden Pflanze, die ich nie gesehen, alle mit Blumen, jede Abteilung von verschiedener Farbe, die ebenfalls niedrig und am Boden den vorgezeichneten Grundriß leicht verfolgen ließen. Dieser köstliche Anblick, den ich in vollem Sonnenschein genoß, fesselte ganz meine Augen, aber ich wußte fast nicht, wo ich den Fuß hinsetzen sollte. Denn die schlängelnden Wege waren aufs reinlichste von blauem Sande gezogen, der einen dunklern Himmel oder einen Himmel im Wasser an der Erde zu bilden schien. So ging ich, die Augen auf den Boden gerichtet, eine Zeitlang neben meinem Führer, bis ich zuletzt gewahr ward, daß in der Mitte von diesem Beeten- und Blumenrund ein großer Kreis von Zypressen oder pappelartigen Bäumen stand, durch den man nicht hindurchsehen konnte, weil die untersten Zweige aus der Erde hervorzutreiben schienen.

Mein Führer, ohne mich gerade auf den nächsten Weg zu drängen, leitete mich doch unmittelbar nach jener Mitte, und wie war ich überrascht, als ich, in den Kreis der hohen Bäume tretend, die Säulenhalle eines köstlichen Gartengebäudes vor mir sah, das nach den übrigen Seiten hin ähnliche Ansichten und Eingänge zu haben schien. Noch mehr aber als dieses Muster der Baukunst entzückte mich eine himmlische Musik, die aus dem Gebäude hervordrang. Bald glaubte ich eine Laute, bald eine Harfe, bald eine Zither zu hören und bald noch etwas Klimperndes, das keinem von diesen drei Instrumenten gemäß war. Die Pforte, auf die wir zugingen, eröffnete sich bald nach einer leisen Berührung des Alten; aber wie erstaunt war ich, als die heraustretende Pförtnerin ganz vollkommen dem niedlichen Mädchen glich, das mir im Traume auf den Fingern getanzt hatte. Sie grüßte mich auch auf eine Weise, als wenn wir schon bekannt wären, und bat mich hereinzutreten. Der Alte blieb zurück, und ich ging mit ihr durch einen gewölbten und schön verzierten kurzen Gang nach dem Mittelsaal, dessen herrliche domartige Höhe beim Eintritt meinen Blick auf sich zog und mich in Verwunderung setzte.

Doch konnte mein Auge nicht lange dort verweilen, denn es ward durch ein reizenderes Schauspiel herabgelockt. Auf einem Teppich, gerade unter der Mitte der Kuppel, saßen drei Frauenzimmer im

Dreieck, in drei verschiedenen Farben gekleidet, die eine rot, die andre gelb, die dritte grün; die Sessel waren vergoldet und der Teppich ein vollkommenes Blumenbeet. In ihren Armen lagen die drei Instrumente, die ich draußen hatte unterscheiden können; denn, durch meine Ankunft gestört, hatten sie mit Spielen innegehalten.

„Seid uns willkommen!“ sagte die mittlere, die nämlich, welche mit dem Gesicht nach der Türe saß, im roten Kleide und mit der Harfe. „Setzt Euch zu Alerten und hört zu, wenn Ihr Liebhaber von der Musik seid.“

Nun sah ich erst, daß unten quer vor ein ziemlich langes Bänkchen stand, worauf eine Mandoline lag. Das artige Mädchen nahm sie jetzt auf, setzte sich und zog mich an ihre Seite. Jetzt betrachtete ich auch die zweite Dame zu meiner Rechten; sie hatte das gelbe Kleid an und eine Zither in der Hand; und wenn jene Harfenspielerin ansehnlich von Gestalt, groß von Gesichtszügen und in ihrem Betragen majestätisch war, so konnte man der Zitherspielerin ein leicht anmutiges heitres Wesen anmerken. Sie war eine schlanke Blondine, da jene dunkelbraunes Haar schmückte. Die Mannigfaltigkeit und Übereinstimmung ihrer Musik konnte mich nicht abhalten, nun auch die dritte Schönheit im grünen Gewande zu betrachten, deren Lautenspiel etwas Rührendes und zugleich Auffallendes für mich hatte. Sie war diejenige, die am meisten auf mich achtzugeben und ihr Spiel an mich zu richten schien; nur konnte ich aus ihr nicht klug werden, denn sie kam mir bald zärtlich, bald wunderlich, bald offen, bald eigensinnig vor, je nachdem sie die Mienen und ihr Spiel veränderte. Bald schien sie mich rühren, bald mich necken zu wollen. Doch mochte sie sich stellen wie sie wollte, so gewann sie mir wenig ab, denn meine kleine Nachbarin, mit der ich Ellbogen an Ellbogen saß, hatte mich ganz für sich eingenommen, und wenn ich in jenen drei Damen ganz deutlich die Sylphiden[1] meines Traums und die Farben der Äpfel erblickte, so begriff ich wohl, daß ich keine Ursache hätte, sie festzuhalten.

Die artige Kleine hätte ich lieber angepackt, wenn mir nur nicht

---

[1]) Sylphide = ein weiblicher Luftgeist

der Schlag, den sie mir im Traume versetzt hatte, gar zu erinnerlich gewesen wäre. Sie hielt sich bisher mit ihrer Mandoline ganz ruhig; als aber ihre Gebieterinnen aufgehört hatten, so befahlen sie ihr, einige Stückchen zum besten zu geben. Kaum hatte sie einige Tanzmelodien gar aufregend abgeklimpert, so sprang sie in die Höhe; ich tat das gleiche. Sie spielte und tanzte; ich ward hingerissen, ihre Schritte zu begleiten, und wir führten eine Art von kleinem Ballett auf, womit die Damen zufrieden zu sein schienen, denn sobald wir geendigt, befahlen sie der Kleinen, mich derweil mit etwas Gutem zu erquicken, bis das Nachtessen herankäme. Ich hatte freilich vergessen, daß außer diesem Paradiese noch etwas anderes in der Welt wäre.

Alerte führte mich sogleich in den Gang zurück, durch den ich hereingekommen war. An der Seite hatte sie zwei wohleingerichtete Zimmer; in dem einen, wo sie wohnte, setzte sie mir Orangen, Feigen, Pfirsiche und Trauben vor, und ich genoß sowohl die Früchte fremder Länder als auch die der erst kommenden Monate mit großem Appetit. Zuckerwerk war im Überfluß; auch füllte sie einen Pokal von geschliffenem Kristall mit schäumendem Wein; doch zu trinken bedurfte ich nicht, denn ich hatte mich an den Früchten hinreichend gelabt.

„Nun wollen wir spielen", sagte sie und führte mich in das andere Zimmer. Hier sah es nun aus wie auf einem Christmarkt; aber so kostbare und feine Sachen hat man niemals in einer Weihnachtsbude gesehen. Da waren alle Arten von Puppen, Puppenkleidern und Puppengerätschaften, Küchen, Wohnstuben und Läden und einzelne Spielsachen in Unzahl. Sie führte mich an allen Glasschränken herum, denn in solchen waren diese künstlichen Arbeiten aufbewahrt. Die ersten Schränke verschloß sie aber bald wieder und sagte:

„Das ist nichts für Euch, ich weiß es wohl. Hier aber könnten wir Baumaterialien finden, Mauern und Türme, Häuser, Paläste, Kirchen, um eine große Stadt zusammenzustellen. Das unterhält mich aber nicht; wir wollen zu etwas anderem greifen, das für Euch und mich gleich vergnüglich ist."

Sie brachte darauf einige Kästen hervor, in denen ich kleines Kriegsvolk übereinandergeschichtet erblickte, von dem ich sogleich bekennen mußte, daß ich niemals so etwas Schönes gesehen hätte. Sie ließ mir die Zeit nicht, das einzelne näher zu betrachten, sondern nahm den einen Kasten unter den Arm, und ich packte den andern auf.

„Wir wollen auf die goldne Brücke gehen", sagte sie, „dort spielt sich's am besten mit Soldaten; die Spieße geben gleich die Richtung, wie man die Armeen gegeneinander zu stellen hat."

Nun waren wir auf dem goldnen schwankenden Boden angelangt; unter mir hörte ich das Wasser rieseln und die Fische plätschern, indem ich niederkniete, meine Linien aufzustellen. Es war alles Reiterei, wie ich nunmehr sah. Sie rühmte sich, die Königin der Amazonen zum Führer ihres weiblichen Heeres zu besitzen; ich dagegen fand den Achill und eine sehr stattliche griechische Reiterei. Die Heere standen gegeneinander, und man konnte nichts Schöneres sehen. Es waren nicht etwa flache bleierne Reiter, wie die unsrigen, sondern Mann und Pferd rund und körperlich und auf das feinste gearbeitet. Auch konnte man kaum begreifen, wie sie sich im Gleichgewicht hielten, denn sie standen für sich, ohne ein Fußbrettchen zu haben.

Wir hatten nun jedes mit großer Selbstzufriedenheit unsere Heerhaufen beschaut, als sie mir den Angriff ankündigte. Wir hatten auch Geschütz in unsern Kästen gefunden; es waren nämlich Schachteln voll kleiner wohlpolierter Achatkugeln. Mit diesen sollten wir aus einer gewissen Entfernung gegeneinander kämpfen, wobei jedoch ausdrücklich bedungen war, daß nicht stärker geworfen werde als nötig sei, die Figuren umzustürzen, denn beschädigt sollte keine werden.

Wechselseitig ging nun die Kanonade los, und im Anfang wirkte sie zu unser beider Zufriedenheit. Allein als meine Gegnerin bemerkte, daß ich doch besser zielte als sie und zuletzt den Sieg, der von der Überzahl der Stehengebliebenen abhing, gewinnen möchte, trat sie näher, und ihr mädchenhaftes Wesen hatte denn auch den gewünschten Erfolg. Sie streckte mir eine Menge meiner besten Truppen nieder, und je mehr ich protestierte, desto eifriger warf sie. Dies verdroß mich zuletzt, und ich erklärte, daß ich ein Gleiches tun würde. Ich trat auch wirklich nicht allein näher heran, sondern warf im Unmut viel heftiger, da es denn nicht lange währte, als ein paar ihrer kleinen Zentaurinnen in Stücke sprangen. In ihrem Eifer bemerkte sie es nicht gleich; aber ich stand versteinert, als die zerbrochnen Figürchen sich von selbst wieder zusammenfügten, Amazone und Pferd wieder ein Ganzes, auch zugleich völlig lebendig wurden, im Galopp von der goldnen Brücke unter die Linden setzten und, in Karriere hin und wieder rennend, sich endlich gegen die Mauer, ich weiß nicht wie, verloren.

Meine schöne Gegnerin war das kaum gewahr geworden, als sie in ein lautes Weinen und Jammern ausbrach und rief, daß ich ihr einen unersetzlichen Verlust zugefügt, der weit größer sei, als es sich aussprechen lasse. Ich aber, der ich schon erbost war, freute mich, ihr etwas zuleide zu tun, und warf noch ein paar mir übriggebliebene

Achatkugeln blindlings mit Gewalt unter ihren Heerhaufen. Unglücklicherweise traf ich die Königin, die bisher bei unserm regelmäßigen Spiel ausgenommen gewesen. Sie sprang in Stücke, und ihre nächsten Adjutanten wurden auch zerschmettert; aber schnell stellten sie sich wieder her und nahmen Reißaus wie die ersten, galoppierten sehr lustig unter den Linden herum und verloren sich gegen die Mauer. Meine Gegnerin schalt und schimpfte. Ich aber, nun einmal im Gange, bückte mich, einige Achatkugeln aufzuheben, welche an den goldnen Spießen herumrollten. Mein ergrimmter Wunsch war, ihr ganzes Heer zu vernichten; sie dagegen, nicht faul, sprang auf mich los und gab mir eine Ohrfeige, daß mir der Kopf summte. Ich, der ich immer gehört hatte, auf die Ohrfeige eines Mädchens gehöre ein derber Kuß, faßte sie bei den Ohren und küßte sie zu wiederholten Malen. Sie aber tat einen solchen durchdringenden Schrei, der mich selbst erschreckte. Ich ließ sie fahren, und das war mein Glück, denn in dem Augenblick wußte ich nicht, wie mir geschah. Der Boden unter mir fing an zu beben und zu rasseln. Ich merkte geschwind, daß sich die Gitter wieder in Bewegung setzten; allein ich hatte nicht Zeit zu überlegen, noch konnte ich Fuß fassen, um zu fliehen. Ich fürchtete, jeden Augenblick gespießt zu werden, denn die Partisanen und Lanzen, die sich aufrichteten, zerschlitzten mir schon die Kleider. Genug, ich weiß nicht, wie mir geschah, mir verging Hören und Sehen, und ich erholte mich aus meiner Betäubung, von meinem Schrecken am Fuß einer Linde, wider den mich das aufschnellende Gitter geworfen hatte.

Mit dem Erwachen erwachte auch meine Bosheit, die sich noch heftig vermehrte, als ich von drüben die Spottworte und das Gelächter meiner Gegnerin vernahm, die an der andern Seite, etwas gelinder als ich, mochte zur Erde gekommen sein. Daher sprang ich auf, und als ich rings um mich das kleine Heer nebst seinem Anführer Achill, welche das auffahrende Gitter mit herübergeschnellt hatte, zerstreut sah, ergriff ich den Helden zuerst und warf ihn wider einen Baum. Seine Wiederherstellung und seine Flucht gefielen mir nun doppelt, weil sich die Schadenfreude zu dem artigsten Anblick von der Welt gesellte, und ich war im Begriff, die sämtlichen Griechen ihm nachzuschicken, als auf einmal zischende Wasser von allen Seiten her, aus Steinen und Mauern, aus Boden und Zweigen, hervorsprühten und wo ich mich hinwendete, kreuzweise auf mich lospeitschten. Mein leichtes Gewand war in kurzer Zeit völlig durchnäßt, zerschlitzt war es schon, und ich säumte nicht, es mir ganz vom Leibe zu reißen. Die Pantoffeln warf ich von mir, und so eine Hülle nach der anderen; ja, ich fand es endlich bei dem warmen Tage sehr angenehm, ein solches Strahlbad über mich ergehen zu lassen. Ganz nackt schritt ich nun gravitätisch zwischen diesen willkommnen Gewässern einher und dachte mich lange so wohl befinden zu können. Mein Zorn verkühlte sich, und ich wünschte nichts mehr als eine Versöhnung mit meiner kleinen Gegnerin. Doch in einem Nu schnappten die Wasser ab, und ich stand nun feucht auf einem durchnäßten Boden.

Die Gegenwart des alten Mannes, der unvermutet vor mich trat, war mir keineswegs willkommen; ich hätte gewünscht, mich, wo nicht verbergen, doch wenigstens verhüllen zu können. Die Beschämung, der Frostschauer, das Bestreben mich einigermaßen zu bedecken, ließen mich eine höchst erbärmliche Figur spielen. Der Alte nutzte den Augenblick, um mir die größten Vorwürfe zu machen. „Was hindert mich", rief er aus, „daß ich nicht eine der grünen Schnuren ergreife und sie, wo nicht Eurem Hals, doch Eurem Rücken anmesse!"

Diese Drohung nahm ich höchst übel. „Hütet Euch", rief ich aus, „vor solchen Worten, ja nur vor solchen Gedanken, denn sonst seid Ihr und Eure Gebieterinnen verloren!"

„Wer bist denn du", fragte er trotzig, „daß du so reden darfst?"

„Ein Liebling der Götter", sagte ich, „von dem es abhängt, ob jene Frauenzimmer würdige Gatten finden und ein glückliches Leben führen sollen oder ob er sie will in ihrem Zauberkloster verschmachten und veralten lassen."

Der Alte trat einige Schritte zurück. „Wer hat dir das offenbart?" fragte er erstaunt und bedenklich.

„Drei Äpfel", sagte ich, „drei Juwelen."

„Und was verlangst du zum Lohn?" rief er aus.

„Vor allen Dingen das kleine Geschöpf“, versetzte ich, „das mich in diesen verwünschten Zustand gebracht hat.“

Der Alte warf sich vor mir nieder, ohne sich vor der noch feuchten und schlammigen Erde zu scheuen. Dann stand er auf, ohne benetzt zu sein, nahm mich freundlich bei der Hand, führte mich in jenen Saal, kleidete mich behend wieder an, und bald war ich wieder sonntägig geputzt und frisiert wie vorher.

Der Pförtner sprach kein Wort weiter; aber ehe er mich über die Schwelle ließ, hielt er mich an und deutete auf einige Gegenstände an der Mauer drüben über dem Weg, indem er zugleich rückwärts auf das Pförtchen zeigte. Ich verstand ihn wohl; er wollte nämlich, daß ich mir die Gegenstände einprägen möchte, um das Pförtchen desto gewisser wiederzufinden, welches sich unversehens hinter mir zuschloß.

Ich merkte mir nun wohl, was mir gegenüberstand. Über eine hohe Mauer ragten die Äste uralter Nußbäume herüber und bedeckten zum Teil das Gesims, womit sie endigte. Die Zweige reichten bis an eine steinerne Tafel, deren verzierte Einfassung ich wohl erkennen, deren Inschrift ich aber nicht lesen konnte. Sie ruhte auf dem Kragstein einer Nische, in welcher ein künstlich gearbeiteter Brunnen von Schale zu Schale Wasser in ein großes Becken goß, das wie einen kleinen Teich bildete und sich in die Erde verlor. Brunnen, Inschrift, Nußbäume, alles stand senkrecht übereinander; ich wollte es malen, wie ich es gesehen habe.

Nun läßt sich wohl denken, wie ich diesen Abend und manchen folgenden Tag zubrachte und wie oft ich mir diese Geschichten, die ich kaum selbst glauben konnte, wiederholte. Sobald mir's nur irgend möglich war, ging ich wieder zur „Schlimmen Mauer“, um wenigstens jene Merkzeichen im Gedächtnis anzufrischen und das köstliche Pförtchen zu beschauen. Allein, zu meinem größten Erstaunen fand ich alles verändert. Nußbäume ragten wohl über die Mauer, aber sie standen nicht unmittelbar nebeneinander. Eine Tafel war auch eingemauert, aber von den Bäumen weit rechts, ohne Verzierung und mit einer leserlichen Inschrift. Eine Nische mit einem Brunnen findet sich weit links, der aber jenem, den ich gesehen, durchaus nicht zu vergleichen ist, so daß ich beinahe glauben muß, das zweite Abenteuer sei so gut als das erste nur ein Traum gewesen, denn von dem Pförtchen findet sich überhaupt gar keine Spur. Das einzige, was mich tröstet, ist die Bemerkung, daß jene drei Gegenstände stets den Ort zu verändern scheinen, denn bei wiederholtem Besuch jener Gegend glaube ich bemerkt zu haben, daß die Nußbäume etwas zusammenrücken und daß Tafel und Brunnen sich ebenfalls zu nähern scheinen. Wahrscheinlich, wenn alles wieder zusammentrifft, wird auch die Pforte von neuem sichtbar sein, und ich werde mein Möglichstes tun, das Abenteuer wieder anzuknüpfen. Ob ich euch erzählen kann, was weiter begegnet, oder ob es mir ausdrücklich verboten wird, weiß ich nicht zu sagen."

Als Goethe sich dieses „Knabenmärchens" später wieder erinnerte und es in seine Lebenserinnerungen aufnahm, fügte er hinzu: „Dieses Märchen, von dessen Wahrheit meine Gespielen sich leidenschaftlich zu überzeugen trachteten, erhielt großen Beifall. Sie besuchten, jeder allein, ohne es mir oder den andern zu vertrauen, den angedeuteten Ort, fanden die Nußbäume, die Tafel und den Brunnen, aber immer entfernt voneinander, wie sie zuletzt bekannten, weil man in jenen Jahren nicht gern ein Geheimnis verschweigen mag. Hier ging aber der Streit erst an. Der eine versicherte, die Gegenstände rückten nicht vom Flecke und blieben immer in gleicher Entfernung untereinander. Der zweite behauptete, sie bewegten sich, aber sie entfernten sich voneinander. Mit diesem war der dritte über den ersten Punkt der Bewegung einstimmig, doch schienen ihm Nußbäume, Tafel und Brunnen sich vielmehr zu nähern. Der vierte wollte noch was Merkwürdiges gesehen haben: die Nußbäume nämlich in der Mitte, die Tafel aber und den Brunnen auf den entgegengesetzten Seiten als ich angegeben. In Absicht auf die Spur des Pförtchens variierten sie auch. Und so gaben sie mir ein frühes Beispiel, wie die Menschen von einer ganz einfachen und leicht zu erörternden Sache die widersprechendsten Ansichten haben und behaupten können. Als ich die Fortsetzung meines Märchens hartnäckig verweigerte, war dieser erste Teil öfter wieder begehrt. Ich hütete mich, an den Umständen viel zu verändern, und durch die Gleichförmigkeit meiner Erzählung verwandelte ich in den Gemütern meiner Zuhörer die Fabel in Wahrheit."

Zwei Jahre nach diesen Gartenunterhaltungen, im September 1765, reiste Johann Wolfgang Goethe mit dem Buchhändlerehepaar Fleischer nach Leipzig, um dort sein Studium zu beginnen. Bernhard Crespel hingegen wandte sich nach Paris, um an der berühmten Sorbonne weiter zu studieren, und ging von dort zur Universität Marburg. Die beiden Freunde sahen sich erst nach drei Jahren, im September 1768, wieder. Wolfgang Goethe kam erkrankt aus Leipzig zurück, und fast gleichzeitig mit ihm traf Crespel wieder in Frankfurt ein, leistete dem Kranken Gesellschaft und erzählte ihm, was sich inzwischen zugetragen hatte. Die Generalin Anna Maria von Hoffmann, geborene Textor, war 1766 verstorben. Der General hatte sich zum zweiten Mal, mit einer reichen Witwe, verheiratet. Danach hatte er, ohne seinen Mieter, den Juwelenhändler Crespel, zu benachrichtigen, das von seiner verstorbenen ersten Frau geerbte Haus in der Friedberger Gasse zum Kauf angeboten.

Erzürnt hatte Louis Crespel daraufhin das Mietverhältnis aufgekündigt. Da er immer noch viel in Geschäften unterwegs war, schlug er seiner Frau vor, ein neues Heim für die Familie zu suchen und zu erwerben. Sie erstand für vierzehntausend Gulden das Haus ihrer verstorbenen Base Münch, in dem der Schöffe von Olenschlager zur Miete wohnte. Als die Crespels dann von der Friedberger in die Eschenheimer Gasse umzogen, war Wolfgang Goethe nach einem neuen, heftigen Krankheitsanfall endgültig genesen. Bernhard Crespel hatte sich nach Wetzlar begeben, wo damals das Reichskammergericht seinen Sitz hatte, und ging anschließend an die Göttinger Universität.

Die Schwestern Bernhards traf Wolfgang Goethe in der Eschenheimer Gasse als junge Damen wieder. Fränzchen Crespel hatte sich zu einer geschickten Klavierspielerin entwickelt und glänzte im Bethmannschen Hause. Wolfgang Goethe verliebte sich alsbald in das frische, muntere Mädchen, doch Fränzchen vermied es, ihn fest an sich zu binden. Als er im März 1770 nach Straßburg im Elsaß aufbrach, schickte er ihr ein Briefchen, und darin stand:

Laß mein Aug den Abschied sagen,
den mein Mund nicht nehmen kann!
Schwer, wie schwer ist er zu tragen!
Und ich bin doch sonst ein Mann.

Traurig wird in dieser Stunde
selbst der Liebe süß'tes Pfand,
kalt der Kuß von deinem Munde,
matt der Druck von deiner Hand.

Sonst, ein leicht gestohlen Mäulchen,
o, wie hat es mich entzückt!
So erfreuet uns ein Veilchen,
das man früh im März gepflückt.

Doch ich pflücke nie ein Kränzchen,
keine Rose mehr für dich,
Frühling ist es, liebes Fränzchen,
aber leider Herbst für mich.

Im August 1771 erwarb Johann Wolfgang Goethe an der Straßburger Universität den Titel eines Lizentiaten der Rechte, kehrte noch im gleichen Monat nach Frankfurt zurück und bat in einem Gesuch an den Rat um seine Zulassung als Rechtsanwalt, die ihm auch bewilligt wurde. Sein Freund Bernhard Crespel hatte inzwischen in Göttingen sein Rechtsstudium abgeschlossen. Auf den Doktorhut mußte auch er verzichten, da Louis Crespel seinen Sohn unbedingt im Reichspostdienst der Thurn und Taxis versorgt sehen wollte, weil dieser als Katholik wenig Aussicht hatte, als Advokat zugelassen zu werden. So wurde Bernhard 1771 zunächst Accessist, also junger Postoffizier, beim Frankfurter Oberpostamt und erhielt nach einer Regensburger Probezeit von einigen Monaten im Jahre 1777 die Stelle eines Archivars mit Dienstwohnung im Thurn-und-Taxis-Palais in der Eschenheimer Gasse, unmittelbar bei seinem Elternhaus. Auch den Hofratstitel, der ihm zum Scherz gleich nach seiner Geburt verliehen worden war, erhielt er nun wirklich.

Die Mutter der drei Crespel-Kinder, Frau Katharina Elisabeth, war schon 1770 verstorben. Der alte Louis Crespel gab 1776 seinen Juwelenhandel auf und starb 1794 mit neunundachtzig Jahren, bis zum Schluß gepflegt von der älteren Tochter Katharina, die ledig blieb und im Jahre 1801 verschied. Das Fränzchen hingegen heiratete 1773 den aus dem damals zu Preußen gehörenden Fürstentum Neuenburg zugewanderten Uhrenhändler Peter Friedrich Jaquet. Er wurde durch die Heirat Frankfurter Bürger und betrieb sein Geschäft im Haus Braunfels auf dem Liebfrauenberg. Nach seinem frühen Tod führte das Fränzchen die Handlung weiter. Ihre Tochter heiratete später einen preußischen Offizier.

Die Freundschaft zwischen den Goethes und den Crespels dauerte fort. Die Frau Rat Goethe nannte Bernhard sogar ihren Sohn und schrieb ihm tröstliche Briefe, als er nach Regensburg mußte und sich dort, unter den „seidenen Buben" am Hof des Fürsten Thurn und Taxis, gar nicht wohl fühlte. Sie bemutterte ihn statt des eigenen Sohnes, der 1775 vom Herzog Carl August von Sachsen nach Weimar eingeladen worden war und dort blieb, ja es sogar bis zum Minister brachte.

Im Jahre 1787 heiratete Bernhard Crespel die reformierte Kaufmannstochter Henriette Schmiedel, die zwar in Gera zur Welt gekommen war, aber aus einer angesehenen Frankfurter Familie stammte. Ihre Mutter war eine Hassel, und die Hassel leiteten ihren Namen von einem uralten, siebenundachtzig Schuh hohen und fünf Frankfurter Ellen starken Haselnußbaum ab, unter dem schon Kaiser Leopold I. wiederholt gespeist hatte.

Aus dieser Ehe gingen zwei Buben und zwei Mädchen hervor. Nachdem der alte Louis Crespel verstorben war und Bernhard auch noch seinen Regensburger Onkel beerbt hatte, war ihm das unruhige Treiben im Frankfurt der Revolutionskriege leid geworden. Er gab seine Stellung als Archivar der Thurn und Taxis'schen Reichspost auf. Als seine Schwester Katharina eine andere Bleibe gefunden hatte, verkaufte er das väterliche Haus und zog in das Städtchen Laubach am Vogelsberg. Dort schloß er Freundschaft mit dem jungen Grafen Friedrich Ludwig Christian von Solms-Laubach, der ihm die „Friedrichsburg“ als Wohnsitz anbot. Doch 1796 baute sich der Rat Crespel auf neu erworbenem Grund und Boden ein eigenes Haus nach seinem Geschmack. Er erlebte noch die Hochzeit seiner ältesten Tochter mit Georg Friedrich Buderus vom Laubacher Eisenwerk und vernahm noch die Nachricht von der großen Leipziger Völkerschlacht, die Napoleons Fall einleitete. Am 24. November 1813 starb er; die nach der großen Schlacht westwärts reitenden Kosaken hatten den Typhus eingeschleppt, dem er erlag.

Nach Frankfurt war Bernhard Crespel von Laubach aus nur noch selten gekommen, um zuerst beide Schwestern, dann nur noch das überlebende Fränzchen zu besuchen, dazu seine alte mütterliche Freundin, die Frau Rat Goethe, die fünf Jahre vor ihm das Zeitliche segnete. Es wurde in der Stadt viel von den Absonderlichkeiten des Rats Crespel erzählt, insbesondere von seinem seltsamen Hausbau. So wurde Crespel auch dem Dichter Clemens Brentano aus dem „Goldenen Kopf“ in der Sandgasse zu einer schon halb märchenhaften Gestalt. Als solche beschrieb er ihn einmal in fröhlicher Laune zu Berlin dem aus dem fernen preußischen Königsberg stammenden Juristen und Dichter Ernst Theodor Amadeus Hoffmann, und der erdachte dann das zum Teil wahre, zum Teil frei erfundene Märchen vom „Rat Crespel“, wie es auch in diesem Buch zu lesen steht.

(Johann Wolfgang Goethe —
die Rahmenerzählung frei nach Wilhelm Hertz)

Die bunte Katze Bella

Der alte Türmer Matthias hatte seinen mittäglichen Rundgang beendet. Nachdem er noch ein paar Buchenscheite nachgelegt hatte, rückte er seinen Sessel an den Ofen und machte sich's darin bequem. Die Tür zu seiner Turmstube hatte er einen kleinen Spalt offen gelassen. Das tat er immer. Wenn man, wie er, schon dreißig Jahre auf einem Turm und gar auf dem Frankfurter Pfarrturm hauste, dann hatte man sozusagen immer ein Ohr nach draußen gestellt und vernahm jedes ungewohnte Geräusch, von einem „Feurio"-Ruf gar nicht zu reden. Ohne daß er sich rühmen wollte: war in der Stadt drunten irgendwo ein Feuer ausgebrochen, dann hatte er es bis auf den heutigen Tag immer als erster von oben entdeckt und die Sturmglocke geschlagen.

Diesen Mittag hatte er nichts Ungewöhnliches erspäht. Es war kalt draußen. Auf den Dächern lag Schnee, und nur aus den Schornsteinen stieg feiner Rauch auf. Es war alles friedlich, seit die Franzosen vor drei Jahren, 1763, abgezogen waren. So konnte er unbesorgt einen kleinen Mittagsschlaf halten. Er zog seine alte Decke über die Beine, denn die Gicht plagte ihn zu dieser Jahreszeit, und nickte ein. Er schlief tiefer als sonst. Einmal war es ihm, als ob die Tür leise knarrte, und dann war es so, als ob etwas auf seine Knie spränge und sich darauf niederließe. Darauf begann es zu schnurren, und endlich vernahm Matthias sogar eine feine Stimme. Er wollte aufwachen und schauen, was das war, aber er schlief weiter und hörte der schmeichelnden Stimme zu, die sprach:

„Hier bin ich und gedenke bei dir zu bleiben, Türmer. Denn du hast es warm und ruhig hier, und die bösen Hunde werden sich nicht herauf wagen. Du brauchst keine Sorge zu haben. Im Essen bin ich sehr bescheiden. Ein Schüsselchen Milch wirst du immer einmal für mich haben, und sonst brauche ich nicht viel. Ob es hier oben auch Mäuse gibt, wird sich zeigen.

Doch zuerst wirst du ja wissen wollen, wer ich bin und woher ich komme. Mein Name ist Bella, und das bedeutet 'die Schöne'. Wenn du nachher aufwachst, wirst du sagen, daß der Name zutrifft, und wenn du die Frankfurter 'Frag- und Anzeigungsnachrichten' lesen würdest, dann hättest du gestern sogar eine Beschreibung von mir darin finden können. Die hab' ich auswendig gelernt. Hör' genau zu: 'Den Sonntag vor Neujahr des Abends ist auf der Zeil nächst der Schäfergaß eine Kätzin von allerlei Farben, die nur eine Katze haben kann, mit einem spitzen Kopf und auf dessen beiden Seiten einen schwarzen Placken habend, verloren worden. Wer solche wiederbringt oder davon Anzeige tut, soll eine reichliche Verehrung bekommen.'

Auf diese Verehrung wirst du es, so denke ich mir, nicht abgesehen haben. Du siehst nicht so aus, als ob du so hinter dem Geld her wärest wie andere Leute, mit denen ich meine Erfahrungen gemacht habe.

Bis zum letzten Tag des vergangenen Jahres hatte ich meine Heimat bei der Wittib Susanna Thau, der Frau des schon lange verstorbenen Flickschusters Johann Carl Thau. Wir wohnten zusammen recht behaglich in einer kleinen Wohnung in der oberen Schäfergasse. Die Wittib Thau war eine brave Frau, und sie hat es mir gegenüber an nichts fehlen lassen. Einundachtzig Jahre alt ist sie geworden. Kinder waren keine mehr da. Von ihren Verwandten lebt nur noch ein Schwesterkind draußen in Bornheim. Diese Martha Greulich macht ihrem Namen alle Ehre, und ihr Mann, der Johann Greulich, ist noch schlimmer. Das hab' ich zuerst nicht gewußt, aber nun am eigenen Leibe erfahren. Um die Tante haben sie sich erst gekümmert, nachdem sie erfahren hatten, daß der eine Erbschaft zugefallen war, von einer alten Jugendfreundin, mit der sie draußen auf dem Dorf in der Wetterau aufgewachsen ist. Davon hat sie mir oft erzählt.

Vielleicht staunst du, Türmer, daß ich die Menschensprache so gut beherrsche? Das hat sie, die Susanna, mir beigebracht. Die konnte nämlich ein wenig zaubern. Jetzt, da sie tot ist, darf man's sagen. Wir waren eben oft allein und haben die Zeit genutzt. Dabei hat sie mir aber eingeschärft, daß ich zwar aufpassen soll, was die Menschen reden, aber nur in der Menschensprache mit ihnen sprechen darf, wenn sie schlafen, damit sie beim Aufwachen denken, sie hätten geträumt. So wird es auch dir gehen.

Eines Tages sagte sie zu mir: „Wenn man über die Achtzig hinaus ist, muß man auch einmal ans Sterben denken. Was soll aus dir werden, wenn ich einmal tot bin? Wer wird für dich sorgen?" — Da beschlossen wir, daß sie ein Testament machen sollte. Das setzte uns der Notar auf, der in unserer Nachbarschaft wohnte und auch versprach, dafür zu sorgen, daß es genau eingehalten würde. Die wichtigste Bestimmung darin war die, daß die Martha Greulich die Erbschaft nur erhalten sollte, wenn sie sich zuvor verpflichtete, für mich, die Katze Bella, gewissenhaft zu sorgen. Sonst sollte das Geld, das im Sparstrumpf lag, dem Almosenkasten zufallen.

Als nun die Susanna Thau zu meinem Leidwesen gestorben und begraben war, da wurden die beiden Greulichs in den Römer bestellt. Das Testament wurde ihnen vorgelesen und die Martha Greulich befragt, ob sie gewillt sei, getreulich für mich zu sorgen. Das mußte sie wohl oder übel versprechen, weil sie ja das Geld haben wollte. Danach kamen die zwei mit dem Notar in unsere Wohnung und fingen sogleich an, nach dem Sparstrumpf in Frau Susannas Bett zu suchen. Da wußte der Notar, was für einer Sorte von Menschen die beiden angehörten, und er sagte: „Das Geld ist beim Ratsschreiber verwahrt. Das wird euch erst in einigen Wochen übergeben, wenn ihr bewiesen habt, daß ihr gut für die Bella sorgt. Ich werde mich selbst davon überzeugen. Nehmt sie also gleich mit. Was sonst noch in der Wohnung ist, könnt ihr in den nächsten Tagen holen oder auch jetzt schon etwas zusammenpacken."

Damit ging er davon und ließ mich mit den beiden allein. Die machten ziemlich lange Gesichter. Während die Martha ein Bündel zusammenschnürte, ging der Johann in den Keller und kam mit einem alten Sack wieder, den er dort in einer Ecke gefunden hatte. „Da hinein", sagte er zu seiner Frau, „stopfen wir das bunte Scheusal, und wir werden schon dafür sorgen, daß es die Alte nicht allzu lange überlebt."

Er wußte ja nicht, daß ich ihn verstand, aber ich wußte nun, woran ich war. Ich versuchte, durch den Ausschlupf an der Tür zu entrinnen, aber die Martha stand davor. Ich mochte fauchen und kratzen, wie ich wollte, endlich packte der Johann mich und warf mich in den

feuchten, übel riechenden Sack. Den hängte er sich mitsamt dem Bündel, das die Martha geschnürt hatte, über die Schulter und fort ging's.

Das war mein Abschied von der alten Heimat. In meinem dunklen Gefängnis unsanft hin und her geschaukelt, suchte ich nach einem Ausweg und fand ihn. Der Sack hatte eine dünne Stelle, und wenn ich Zähne und Krallen tüchtig brauchte, dann mußte ein Loch entstehen, durch das ich mich zwängen konnte. Ich arbeitete mit aller Kraft, und es gelang. Ohne daß der Greulich es merkte, gewann ich auf solche Art die Freiheit. Ich fiel unsanft auf die Straße, aber ich fiel auf meine vier Pfoten und brachte mich alsbald im nächsten Häuserwinkel in Sicherheit. Der Greulich wird ein ziemlich dummes Gesicht gemacht haben, als er daheim in Bornheim den Sack öffnete, um mich herauszulassen und merkte, daß ihm das Erbschaftspfand entkommen war.

Du kannst dir denken, wie mir's zumute war. Heimatlos, hungrig und frierend hockte ich die ganze Nacht in dem Häuserwinkel, der mich wenigstens vor dem kalten Winterwind schützte. Zurück in die alte Wohnung traute ich mich nicht. Da hätten sie mich leicht finden und wieder gefangennehmen können.

Am nächsten Morgen begann meine Irrfahrt durch die Frankfurter

Gassen. Ich weiß nicht, durch wie viele ich gelaufen bin. Immer wieder wurde ich von Hunden angefallen, zuweilen auch von Gassenbuben mit Schneeballen und Eisbrocken geworfen. Mein bunter Pelz, auf den ich sonst so stolz gewesen war, wurde mir lästig, weil er so auffällig war. Meinen Hunger stillte ich an einem Platz, wo sich lauter Fleischbänke befinden. Ihr Menschen nennt ihn, wie ich gehört habe, die Schirn. Eine mitleidige Metzgersfrau warf mir einen großen Brocken Fleisch zu. Den trug ich in einen Winkel und verzehrte ihn dort. Da war ich endlich satt und konnte mir überlegen, wie ich eine neue Unterkunft finden möchte, denn vor einer zweiten bitterkalten Nacht graute mir's.

Wieder nahm ich meine ziellose Wanderschaft auf, strich durch die Gassen und wich den Hunden aus, so gut ich konnte. Endlich hörte ich bei einer Rast in einem Mauerwinkel, wie jemand sich nach dem Haus des Kaiserlichen Rats Johann Caspar Goethe erkundigte. Da spitzte ich die Ohren, denn von der Wittib Susanna Thau wußte ich, daß der Kaiser der Höchste unter euch Menschen ist und daß ein neuer Kaiser immer in Frankfurt gewählt wird. Wenn einer aber ein Rat des Kaisers war, so mußte er auch eine armselige Katze schützen können. Daher folgte ich dem Fremden, bis dieser an einer Haustür den Türklopfer kräftig in Bewegung setzte. Eine Magd öffnete und ließ den Besucher ein. Ohne mich lange zu besinnen, schlüpfte ich hinterdrein ins Haus. Niemand achtete auf mich. Vom Hausflur aus fand ich eine Tür angelehnt, die sich leicht aufdrücken ließ. Da war ich in einer wunderbar warmen, behaglichen Küche. Am Herd saß die Hauskatze, aber die war alt und gutmütig, und ich ließ mich in ihrer Nähe auf einer Matte nieder. Bald schnurrten wir beide um die Wette.

Ich war so müde, daß ich beim Schnurren eingeschlafen sein muß, und ich wachte erst auf, als die Magd hereinkam und die Lampe anzündete. Sie war sehr erstaunt, als sie mich sah und rief ein Mal über das andere: „Wen haben wir denn da? Wo bist du denn hergekommen?“ Ich erhob mich und strich ihr schnurrend um die Beine. Sie streichelte mich, machte mein zerzaustes Fell wieder glatt und sagte: „Nein, so eine bunte Katze hab' ich noch nie gesehen!“

Dann aber holte sie ein Schüsselchen herbei und gab mir warme Milch aus einem Topf, der beim Herde stand. So gut hat mir warme Milch nie zuvor in meinem Leben geschmeckt. Während ich noch trank, kamen zwei andere weibliche Wesen in die Küche, und die Magd, die sie Liese nannten, rief: „Schaut nur, Frau Rätin und Jungfer Cornelia, was wir für einen seltsamen Besuch bekommen haben. Hat man je eine so bunte Katze gesehen?"

Die Jungfer Cornelia hockte sich neben mir nieder, strich mir übers Fell und sagte: „Du siehst wahrhaftig so aus, als ob du schneeweiß gewesen wärst und der Maler Seekatz hätte dich dann kunstvoll angestrichen. Schön bist du, und wir wollen dich Bella nennen."

Da hatte sie also doch sogleich meinen richtigen Namen erraten! Schon meinte ich, ein neues Zuhause gefunden zu haben, aber es sollte anders kommen. Als ich mich am nächsten Morgen aufmachte, um mein neues Haus gründlich zu inspizieren, lernte ich auch den Besitzer, den Herrn Kaiserlichen Rat, kennen. Er beäugte mich lange und aufmerksam und sagte dann zu seiner Frau, der Rätin: „Nun wohl, Katharina Elisabeth, das Tier mag bleiben, zumal unsere Katze alt und zu träge zum Mäusefangen geworden ist. Solch ein Farbenspiel habe ich bei einer Katze auch noch nicht gesehen. Das würde unserem Wolfgang gefallen. Wenn freilich der Besitzer nach dem Tier sucht, dann müßt ihr sie wieder hergeben."

Aber wie sollten die Greulichs nach mir suchen? Da war ich unbesorgt, und doch taten sie's. Zwei Tage später kam der Herr Rat mit einem Papier in die Küche. Das waren die Frankfurter Frag- und Anzeigungsnachrichten, und darin stand, was ich dir vorhin aufgesagt habe. Er las es vor und bemerkte dann: „Als Kaiserlicher Rat darf ich selbstverständlich in meinem Hause nichts dulden, das anderen gehört. Du, Liese, wirst also die Katze in einen Korb setzen und zu dem Drucker bringen, damit sie von ihm dem rechtmäßigen Besitzer wieder zugestellt wird. Die versprochene reichliche Verehrung magst du dann behalten."

Er verließ die Küche, und wir, die Rätin, die Jungfer Cornelia, die Magd Liese und ich, blieben bedrückt zurück. Für mich bedeutete der Spruch des Rats, daß die Liese mich wieder den Greulichs in die

Hände liefern sollte. Das aber wollte ich auf keinen Fall. So wartete ich eine günstige Gelegenheit ab. Als die Liese ein Fenster geöffnet hatte, um den Rauch vom Herd abziehen zu lassen, sprang ich hinaus. Verabschieden und bedanken konnte ich mich ja nicht.

Draußen war frischer Schnee gefallen, und mein bunter Pelz zog bald wieder die Aufmerksamkeit der Hunde und der Gassenbuben auf sich. Hier und da konnte ich mich durch einen kühnen Sprung oder einen Haken retten, aber schließlich hatte ich eine ganze Hundemeute unter der Anführung eines großen Metzgerhundes hinter mir und sah mich schon zwischen den Zähnen des Untiers zermalmt. Zuletzt ging die Hatz über den Platz vor deinem Turm hier, und hätte die Turmtür nicht offen gestanden, so wäre ich verloren gewesen. Mit einem Satz war ich drinnen auf der Treppe, und dahin trauten sich meine Verfolger nicht."

„Da hat also doch der Uhrmacher, der nach der Turmuhr sehen sollte, wieder die Tür offen gelassen, und das mitten im Winter", brummte der Türmer Matthias beim Aufwachen und — sah die bunte Katze auf seinen Knien sitzen.

„Wie?" rief er. „Du bist wirklich da und hast mir eben deine ganze Geschichte erzählt, oder hab' ich das nur geträumt?"

Doch die bunte Katze sagte nur: „Miau!" und rieb ihren spitzen Kopf an seiner Brust. Da fuhr er fort: „Nun, es mag so oder so sein, Bella. Du bist da und magst bleiben, solange es dir hier oben gefällt. Wir wollen gute Freundschaft halten!"

So hatte Bella wieder ein Zuhause gefunden, und sie verspürte keine Lust, wieder in die Welt drunten mit ihren Hunden und Gassenbuben zurückzukehren. Sie hatte ihre Milch, fing sich dann und wann eine vorwitzige Maus und hatte ein Sandkästchen — mehr brauchte sie nicht. Zuweilen fanden auch Hochzeiten auf dem Turm statt, und dann fiel immer etwas für den Matthias und sie ab.

Wenn sonst Besucher heraufkamen, versteckte Bella sich meist, obwohl nicht anzunehmen war, daß die Greulichs sie hier oben suchen würden. Die mochten ihrer Erbschaft nachtrauern, die inzwischen wohl an den Almosenkasten gefallen war. Geschah ihnen nur recht! — Eines Tages aber, gut zwei Jahre nachdem Bella sich zu Matthias gerettet hatte, erschallten von unten herauf frische junge Stimmen, von denen eine ihr bekannt vorkam. So blieb sie auf dem Lehnstuhl sitzen. Die Tür ging auf, und es erschienen ein junger Mann und ein junges Mädchen. „Grüß Euch, Türmer", sagte der junge Mann. „Ich muß morgen nach Straßburg verreisen, und damit ich entscheiden kann, ob die Aussicht von unserm Parrthorn oder die vom Straßburger Münster schöner ist und weiter reicht, sind wir heute schnell heraufgekommen, meine Schwester und ich. — Doch was ist das?"

Er blickte auf seine Schwester, die wie verzaubert auf die bunte Katze starrte, die auf dem Sessel des Türmers saß und ihrerseits die Jungfer ebenso unverwandt aus ihren grünen Augen anschaute. „Aber das ist ja unsere Bella!" rief das Mädchen schließlich. „Bella, du Ausreißerin, wie kommst du hierher auf den Domturm?"

„Wenn die junge Dame weiß, daß die Katze Bella heißt, dann kann sie nur das Fräulein Cornelia Goethe, die Tochter des Herrn Kaiserlichen Rats sein", sagte der Türmer Matthias.

„O ja, das bin ich, und der hier ist mein Bruder Wolfgang, der in Leipzig studiert hat, dann krank wurde und nun nach Straßburg reist, um dort weiter zu studieren. — Aber woher wißt Ihr denn so genau, daß die Bella bei uns gewesen ist, ehe sie zu Euch kam?"

„Sie hat mir's erzählt, während ich schlief", antwortete er.

„Aber das kann doch nicht wahr sein", entgegnete Cornelia Goethe. „Die Katzen sind zwar kluge Tiere, aber wie die Menschen sprechen können sie doch nicht."

„Wie man's nimmt", lächelte der Türmer, und dabei blieb es.

Dann traten sie hinaus, und die Geschwister Goethe blickten hinab auf ihre Stadt, auf die Häuser, die klein wie aus der Spielzeugschachtel unter ihnen lagen und auf das silberne Band des Mains. Dann schweifte ihr Blick hinüber zum Gebirge, der „Höhe", die im Sonnenlicht zu baden schien.

„Wie schön das alles ist", meinte Cornelia Goethe, als sie sich endlich von dem Anblick trennten. „Noch herrlicher kann der Blick vom Straßburger Münster kaum sein."

Dann nahm sie Abschied von der Katze Bella, die ihr, unermüdlich schnurrend, auf Schritt und Tritt gefolgt war, und versprach dem Türmer, ihrem Vater nicht zu verraten, daß die Katze bei ihm war. „Denn sonst", so meinte er, „wird sie vielleicht wieder abgeholt und muß dahin, wohin sie nicht will."

Das verstand Cornelia zwar nicht, aber der Alte mochte schon seine Gründe haben und Bella war ja damals auch sehr rasch verschwunden. Dahinter steckte wohl ein Geheimnis.

Ihr Bruder Wolfgang aber drückte dem Matthias eine Münze in die Hand und sagte: „Es ist doch merkwürdig. Da kommt man nun aus dem aufgeklärten Leipzig, wo man alles ins Licht des Verstandes rückt, und trifft hier, im gotischen Frankfurt, eine bunte Katze, die sprechen kann — oder einen Türmer, der sich aufs Träumen versteht."

Als der Klang der jungen Stimmen in der Tiefe des Turms verhallt war, wandte sich Matthias zu Bella und sprach: „Laß sie denken, was sie mögen, Bella. Wir wissen, was wir wissen."

„Miau“, sagte Bella und sprang auf seine Knie, als er sich's im Sessel bequem machte. Was sie ihm dann gesagt hat, als er eingeschlafen war und sie die Menschensprache brauchen konnte, läßt sich leicht erraten: „Es war schön im Haus des Rats Goethe, aber hier ist's noch viel schöner und sicherer dazu, und ich will immer bei dir bleiben.“

Da antwortete der Türmer Matthias im Schlaf: „So ist's gut, du bleibst, und wir wollen das Märchen von der bunten Katze Bella weiterspinnen, solange wir am Leben sind.“

Das Märchen vom silbernen Esel

„Laß dich mit Menschen, denen alles mißglückt, in keinen Verkehr ein, befolg' ihre besten Ratschläge nicht, denn sie bringen kein Gedeihen!“

Hinter dieser Klugheitslehre, die hier weder anempfohlen, noch widerraten werden soll, steckt ein Märchen, das gewiß älter als die Stadt Frankfurt ist, und diese Lehre hat vielleicht schon manchen zum reichen Mann gemacht.

Das Märchen aber geht so:

Es war einmal ein Eseltreiber im Morgenland, der reiste nach Bagdad. Sein Esel war mit zwei Körben voll bepackt, aber der Korb rechts war schwerer als der Korb links. Das bemerkte der Esel besser als der Eseltreiber, denn der Esel hinkte, und der Eseltreiber wußte, wie es scheint, nicht, warum.

Der Eseltreiber freute sich, die Bekanntschaft eines Mannes zu machen, der zu Fuß daher kam und ihn darauf hinwies, daß die Ursache des Hinkens die ungleiche Lastverteilung sei. Er stellte sogleich das Gleichgewicht der beiden Körbe her, und der Esel hinkte nun nicht mehr. Danach ließ er sich mit dem Mann in weitere Gespräche ein, bewunderte dessen vielseitiges Wissen, seinen durchdringenden Verstand und seine praktische Lebensanschauung, mußte sich aber über eines höchlich wundern, nämlich darüber, daß dieser kenntnis-

reiche, gescheite Mann so ärmlich gekleidet war und sich in so dürftigen Verhältnissen befand.

Befragt, mußte ihm jener die folgende trübselige Erfahrung gestehen: jedes Unternehmen, das er vorhabe, und wenn es auch noch so günstig, vorteilhaft und glückverheißend aussähe und beginne, mißlinge ihm dennoch, und er habe demzufolge schon alle seine Habseligkeiten eingebüßt.

Das war mehr, als der Eseltreiber vertragen konnte. Er bat seinen Gefährten, ihn sogleich zu verlassen, denn allein zu reisen, sei viel angenehmer. Darauf hielt er seinen Esel an und stellte die vorherige ungleiche Lastverteilung in den Körben wieder her, wonach der arme Esel wie zuvor wieder geduldig hinkte.

Der hinkende Esel und sein Treiber erreichten bald darauf ohne weitere Fährlichkeit Bagdad. Ob sie nicht ebenso glücklich auf die andere Art angekommen wären, steht nicht geschrieben, ebenso auch nicht, wo jener Ratgeber hingeraten, vor dessen gutem Rat selbst einem Eseltreiber gruselte. Lebt jener aber noch, so ist er gewiß nicht gestorben, steckt jedoch vielleicht im Pech bis über die Ohren.

Der Stammherr und Stifter des weltbekannten Rothschild'schen Hauses, Mayer Amschel Rothschild, der 1743 zu Frankfurt geboren wurde, kannte jene Eseltreiber-Geschichte nebst ihrer Moral gewiß auch sehr gut, denn er verordnete, daß sich in einem Zimmer einer jeden Familie, die zum Hause Rothschild gehört, ein zwei Körbe tragender, in Silber oder Gold gearbeiteter Esel befinden müsse.

Und so ist jenem hinkenden Esel von Bagdad ein Denkmal gesetzt, das länger hält als mancher „gute Rat" und das viele gescheite Esel überdauern wird.

Lieber Leser, womit hältst du's: mit dem „guten Rat" oder mit Rothschilds silbernem oder goldenem Esel?

(Karl Enslin)

Senckenberg und Pfefferkorn

Die Witwe eines Offiziers namens Pfefferkorn kam mittellos, sorgenbeladen und krank nach Frankfurt am Main und hoffte hier, für sich und ihr einziges Söhnchen, Johann Daniel genannt, bei Verwandten Unterstützung zu finden. Die Verwandten waren jedoch kurz vorher gestorben. Die Frau kehrte in einem Wirtshaus ein, wo sie, niedergebeugt von Mangel und Gram, nach einigen Tagen starb.

Nun stand der kleine Daniel allein in der Welt, allein in der großen fremden Stadt und mußte froh sein, daß der mitleidige Wirt ihn nicht aus dem Hause trieb, sondern ihm so lange Kost und Wohnung zu geben versprach, bis sich für den armen Knaben ein anderes Unterkommen gefunden habe.

Aber bald dauerte es dem Wirt zu lange. Der Knabe, der ihm nichts einbrachte, aber alle Tage mit aß, wurde ihm lästig, und auch der kleine Daniel wollte nicht länger umsonst von ihm ernährt und beherbergt sein.

Nun war es gerade um die Zeit, als Johann Christian Senckenberg, der hochverdiente Frankfurter Arzt, das Krankenhaus für Bürger bauen ließ, das jetzt noch in voller Blüte und reichem Segen dasteht und worin schon Tausende von mittellosen Kranken Zuflucht und Genesung fanden.

„Hör', Daniel", sagte der Wirt, „du hast nichts, du kannst nichts! Geh' hin ans Eschenheimer Tor und hilf beim Spitalbau. Dort werden noch Handlanger gesucht. Der Herr Doktor Senckenberg ist ein guter Mann, vielleicht hilft er dir. So aber kann's nimmer fortgehen."

Der kleine Daniel trat schüchtern unter die Bauleute und wurde zuerst herzlich ausgelacht von ihnen, als er sagte, er wolle auch bauen helfen am Haus für die Kranken.

„Ja, Kartenhäuser, aber keine steinernen. Du kannst ja kaum einen Ziegelstein heben. Scheinst auch das Pulver nicht erfunden zu haben!"

Der kleine Daniel aber ließ sich nicht irre machen, nahm gleich alle seine Kraft zusammen und schleppte zwei große Backsteine von dem Wagen an das Kellerloch, wo gerade dergleichen gebraucht wurden.

Über dies rüstige Angreifen freute sich der Oberaufseher und nahm den Knaben an als wohlbestallten Backsteinträger mit einigen Kreuzern Lohn am Tage. Die brachte Daniel gewissenhaft seinem Kostherrn, der nun auch ein Einsehen hatte und den Knaben etwas besser hielt, seitdem er Geld verdiente.

Unermüdlich fleißig schaffte der kleine Daniel den Tag über am Spitalbau. Konnte er aber von den Steinen loskommen, so beschäftigte er sich mit den Pflanzen. Er suchte Kräuter und Blumen, untersuchte die Wurzeln, Blütenkronen und Samenkapseln, sammelte die Samenkörner und ordnete sie nach Arten und Sorten und war bei dieser Beschäftigung, die ihm eine süße Erholung von der Tagesarbeit war, am allerglücklichsten.

Wenn er abends ermüdet nach Hause kam, sein Geld abgegeben hatte und ins Bett geschickt wurde, brachte er erst noch ein Stündlein damit zu, seine Schätze zu mustern und seine Samensammlung in guten Stand zu setzen, bis ihm bei seiner heimlichen Arbeit die Augen zufielen oder bis er von seinem Kostherrn mit den Worten

zur Ruhe getrieben wurde: „Schon wieder am Samenkram! Leg' dich schlafen. Denk an die Steine. Die bringen Geld ins Haus!"

Der unermüdlich tätige Bauherr des Krankenhauses, Doktor Johann Christian Senckenberg, der immer unter den Arbeitern umherging, hier Rat gab, dort zum Fleiß ermunterte und überall selbst nachsah, ob sein schönes Werk auch in seinem Sinne ausgeführt werde, bemerkte oft den kleinen, hübschen Backsteinträger, wie er keuchte und schwitzte unter den Steinlasten, die er sich im Eifer selbst auflud, und wie er, trotz seiner Schwäche und Kleinheit, oft mehr fertig brachte als mancher große Taglöhner, der beim Pfeifenausklopfen sich erst besann, ob er sich besinnen sollte, oder beim Prisennehmen erst Betrachtungen anstellte über die Vergänglichkeit der menschlichen Schnupftabaksdosen, ehe er wieder zu dem wohlerwogenen Entschluß kam, dem eingefügten Stein noch einen Hammerschlag zu geben oder die Kelle einmal, wenn die Dose erst regelrecht geschlossen war, in die andere Hand zu nehmen.

Doktor Senckenberg kannte seine Leute. Er sah bald, daß Daniel der schweren Arbeit nicht gewachsen war, daß aber der zarte, sinnige und gelehrige Junge anders und besser bei dem Bau zu verwenden sei. Glücklicherweise konnte Daniel ein wenig schreiben, und Doktor Senckenberg vertraute ihm nun die Aufsicht über die andern Handlanger an, deren Namen und die Zahl der gelieferten und gebrauchten Backsteine er aufnotieren mußte. Dieses Geschäft verrichtete Daniel so getreu und genau, daß der Arzt ihn immer lieber gewann und sich immer mehr des verwaisten Knaben annahm.

Bald bemerkte auch der gute Herr, welch große Liebe und Neigung Daniel zu den Pflanzen hatte, und da er selbst ein großer Pflanzenkenner und Pflanzenfreund war, so glaubte er, die Fähigkeiten des Knaben besser verwerten zu können als zum einförmigen Backsteindienst.

Er ließ den kleinen Samensammler von nun an in seinem Garten arbeiten, und dies entschied Daniels künftiges Lebensschicksal. Jetzt war er in seinem rechten Bereiche, jetzt hatte er eine Beschäftigung, die er nicht nur des Broterwerbs wegen, sondern aus Lust und Liebe betrieb. Jetzt fühlte er sich ganz glücklich.

Mit fast brüderlicher Liebe pflegte er die ihm anvertrauten Pflanzen. Bald kannte er nicht nur alle einheimischen, sondern auch alle ausländischen Gewächse, die ihm unter die Hand kamen und die Doktor Senckenberg mit Vorliebe und in reicher Auswahl hegte. Daniel war seinem Wohltäter schier unentbehrlich geworden. Dieser unterstützte ihn auf die väterlichste Weise, sprach gar oft mit seinen Freunden von seinem gelehrigen Zögling und konnte ihn nicht genug loben, den kleinen Botaniker Daniel Pfefferkorn.

Doch an schwachen Fäden hängt das menschliche Schicksal. Tod und Leben begegnen sich täglich auf der Straße. Die große Frage, warum dies so und nicht anders ist, hat noch kein Sterblicher gültig beantwortet. Und diese Frage drängt sich dem denkenden und fühlenden Menschen mächtig auf, wenn er sieht, daß ein Mann, der ein großes und heiliges Werk mit der größten Selbstaufopferung vollführt, sterben muß, ehe er die Vollendung desselben schaut, ohne daß er weiß, ob der göttliche Same, den er gestreut, auch göttliche Früchte tragen wird. Nur der vertrauensvolle Blick nach oben, woher allein Segen und Gedeihen kommt, kann hier Trost und Beruhigung geben.

Es war am 15. November des Jahres 1772. Wie gewöhnlich schritt Doktor Senckenberg, noch in starker Manneskraft, unter den Bauleuten umher. Es dachte keiner daran, daß er heute den guten Herrn zum letzten Male sehe.

Freudiger als sonst glänzte sein Angesicht, denn die Mauern des Hauses sah er schon hoch emporragen im Glanze der sinkenden Herbstsonne, und wie einst Moses den Berg Nebo bestieg und von dort das gelobte, verheißene Land Kanaan schaute, so stieg Senckenberg hinauf auf den durch seine Menschenliebe emporgerichteten Bau des unvollendeten Hauses, und vor seinem schauenden Geiste gingen sie vorüber, die Wohltäter, die sein Werk künftig ausführen würden, die Greise und Mütter und Kinder, denen er eine Stätte bereitet hatte in Tagen der Krankheit und Not.

Senckenberg sah die Zukunft unverschleiert vor sich liegen, dort oben auf der Zinne seines Hauses, und sein Herz dankte dem Herrn, der seinen Diener in Frieden dahinfahren lassen wollte; hatten doch seine Augen die Anstalt des Heils gesehen.

Ein Schritt noch, das Brett, das Senckenberg betritt, schlägt um, und hinunter in die Tiefe stürzt er von demselben Gerüst, das er noch kurz vorher zum Ausbau seines lieben Hauses aufführen half.

Er verschied bald darauf. Sein Werk aber wurde vollendet und blüht jetzt als eine der großartigsten, segensreichsten Anstalten nicht nur Frankfurts, sondern auch Deutschlands, nicht nur als Krankenhaus, sondern auch als eine Pflegeanstalt der Naturwissenschaften. Senckenbergs Denkmal ist sein „Stift“, Senckenbergs Andenken lebt ewig in den Herzen der dankbaren Frankfurter.

Mit dem Tod des Doktor Senckenberg war der kleine Botaniker Daniel Pfefferkorn abermals verlassen. Jetzt wird er wohl wieder Backsteine tragen müssen und handlangern bei den Pfeifenausklopfern und Prisennehmern? Und wenn sich seiner auch ferner niemand angenommen hätte, das hätt' er doch nicht gebraucht, denn er hatte etwas gelernt, und die geschickten Gärtner waren damals eben nicht gerade regimenterweise aufzustellen.

Aber ein Freund Senckenbergs, Doktor Lehr, nahm sich des fleißigen, geschickten, wohlerzogenen und ihm von Senckenberg oft empfohlenen jungen Menschen an, sorgte auch väterlich für ihn, so daß es Daniel Pfefferkorn bald nicht mehr schwer wurde, für sich selbst zu sorgen.

Der sparsame Jüngling hatte es bald dahin gebracht, daß er sich einen eigenen Garten vor dem Eschenheimer Tore kaufen konnte. Er fing überdies 1782 im „Steinernen Haus“ auf dem Markt einen kleinen Samenhandel (den ersten in Frankfurt) an und wurde durch eigene Strebsamkeit einer der berühmtesten Kunstgärtner seiner Zeit.

Daß er seinen Wohltäter Senckenberg in dankbarem Andenken behalten hat, braucht von einem solchen Manne nicht erst versichert zu werden.

(Karl Enslin)

Vom Meßgeleit und von der Aronswurzel

Hieronymus Peter Schlosser war schon ein gestandener Mann und Doktor der Rechtsgelehrsamkeit, als er 1777 auf die zweite Bank des Frankfurter Rats kam. Auf der ersten Bank saßen immer noch die Mitglieder der alten Patriziergeschlechter, während die zweite Juristen, Gelehrte und wohlhabende Kaufleute innehatten. Er war ein sehr fortschrittlich gesonnener Mann, der nicht viel von „alten Zöpfen“ hielt, sie am liebsten allesamt abgeschnitten hätte. Zu diesen „alten Zöpfen“ gehörte für ihn auch das noch aus mittelalterlichen Zeiten stammende Meßgeleit. Vielleicht hatte er über dessen Abschaffung einmal allzu laut gesprochen oder nahm man ihn, weil er ein Neuling im Rat war? Genug, schon im folgenden Jahr wurde er zum Geleitshauptmann bestimmt, mit der Aufgabe betraut, das kurmainzische Früh-Geleit auf der Gallenwarte, wie man die alte Galgenwarte nun nannte, in Empfang zu nehmen.

Ablehnen durfte er dieses Amt nicht, denn es war eine Ehre, Geleitshauptmann zu sein, so wie es eine Ehre war, im Rat der Reichsstadt zu sitzen. Als er etwas mißmutig vom Römer nach Hause ging und seiner Eheliebsten erzählte, daß er am 15. April den Geleitshauptmann „spielen“ müsse, da lachte Frau Margareta und meinte, einen schmucken Herrn Hauptmann habe sie sich schon lange gewünscht. Als Frankfurter Kind liebte sie die hergebrachten Bräuche und erklärte ihrem Eheherrn, der vierzehn Jahre älter als sie war, eine Messe ohne die Einholung der Kaufmannszüge durch das Geleit und ohne das Pfeifergericht wäre doch nur eine halbe Messe, und sie freue sich jetzt schon auf den Tag, an dem man ihn unter Trompetenklang am Hause abholen würde.

Da lachte auch er und küßte sie, und sie machte ihm immer neue Vorschläge, wie er sich an diesem Tag kleiden müsse. Am liebsten hätte sie ihn im Staatsgewand, in Samt und Seide, gesehen, doch davon wollte er nichts wissen. Ein sauberer Tuchrock mit einer Goldborte genüge vollauf, dazu ein schwarzer, nicht „plümaschierter“ Hut und schwarze Hosen. Silberne Sporen habe er ja vom Vater geerbt. „Unnötige Pracht“, so erklärte er, „sollte man vernünftigerweise vermeiden, des Beutels aber auch der Folgen wegen, denn weil gemeiniglich der Folgende es dem Vorhergehenden gleichtun will, so wächst endlich das Ding ins Unendliche, und solche Protzerei steht uns Frankfurtern übel an.“

Wichtiger als die eigene Ausstaffierung waren ihm die Vorbereitungen, die nun getroffen werden mußten, und so hatte er sich von seinem Vorgänger alles aufzählen lassen und das Nötige auf einem Zettel festgehalten. Er war auch schon bei dem Traiteur Schlegel vorbeigegangen, der als erfahrener Koch und Speisewirt wußte, was man brauchte, und das war gar nicht wenig.

„So ein Geleitshauptmann“, erklärte er seiner Frau, „muß nicht nur paradieren, er hat auch die Beschwerlichkeit, daß er zu Hause und auf der Warte für Speis und Trank sorgen muß. Das Früh-Geleit geht vormittags zwischen elf und zwölf Uhr ab. Hier im Haus mußt du es so einrichten, daß die Aufwärter und die andern Personen, die wir brauchen, schon früh um neun bewirtet werden können. Sie müssen zeitig auf der Warte sein und dort schon alles vorbereiten. Zu kurz kommen sie mit dem Essen nicht, denn sobald das Mainzer Geleit sich auf den Rückweg begeben hat, können sie sich an dem, was übrig geblieben ist, gütlich tun. Sie fahren mit einem Reise- oder Packwagen auf die Warte hinaus, decken die Tafel, richten die Speisen und halten alles sonst Nötige in Bereitschaft.

Derweilen stellt sich bei uns um zehn Uhr der Schultheiß von Dortelweil ein. Der ist sozusagen meine Ordonnanz, reitet mit hinaus und holet auch von der Warte aus Nachricht über den Überbringer des Mainzer Geleits ein, erkundet dessen Stand und Würde. Du mußt ihm und mir Suppe, Braten und Wein vorsetzen lassen.

Was draußen an Speisen gebraucht wird, kann der Schlegel liefern. Er hat mir vorgeschlagen, einen Rehziemer zu nehmen, dazu einen Rehschlegel als Reserve, einen Schinken, zwei Rindszungen, zwei Teller mit Schwartenmägen, zwei Teller Göttinger Wurst, zwei Schüsseln Sardellensalat und dazu zwei Teller mit jeweils neun Zitronen. An Gerät stellt er zur Verfügung zwei gute Tafeltücher und ein geringes, dazu Servietten, Messer und Gabeln, Zinnteller, eine Schüssel für die Brezeln, Salzfässer, Karaffen mit Essig und Öl, Handtücher, vierzig Stücke geraspeltes Brot, einen Leib Schwarzbrot, sowie Leuchter und Lichtputze."

„Halt ein, halt ein", rief Frau Margareta, doch er fuhr unerbittlich anhand seines Zettels fort: „Aus unserem Haushalt mußt du dann noch etliches hinzutun, zunächst zwei zinnerne Präsentierteller zu den Pokalen, die den zu Pferd sitzenden Hauptmännern präsentiert werden. Insgesamt brauchen wir vier Pokale. Zwei gibt der Römer, zwei müssen wir selbst stellen, denn der Frankfurter Rittmeister und der Mainzer Trompeter trinken auch aus solchen. Von den Römern für die andern liefert das Rechneiamt zwei Dutzend, wir müssen aber noch drei Dutzend hinzutun, denn einiges Glas geht immer zu Bruch oder wird mitgenommen. Weiter hat der Schlegel mir noch aufgegeben: sechs große Wassergläser, zwei große Steinkrüge mit Zinndeckeln, aus denen den Geleitsreitern beider Seiten eingeschenkt wird, eine gefüllte Tabaksbüchse, ein Dutzend lange Pfeifen, zwei kleine Körbe, um unter der beiderseitigen Reiterei die Brezeln zu verteilen und die Gläser auszuteilen, dazu zwei Maß Selzer und Emser Wasser und ein Wachslicht, daran die Pfeifen angesteckt werden können."

„Wie das alles hinaus auf die Wart' kommt, weiß ich nun", sagte die künftige Frau Geleitshauptmann, „aber wieviel Leute brauchst du dafür?"

„Was das Gerät anbetrifft, so pflegt der Bender mit seinen Leuten die Pokale, Gläser und Pfeifen mit hinaus zu liefern. Die nicht so leicht zerbrechlichen Sachen werden mit in den Reisewagen gepackt, der um so nötiger ist, weil man ja nicht weiß, was es für Wetter gibt. Es scheint zum Hergebrachten zu gehören, daß es am Geleitstag regnet, und wenn's nur einige Tropfen sind. Was die Leute angeht, so hat mir das mein Herr Vorgänger auch erklärt. Zuerst muß eine Person da sein, welche die Hauptaufsicht hat und die andern anweist. Das könnte unser getreuer alter Johann sein. Dann brauchen wir zwei Bediente, welche unseren und den andern Offizieren aufwarten. Weiter muß der Bender für's Weinfäßlein da sein, und der muß beständig an dem Fäßlein bleiben, denn wenn er davon gehet, so ist die Gefahr da, daß es von den Umstehenden geleert wird, ohne daß die Reiterei, für die es bestimmt ist, einen Tropfen davon bekommt. Weiter müssen wir zwei Benderknechte haben, einen, der unserer Reiterei die Römer reicht, einschenkt und die Gläser beim Abzug wieder einsammelt, und einen, der das bei den Mainzern besorgt. Weiter brauchen wir zwei Mägde, die die kleinen, in die Hälfte geschnittenen Brezeln unter den hiesigen und fremden Reitern austeilen. Das könnten unsere beiden, die Babett und die Kathrin, besorgen, die sich ja auch mit ihren flinken Zungen gegen die Mannsbilder zu wehren wissen. Und endlich hat man mir geraten, noch für eine Person zu sorgen, die sich gar nicht aus der Stube begibt, Geleit Geleit sein läßt und nichts davon sieht und hört, denn wenn sie den Rücken wendet, wird alles gleich ausgeplündert. Auch soll sie nach den Bewillkommnungen gleich die Stube verschließen und sich an kein Fenster begeben, denn es wird gesagt, daß einmal eine solche Person nur durchs Fenster den Feierlichkeiten zugesehen habe und hinter ihr sei gleich alles verzehrt gewesen."

„Daß unsere Frankfurter so hinter dem Essen und Trinken her sind, hab' ich gar nicht gewußt", bemerkte Frau Margareta.

„Sind nicht nur Frankfurter. Es treibt sich zu der Zeit auch allerlei fremdes Volk draußen herum und schnappt, was es nur bekommen kann. Das Vornehmste bei der ganzen Feierlichkeit sind aber der Wein und die Brezeln. Vom Stadtkeller erhält der Geleitshauptmann etwa 4 Maß Wein. Der soll aber die letzten Male größtenteils sehr schlecht gewesen sein. Man hat mir daher empfohlen, diesen im Haus zu verbrauchen und statt dessen 48 Halbe-Maß-Flaschen mitzunehmen, von denen die Maß einen Reichstaler kostet. Diese Flaschen kommen in eine gut verschließbare Kiste, die mit auf den Wagen geladen wird. Das 1/4 Ohm-Fäßchen aus dem Ratskeller holt der Wartmann. Es wird dann von den gemeinen Reitern beider Parteien getrunken, wenn sie zu Pferd sitzen.

Was die Brezeln angeht, so wird von der städtischen Rechenei eine Lieferung von fünfzig kleinen Brezeln bewirkt. Damit es aber daran nicht mangelt, werde ich noch fünfundzwanzig extra mitnehmen, und damit es nicht heißt, die einen schmeckten besser als die andern, werden wir sie beim selben Bäcker bestellen, der auch für das Recheneiamt backt. Außerdem brauchen wir für die Warte noch fünfundzwanzig große Brezeln. Acht kommen auf den Tisch, sechs bis acht erhalten die Geleitsführer und Begleiter der beiden Deputierten, und die übrigen finden auch ihre Liebhaber. Und du mußt dir eine Liste machen, auf der alle Anverwandten und Freunde stehen, die mit Brezeln bedacht werden müssen. Hinzu kommen die für unsere Abendtafel. Austragen kann die Brezeln unser Diener Karl, wenn wir zurück sind. Zuerst muß er mich zu Pferd begleiten und einen Mantel im Mantelsack mitnehmen, damit ich beim zu erwartenden Regen halbwegs trocken bleibe."

„Mir summt schon der Kopf vor lauter Brezeln", lachte Frau Margareta, „aber was sein muß, muß sein."

„Und dabei hast du's noch gut", murrte ihr Eheherr, „denn ich muß mir überdies noch merken, wer außer den Brezeln und dem Wein noch ein Trinkgeld bekommt und wie hoch das in jedem einzelnen Fall zu sein hat. Meinen Vorgänger ist das Ganze auf über hundert Gulden gekommen. Die würde ich gern hingeben, wenn ich damit der Vorbereitung und Unruhe überhoben sein könnte."

„Wir werden es schon schaffen“, sagte seine Eheliebste, „und schließlich ist ein Geleitshauptmann der Reichsstadt Frankfurt doch etwas, das es nicht alle Tage gibt.“

Danach gingen sie zur Ruhe.

Der große Tag für den Geleitshauptmann Hieronymus Peter Schlosser, der 15. April, begann mit Wind und Schneegestöber, und beides hielt, mit einigen Unterbrechungen, den ganzen Tag über an. Der Reisewagen mit allen notwendigen Leuten fuhr pünktlich und entsprechend bepackt hinaus zur Gallenwarte. Zuvor hatten seine Insassen sich gütlich getan an allem, was Frau Margareta ihnen vorgesetzt hatte. Um zehn Uhr stellte sich pünktlich der Dortelweiler Schultheiß, Johann Georg Boch genannt, im Schlosserschen Hause ein und setzte sich mit dem Geleitshauptmann zu Tisch. Während Schlosser von Suppe, Braten und Wein nur wenig genoß, ließ der Schultheiß sich's munden und erzählte zwischendurch zur Freude Frau Margaretas noch allerlei kleine Geschichten in seiner kräftigen Wetterauer Mundart.

Nach elf Uhr brachte der Stallknecht die beiden Pferde für den Geleitshauptmann und den Bedienten vor das Haus. Das Pferd Schlossers hatte er besonders prächtig herausgeputzt. Frau Margareta trat ans Fenster, als aus einiger Entfernung ein Trompetensignal ertönte — das Zeichen, daß der Geleitshauptmann aufsitzen sollte. Bald darauf traf denn auch der Reiterzug ein, und der Geleitshauptmann, den Degen an der Seite, begrüßte den Rittmeister und seine Offiziere, wie es der Brauch verlangte. Dann ließ er den Trompeter vorreiten und rückte hinter ihm ein. Den Abschluß des Zuges bildeten der Dortelweiler Schultheiß und der Bediente Karl, ebenfalls hoch zu Roß. Bürger säumten die Straßen, schauten aus den Fenstern und winkten. Die Kinder sprangen neben dem Reiterzug her. Frau Margareta blickte dem Zug nach, bis er hinter der Straßenecke verschwand und war stolz auf ihren Geleitshauptmann, der sich so gut im Sattel hielt.

Am Nachmittag sahen die Eheleute Schlosser sich nur kurz, da der Geleitshauptmann sich nach der Erledigung seiner Aufgabe noch zum Römer begeben mußte. Die Dämmerung war schon längst eingefallen, als er endgültig nach Hause kam, glücklich darüber, daß alles glatt verlaufen war. Er fand das Haus hell erleuchtet und voll von Gästen. Alle Verwandten und Freunde hatten sich eingefunden. Frau Margareta trug ihr schönstes Kleid aus Lyoner Seide und fiel ihm um den Hals, was ein kräftiges Räuspern des Kaiserlichen Rats Johann Caspar Goethe hervorrief, dem solche öffentlichen Liebesbezeugungen offensichtlich nicht behagten. Doch seine Frau, die lustige Rätin Katharina Elisabeth, rief sogleich: „Was für ein schönes Bild — der Geleitshauptmann und seine Hauptmännin." Alles klatschte ihr Beifall. Die Goethes gehörten zur Verwandtschaft, denn Hieronymus Peters Bruder, Johann Georg Schlosser, hatte ja die Tochter des Paares, die Cornelia Goethe, geheiratet, die ihm freilich im vergangenen Jahr zu Emmendingen hinweggestorben war.

Die Tafel war festlich gedeckt. Frühlingsblumen standen darauf, und in der Mitte prangten in einer großen Silberschale Geleitsbrezeln. Man schmauste, trank und plauderte, und endlich wurde der Geleitshauptmann bedrängt, doch zu erzählen, wie alles sich draußen, auf der Warte, abgespielt hatte. Zumal Frau Margareta wollte alles genau wissen, „denn", so sagte sie, „die Frau eines Geleitshauptmanns bin ich nur heute, nur diesen einen Tag in meinem Leben. Im nächsten Jahr wird schon ein jüngerer Ratsherr von der zweiten Bank an der Reihe sein."

„Ein Glück, denn mir genügt's einmal", erklärte ihr Eheherr, nahm einen kräftigen Schluck Wein und begann dann zu erzählen: „Als unser Zug auf der Gallenwarte anlangte, wurde abgesessen, und dann mußte ich, wie es der Brauch verlangte, unseren Rittmeister und seine Offiziere zur Mahlzeit im Warthaus einladen. Die lange Tafel war sauber gedeckt, und alle nahmen daran Platz. Nur der Trompeter und der Dortelweiler Schultheiß mußten sich an einen besonderen kleinen Tisch setzen, bekamen aber etwas von den Speisen der Herrentafel ab. Der Schultheiß mußte eilig essen und dann wieder aufbrechen, um den Mainzern entgegenzureiten und zu erkunden, wer das Geleit anführte. Das war der kurmainzische Amtskeller von Hochheim mit einigen Schultheißen von seinen Dörfern. Früher, so wurde mir gesagt, war der andere als 'Hochedler' anzureden. Jetzt hat sich's eingebürgert, daß man ihn so anredet, wie er den Frankfurter Geleitshauptmann anspricht.

Alle waren satt und zufrieden, als man draußen rief: 'Sie kommen! Sie kommen!' Alles eilte hinaus und schwang sich in den Sattel. Erfreulicherweise hatte sich's auch gerade einmal aufgehellt. Die Offiziere, der Trompeter und die Reiter rückten vor bis zum geschlossenen Schlagbaum. Ich mußte am Tor des Warthauses halten, bis der Rittmeister mir mit dem Degen das verabredete Zeichen gab. Da ritt ich auf den geschlossenen Schlag zu und kam richtig fast gleichzeitig mit dem andern an. Der war zuerst an der Reihe, begrüßte mich im Namen des Kurfürsten von Mainz und übergab mir in feierlicher Rede das Geleit mitsamt dem langen Zug der Kaufmannswagen. Ich dankte ihm, wobei ich ihn kurzerhand so ansprach, wie er mich angeredet hatte, nämlich mit 'Herr Geleitshauptmann', und sagte, daß es mich freue, seine Bekanntschaft zu machen. Er war schon ein älterer, wohlbeleibter Mann, und mir schien, daß er diese Begrüßung für etwas kurz hielt. In der Tat hätte ich ja eigentlich sagen müssen, was auf dem langen Zettel steht, den mir der Stadtschreiber gegeben hatte. Ich war jedoch zu bequem gewesen, das alles auswendig zu lernen, und das hab' ich ihm auch später, als wir miteinander prosteten, ehrlich gesagt. Er meinte, die alten Bräuche müsse man ehren, worauf ich antwortete, daß man aber auch dann und wann einen alten Zopf abschneiden müsse. Da lachte er, und wir tranken uns neu zu, und alles war zufrieden. Den Zettel muß ich aber noch haben."

Hieronymus Peter Schlosser kramte in seiner Tasche, brachte den Zettel zum Vorschein und las mit gespielt gravitätischem Ernst vor:

„Daß der Hochwürdigste Fürst und Herr Herr Friederich Carl Joseph, des heiligen Stuhls zu Mainz Erzbischof, des heiligen Römischen Reichs durch Germanien Erzkanzler und Churfürst, Bischof zu Worms, einem Hochedlen und Hochweisen Rath des heiligen Römischen Reichs Stadt Frankfurt das gewöhnliche Meßgeleit durch Ew. Hochedelgeboren überliefern lassen, ein solches hat Höchstdenenselben erwähnter Hochedler Rat mit unterthänigstem Dank zu

erkennen, und soll auf dessen Geheiß ich, da fern von Dero Seiten nichts Ungewöhnliches vorgefallen, solches übernehmen, welches ich denn unter diesem Vorbehalt befolget, und mich glücklich schätze, bei dieser Gelegenheit Ew. Hochwohlgeboren bei vergnügtem Wohlsein dahier anzutreffen."

Der Geleitshauptmann nahm wieder einen Schluck und fuhr dann fort: „Danach ging's ans Trinken, wobei alles im Sattel blieb. Die Bedienten kredenzten dem Hochheimer Amtskeller, dem Mainzer Trompeter, unserem Rittmeister und mir den Wein in den schweren Pokalen, die andern erhielten nur Römer. Der Dortelweiler Schultheiß bot uns die Brezeln an. Den Reitern wurde von den Benderknechten aus den Steinkrügen eingeschenkt, und Babett und Kathrin teilten die in der Mitte durchgeschnittenen kleinen Brezeln an sie aus, wobei es recht munter zuging, denn die Mägde waren ebensowenig auf den Mund gefallen wie die Mainzer und Frankfurter Reiter.

Mit dem Zutrinken mußte ich beginnen und den Pokal erheben auf das höchste Wohlwesen Seiner kurfürstlichen Gnaden von Mainz. Darauf trank der Hochheimer Amtskeller auf das Wohlsein eines Hochweisen Rats unserer Stadt. Ich folgte mit dem Wohlsein des Mainzer Domkapitels, und er schloß mit einem Trunk auf das Wohlsein einer Löblichen Frankfurter Bürgerschaft. Sodann kamen die beiderseitigen Gesundheiten und die der Begleiter, bis die Pokale leer waren. Zwischendurch wurden die Brezeln verzehrt. Zum Glück hielt mein Brauner brav still. Es ist ja nicht einfach, wenn man mit der einen Hand den gewichtigen Pokal und in der andern die große Brezel halten und noch dazu reden und den Pokal erheben muß.

Als es dann zum Abzug der Mainzer ging, sammelten die Benderknechte die Römer wieder ein, aber manches Glas ging zu Bruch, und andere verschwanden heimlich in den Taschen der Reiter. Nach der langen Verabschiedung mußte ich noch so lange am Schlag bleiben, bis die Mainzer etwa einen Büchsenschuß weit entfernt waren. Derweil rollte der lange Kaufmannszug in unser Frankfurter Gebiet hinein."

„Ja, und dann brachten dich unsere Offiziere und Reiter zurück, bis vor unser Haus“, fiel Frau Margareta ein. „Es sah hübsch aus, wie du dich, jeder Zoll ein Geleitshauptmann, bei ihnen bedanktest, wie sie noch einmal alle elegant schwenkten und dann an dir vorbeiritten.“

„Und der Geleitshauptmann war froh, als das ganze Spektakel zu Ende war“, schloß Hieronymus Peter Schlosser.

Man trank ihm zu, und es wurde ein fröhlicher Abend, unterbrochen nur durch einen etwas langweiligen kleinen Vortrag des Kaiserlichen Rats Johann Caspar Goethe über Sinn und Recht der alten Bräuche.

Schlosser hütete sich, ihm zu widersprechen. Er wollte keinen Streit mit dem alten Herrn, zumal er ja mit dessen berühmtem Sohn, dem Johann Wolfgang in Weimar, gut Freund war.

Als die Eheleute Schlosser endlich allein waren, sagte Hieronymus Peter Schlosser zu seiner Eheliebsten: „Etwas habe ich bei meiner Erzählung vorhin verschwiegen. Das brauchten nicht alle zu hören. Als das Mainzer Geleit abgeritten war und wir auch wieder in die Stadt zurückreiten wollten, drängte sich eine alte Zigeunerin an mein Pferd heran, ergriff meine Hand und las darin, obwohl ich sie abwehren und meinen Handschuh wieder überstülpen wollte. 'Schöner Mann und gute Frau', murmelte sie, 'aber o weh, keine Kinder!' Um sie loszuwerden, ließ ich ihr durch den mißbilligend knurrenden Johann eine Flasche vom restlichen Wein und eine Brezel geben. Da strahlte sie über ihr ganzes runzeliges Gesicht, griff in ihre Rocktasche und gab mir dies Säckchen hier.“

Damit zog er ein blaues Leinensäckchen hervor und fuhr fort: „Du sollst es auf der Brust tragen, das würde uns Glück und Segen bringen, meinte die Alte und lief sodann schnell davon.“

Frau Margareta öffnete das Säckchen und fand drei getrocknete runde Knollen darin. Als sie ihren Mann fragend anblickte, erklärte er: „Ich hab' die Knollen schon meinem Freund, dem Einhorn-Apotheker, gezeigt, und er wußte gleich, was es ist. Das sind Aronswurzeln, vom Aronstab, der draußen im Stadtwald wächst. Der Apotheker sagte, die Leute suchten am Himmelfahrtstag in aller Frühe draußen nach dieser Pflanze.“

„O, ja, das weiß ich“, meinte Frau Margareta. „Unsere Mägde da-

heim sagten immer, man müsse sich die Blätter vom Aronstab in die Schuhe legen, ehe man zum Tanz ginge, und dazu eine Zauberformel sprechen: 'Ich leg' dich in meine Schuh, ihr jungen Gesellen, lauft herzu!"

„So, das weißt du sogar", lachte ihr Mann. „Ich hab's erst vom Apotheker erfahren. Er hat mir aber gesagt, daß die Aronswurzel noch eine stärkere Wirkung haben soll."

Welche, das mochte er nicht laut sagen, er flüsterte ihr's nur ins Ohr. Margareta errötete und sagte: „Wir können's ja einmal versuchen. Ich werde mir das Säckchen umhängen. Vielleicht nutzt es etwas."

Hieronymus Peter Schlosser hielt als fortschrittlicher Mann wenig von der Weisheit alter Zigeunermütter, und doch nutzte sie etwas. Im Januar 1779 wurde dem Ehepaar Schlosser das erste Kind, die Tochter Susanne Marie, geboren.

„Vielleicht", so sagte Frau Margareta, „wär's ein kleiner Geleitshauptmann geworden, wenn du auch an die Wunderwirkung des Aronstabs geglaubt hättest."

„Ein Geleitshauptmann wie sein Vater wäre der Bub doch nicht geworden“, antwortete Schlosser, „denn bald wird es kein Meßgeleit mehr geben.“ Er sollte recht behalten, denn es kamen andere Zeiten herauf. Es kamen die Franzosen, es kamen Napoleon und Carl von Dalberg als Großherzog von Frankfurt, und danach erlosch der alte Brauch, weil er Sinn und Zweck verloren hatte und wirklich zu einem „alten Zopf“ geworden war.

Daß wir aber wissen, wie es ganz zuletzt beim Frankfurter Meßgeleit zuging, das verdanken wir keinem anderen als dem Geleitshauptmann Hieronymus Peter Schlosser. Er hat nämlich Anno 1788 anhand seiner eigenen Erfahrungen noch eine Geleits-Ordnung zu Papier gebracht.

Scherbius und Textor
Ein Frankfurter Türkenmärchen

Im Mai 1813 war Friedrich Karl Ludwig Textor aus Tübingen zurückgekehrt und hatte mit seiner schwäbischen Frau, der Kaufmannstochter Sophie Friederike Gess, und seinen Kindern, zwei Söhnen und einer Tochter, eine hübsche Wohnung in der Bleichstraße bezogen. Nun saß er in seiner Studierstube, von deren Fenster aus man den Eschenheimer Turm sah, sann über sein vergangenes und künftiges Leben nach und blickte dabei auf ein anspruchsloses kleines Heft, das vor ihm auf dem Schreibtisch lag.

Er stand nun, fast wollte er's nicht glauben, schon in seinem siebenunddreißigsten Lebensjahr. Als er, 1792 war's, in der Sekunda des Frankfurter Gymnasiums saß, war sein Vater, der Schöffe und Doktor beider Rechte Johann Jost Textor, gestorben. Fünf Jahre später hatte er die Universität Tübingen bezogen und im Mai 1800 den juristischen Doktorhut erworben, also just vor dreizehn Jahren. Sie hatten ihn gleich als Privatdozenten zugelassen, und 1805 hatte er seine Sophie Friederike geheiratet. Doch auf die außerordentliche

Professur hatte er noch lange warten müssen. Sie hatten ihm zwar bescheinigt, daß seine Vorlesungen „nicht ohne Beifall geblieben“ seien, ihm aber vorgehalten, daß er ja noch nichts geschrieben habe. Als ob es der dickleibigen rechtswissenschaftlichen Kompendien nicht schon mehr als genug gäbe!

Mit Geld war er nie sparsam und haushälterisch umgegangen. Es war ja genug da, und man konnte meinen, die elterliche Erbschaft müsse ein Lebenlang reichen. Doch als er nun in Frankfurt eingetroffen war und sich erkundigte, mußte er hören, daß sein Erbe nahezu aufgezehrt war. Er würde also in Zukunft mit seiner Familie von dem leben müssen, was er als Advokat verdiente. Seine Zulassung zur Advokatur hatte er schon beim Rat beantragt, und sie war ihm sicher. Der Name Textor galt ja etwas in Frankfurt.

Auch die ersten Besuche hatte er schon gemacht und unterwegs einige alte Schulkameraden getroffen. Einer von ihnen, der Jacob Heinrich Fresenius, Pfarrerssohn aus Homburg, der einst mit ihm in Tübingen das Studium begonnen hatte und schon seit 1801 als Advokat in Frankfurt tätig war, hatte ihn gleich mit in sein Haus genommen, ihn seiner Frau vorgestellt und ihm einen guten Tropfen kredenzt. Dann aber hatte es eine Überraschung gegeben. Der Fresenius hatte aus seiner Schreibtischschublade das kleine Heft hervorgezogen, das nun vor ihm lag, ihm schmunzelnd hingehalten und gefragt: „Weißt du eigentlich, daß dein Lustspiel auch heimlich gedruckt worden ist und daß du hier bei uns in Frankfurt fast ebenso berühmt bist wie dein Herr Vetter, der Johann Wolfgang Goethe, in Weimar?“

Nein, das hatte er, der Doktor Friedrich Karl Ludwig Textor, nicht gewußt. Er nahm das Heft, das ihm Fresenius reichte, in die Hand. Tatsächlich, da hatte er seine Jugendsünde gedruckt vor sich, und unten stand: „Frankfurt 1794“.

Der Advokat Fresenius lachte, als er das verdutzte Gesicht seines einstigen Mitschülers sah. „Die Jahreszahl 1794 stimmt natürlich nicht. Schau dir die abgenutzten Schrifttypen an. Die hat der Mohr wahrscheinlich irgendwo in der Stadt billig aufgetrieben oder geschenkt bekommen, und dann hat er das Ding still und leise und ohne obrigkeitliche Genehmigung gesetzt und gedruckt. Er hat es zwar immer abgestritten und behauptet, er hätte nichts damit zu tun, aber er ist ja nicht zufällig Buchhändler geworden, hat einen Verlag gegründet und ist mit dem hinunter nach Heidelberg gezogen."

„Und mir, dem Urheber des Ganzen, ist von all dem nichts bekannt. Nur daß man das Ding mehrfach abgeschrieben hat, hab' ich gewußt. Einem hab' ich's sogar selbst diktiert, glaube ich. Es hat ja Wirbel genug gemacht, und ich war froh, daß ich dann bald mit dir nach Tübingen entweichen konnte. Ich mein', sogar mein eigenes Manuskript hätte ich nicht mehr. Wenigstens ist mir's beim Umzug nicht in die Hände gekommen."

„Leihen will ich dir dein Opus gern. Vielleicht kannst du's auch bei Gelegenheit einmal kaufen. Die Leute haben sich, als der Druck unter der Hand angeboten wurde, geradezu darum gerissen. Der Scherbius hat diesen Druck nicht mehr erlebt. Er ist ja, wie du wohl auch in Tübingen erfahren hast, Anno 1804 verstorben. Eine von unseren Abschriften hat er aber doch in die Hand bekommen, und er muß sehr wütend gewesen sein, denn diese Abschrift hab' ich neulich beim Stadtgericht entdeckt. War ja auch kein Wunder, daß er zornig war. Die ganze Stadt hat damals über dein boshaftes Konterfei des Herrn Prorectors gelacht. Weiß der Teufel, wie unsere paar Abschriften überall so schnell herumgekommen sind. Später hat der Scherbius die Sache dann leichter genommen und selbst seinen Spaß an deinem Opus gehabt. Als er mir zur Advocatur gratulierte, hat er mich sogar ausdrücklich gebeten, dir bei Gelegenheit zu sagen, daß er dir verziehen habe. Vielleicht, so hat er ungefähr hinzugesetzt, gewinnen er und ich durch diesen Geniestreich eine kleine Unsterblichkeit in unserer guten Stadt Frankfurt. Vermutlich behält er damit sogar recht, was meinst du? Auf jeden Fall mach' dich darauf gefaßt, daß man dich auf dein Stück hin ansprechen und vielleicht auch deiner Gattin Komplimente machen wird. Dem Scherbius hat die Sache im Grunde nichts geschadet. Als er begraben wurde, war die halbe Stadt auf den Beinen, und die meisten von uns waren dabei."

„Eigentlich", so hatte er, Textor, geantwortet, „habe ich den Herrn Prorector ja auch gern gehabt, aber manchmal war er so komisch, daß es mich reizen mußte. Für einen Türkensohn hat er ja auch unsere liebe Muttersprache großartig beherrscht und gebraucht."

Mit dem Versprechen, das Heft bald zurückzugeben, hatte er's in die Tasche geschoben und sich verabschiedet. Da lag es nun vor ihm, ein wenig liederlich aufgemacht und auch ein wenig verstümmelt. Doch als er's überflogen hatte, mußte er sich gestehen, daß er dergleichen heute nicht mehr zustande brächte. Heute abend wollte er das Stück seiner schwäbischen Frau vorlesen. Die wußte noch gar nichts davon, und die Frankfurter Mundart war ihr ja auch noch recht fremd.

So bekam am Abend, als sie zusammen saßen, Sophie Friederike anhand des „Prorector" ihren ersten ausführlichen Frankfurter Mundart-Unterricht. Manches mußte sie sich erst ins Schwäbische übersetzen lassen, aber es wurde dabei doch sehr viel gelacht.

Nach der Vorlesung aber fragte die junge Schwabenfrau: „Und wie war der Herr Prorector denn nun wirklich? Du hast gewiß weidlich übertrieben."

„O ja", antwortete der Doktor Textor, „und wenn man bedenkt, wo er herkam, so ist seine Lebensgeschichte beinahe ein Märchen, ein Frankfurter Türkenmärchen. Ich will dir's erzählen, so wie ich's einst von meinem Vater hörte und wie mir's im Gedächtnis geblieben ist.

Merk' auf:

Wie du gewiß aus deiner eigenen Schulzeit noch weißt, wurde Wien 1683 von den Türken unter ihrem Großwesir Kara Mustapha belagert, aber durch Truppen aus dem Reich, Bayern, Sachsen und andere, sowie durch die Polen unter ihrem König Johann Sobieski befreit. Bei der Verfolgung der flüchtigen Söhne Mohammeds hat man verschiedene ihrer Festungen eingenommen, darunter auch eine, die Pallota heißt und in Niederungarn liegt. Der Kommandant der Festung war der Aga Resched Cherbi. Der versuchte, als er sah, daß alles verloren war, sich durch die Flucht zu retten. Seinen kleinen dreijährigen Sohn, Pery genannt, nahm er mit. Die Mutter war wohl bei dessen Geburt gestorben oder bei der Belagerung ums Leben gekommen. Die fliehenden Türken wurden aber von den Kaiserlichen eingeholt und niedergesäbelt. Auch der Aga entging diesem Schicksal nicht. Auf den kleinen Türkenbuben achtete im Kampfgetümmel zunächst keiner. Der lag, geduckt wie ein Feldhase, neben seinem toten Vater und weinte bitterlich, bis ihn dann einer aufhob und vor sich aufs Pferd nahm. Das war der kaiserliche Freikorporal Pancratius von Matter, und der brachte den Türkenjungen mit zurück nach Wien. Dort verkaufte er ihn an einen Evangelischen, den Briefträger Zacharias Kromester.

Der Kromester wiederum nahm den kleinen Pery bei Gelegenheit mit nach Nürnberg zu dem Buchhändler Johann Georg Endter. Der ließ den Buben etliche Monate lang in der christlichen Religion unterweisen und verehrte ihn darauf dem Rektor der Universität Altdorf, dem gelehrten Herrn Georg Richard Kammer. Nun wurde Pery weiter im Christentum unterrichtet. Die deutsche Sprache erlernte er nebenher im täglichen Verkehr, und so wurde er schließlich, nachdem der Rektor die Genehmigung des Nürnberger Rats eingeholt hatte, Anno 1690 öffentlich zu Altdorf getauft. Sein Taufpate war der einzige Sohn des Universitätsrektors Kammer, Student der Rechtswissenschaft. Der gab ihm die neuen christlichen Vornamen Georg Gottlieb, und aus dem türkischen Cherbi wurde ein Scherbius. Der Täufling erhielt als Geschenk eine silberne, vergoldete Gedenkmünze mit einer an einem Kettchen hängenden Perle, vielleicht dem einzigen Andenken an seine Mutter. Die Münze und die Perle müssen jetzt seine Enkel haben, von denen einer, wie ich hörte, im Rat sitzt und vielleicht sogar Senator wird.

Nachdem auf solche Weise aus dem Türkenbuben ein Christ geworden war, gab man ihn, wohl zu Nürnberg, bei einem Buch- und Kupferdrucker in die Lehre. Wo er auf seiner Wanderschaft überall gewesen ist, weiß ich nicht. Jedenfalls kam er 1720 hierher nach Frankfurt, fand Arbeit in einer Druckerei und wurde sechs Jahre später als Beisasse aufgenommen, will sagen: er erhielt vom Rat die Erlaubnis, weiter in der Stadt zu wohnen und zu arbeiten, ohne damit das Bürgerrecht zu erlangen.

Im selben Jahr hat dann der Türkenchrist auch hier in der Stadt eine Frau gefunden. Die hieß, wenn ich mich recht erinnere, Anna Elisabeth Alß und war die Tochter eines Fähnrichs, der im Heer von

Hessen-Kassel gedient hatte. Sie muß nach etwa zwanzig Ehejahren gestorben sein, und ihr türkischer Mann folgte ihr einige Jahre danach, nachdem er schon lange zuvor leidend gewesen war und seiner Arbeit nicht mehr nachgehen konnte. Von den Kindern der beiden blieb nur unser späterer Prorector, der im Dezember 1728 auf die Namen Johann Jacob Gottlieb getauft wurde, am Leben, und der ist, wie du eben an seiner Sprache gehört hast, ein waschechter Frankfurter geworden. Ob ihm sein Vater, der Druckergesell, noch ein bißchen Türkisch beigebracht hat, weiß ich nicht. Er hat uns jedenfalls nie etwas darüber gesagt.

Im Doktor Johann Philipp Fresenius, dem damaligen Senior unseres Predigerministeriums, hat der junge Scherbius dann einen

Gönner gefunden. Durch den kam er ins Gymnasium und wurde Mitglied im sogenannten kleinen Chor der Kurrende, später sogar Präfekt dieses Chors, der vor allem bei Beerdigungen mitwirkte, vor dem Sterbehaus oder auf dem Friedhof sang. Mit dem damit verbundenen Nebenverdienst konnte der Gymnasiast Scherbius daheim zur Haushaltskasse beitragen, ja sogar noch etwas für den späteren Universitätsbesuch zurücklegen. Denn studieren wollte der Johann Jacob Gottlieb unbedingt, und kurioserweise hatte es der Türkensproß auf die Gottesgelehrsamkeit abgesehen. Soviel ich weiß, war er zuerst in Leipzig auf der Universität, dann in Jena, wo er viel Ärger als Hofmeister von zwei Diplomatensöhnen hatte. So um 1756 herum kam er dann als Kandidat der Theologie wieder in unsere Stadt zurück, aber es gelang ihm nicht, eine Stelle als Prediger zu bekommen. Vielleicht wollte man doch keinen Türkennachkommen auf einer christlichen Kanzel sehen.

So mußte der Scherbius sich zunächst als Hauslehrer sein Brot verdienen, und einer seiner Schüler war mein Vetter, der Johann Wolfgang Goethe. Dem hat er Latein beigebracht. Nach zwei Jahren ist er alsdann Lehrer an unserem Gymnasium illustre geworden, mit einem Jahresgehalt von zweihundert Gulden. Nun konnte er Bürger werden und heiraten. Er war damals immerhin schon dreißig, und da er eine Achtzehnjährige heiraten wollte, die Anna Katharina Collenberg, Tochter eines hiesigen Schul-, Schreib- und Rechenmeisters und noch dazu ein, wie es hieß, sehr schönes Mädchen, so bat er darum, ihm die Haustrauung zu bewilligen, was der Rat auch gestattete. Die junge Frau starb ihm aber schon mit 26 Jahren und hinterließ ihm eine Tochter und zwei kleine Buben. Seine zweite Frau wurde die Tochter eines Frankfurter Bürgerkapitäns, die Katharina Elisabeth Bachmann. Sie muß einige Jahre vor ihm gestorben sein. Wir Gymnasiasten waren immer der Meinung, daß es in dieser zweiten Ehe nicht so harmonisch zuging wie in der ersten. Im Grunde war der Sohn des Pery Cherbi nämlich ein sehr gutmütiger Mann, heiter und witzig und in seinen Anfangszeiten auf dem Gymnasium sehr beliebt. Ich habe sagen hören, daß ihm die Sekundaner damals, lange vor meiner Zeit, sogar einen wertvollen großen

Atlas verehrt haben. Als ich dann, Anno 1784, in die Sexta aufgenommen wurde und mir zwei Jahre später, bei der Herbst-Progression, die Ehre der Deklamation zufiel, war der Scherbius schon Mitte fünfzig, und als ich 1791 zu ihm in die Sekunda kam, zählte er dreiundsechzig Jahre. Wie es da in der Klasse zuging, hab' ich dir eben vorgelesen. Gelernt haben wir aber trotzdem gar nicht wenig, denn er hatte auch seine guten Tage, und gewußt hat er etwas. Nur wußte er in seiner Gutmütigkeit keine Disziplin zu halten, und einmal haben ihm einige Schlingel, als er in der Blauhandgasse wohnte, sogar abends die Fensterscheiben eingeworfen. Einen hat er erwischt, und der hat dann gestanden. Da sind die Missetäter zu Wasser und Brot in die Hauptwache gekommen. Mit siebzig Jahren ist er dann endlich in den Ruhestand getreten, gewiß zur Freude der Gymnasiasten, denn im Alter soll er sehr launisch und hart im Strafen geworden sein. Sechs Jahre Ruhestand hat er noch genossen und ist dann gestorben. Wie der Fresenius mir gesagt hat, ist es eine große Leich' gewesen, und halb Frankfurt war auf den Beinen. Das zu hören, hat mich gefreut. Am meisten gefreut hat mich aber, daß er mir die „Prorectoriade“ verziehen und selbst seinen Spaß daran gehabt hat. Das hab' ich durch den Fresenius freilich erst heut', lang nach dem Tod des Scherbius, erfahren ... “

Drei Jahre nach seinem Einzug in Frankfurt verlor Friedrich Karl Ludwig Textor seine geliebte Schwäbin an den Tod, und bald darauf mußte er Konkurs anmelden, was den Verlust der Advocatur mit sich brachte. Er hatte es nicht verstanden, seine Gebühren immer rechtzeitig zu verbuchen und einzufordern. Doch er gab nicht auf, und es gelang ihm schließlich, sich „durch Unterrichtserteilung in deutscher, römischer und griechischer Sprache eine wiewohl klägliche, doch sichere Existenz“ zu gründen. Im Alter arbeitete er an einer Weltgeschichte, die jedoch unvollendet blieb und für die er keinen Verleger fand. Selbst sein ehemaliger Mitschüler J.C.B. Mohr, dessen Verlag florierte, wollte sie nicht herausbringen, obwohl Textor inzwischen den Professortitel erhalten hatte. Am letzten Dezembertag 1851 starb er als Pfründner der Brönnerschen Stiftung im Senckenbergischen Bürger-Hospital. Überlebt hat ihn, wie es Scherbius vorausgesehen hatte, seine „Jugendsünde“, das Lustspiel vom Prorector, bis heute von den Frankfurtern als ihr ältestes Mundartstück geliebt und gelesen.[1]

Der Rat Crespel

Der Mann, von dem ich sprechen will, ist niemand anders als der Rat Crespel in H. Dieser Rat Crespel war nämlich einer der allerwunderlichsten Menschen, die mir jemals im Leben vorgekommen. Er war ein nicht zu großer, aber sehr hagerer Mann in einem grauen Kleide, so zugeschnitten, wie es jetzt unsere Jünglinge tragen und die Tracht 'deutsch' nennen, jedoch mit vielen Schnüren besetzt. Dazu war der Mann nach der Militärmode der 1760/70er Jahre frisiert, nämlich ein Coeur-Toupée[2] (einer aufgeworfenen Schanze nicht unähnlich), pistolenhalfterförmige Locken und ein langer imposanter Zopf mit angehefteter Kokarde. Sein Gesicht war sehr bleich, aber auf den spitzen, hervorstehenden Backenknochen ein roter Fleck, unter überhängenden Augenbrauen blitzten ein paar große graue Augen hervor, die Nase war gebogen — scharf gezeichnet, der Mund heraufgezogen zum ironischen Lächeln, das Kinn lang und hervorragend.

Als ich nach H. zog, um mich einige Zeit dort aufzuhalten, sprach die ganze Stadt von ihm, weil soeben einer seiner allernärrischsten Streiche in voller Blüte stand. Crespel war berühmt als gelehrter, gewandter Jurist und als tüchtiger Diplomatiker. Ein nicht eben bedeutender regierender Fürst in Deutschland hatte sich an ihn ge-

[1] Heute bequem in der ältesten Fassung zugänglich in dem Band „Ausgewählte Frankfurter Mundart-Dichtung“, herausgegeben und verlegt von Waldemar Kramer.

[2] Die über der Stirn befindlichen Haare wurden nach rückwärts hochgekämmt und gekräuselt.

wandt, um ein Memorial[1] auszuarbeiten, das die Ausführung seiner rechtsbegründeten Ansprüche auf ein gewisses Territorium zum Gegenstand hatte und das er dem Kaiserhofe einzureichen gedachte. Das geschah mit dem glücklichsten Erfolg, und da Crespel einmal geklagt hatte, daß er nie eine Wohnung seiner Bequemlichkeit gemäß finden könne, übernahm der Fürst, um ihn für jenes Memorial zu lohnen, die Kosten eines Hauses, das Crespel ganz nach seinem Gefallen aufbauen lassen sollte. Auch den Platz dazu wollte der Fürst nach Crespels Wahl ankaufen lassen. Das nahm Crespel indessen nicht an, vielmehr blieb er dabei, daß das Haus in seinem vor dem Tor in der schönsten Gegend gelegenen Garten erbaut werden solle.

Nun kaufte er alle möglichen Materialien zusammen und ließ sie herausfahren. Dann sah man ihn, wie er tagelang in seinem sonderbaren Kleide (das er übrigens selbst angefertigt, nach bestimmten eigenen Prinzipien) den Kalk löschte, den Sand siebte, die Mauersteine in regelmäßige Haufen aufsetzte usw. Mit irgendeinem Baumeister hatte er nicht gesprochen, an irgendeinen Riß nicht gedacht. An einem guten Tage ging er indessen zu einem tüchtigen Maurermeister in H. und bat ihn, sich morgen bei Anbruch des Tages mit sämtlichen Gesellen und Burschen, vielen Handlangern usw. in dem Garten einzufinden und sein Haus zu bauen. Der Maurermeister fragte natürlicherweise nach dem Bauriß und erstaunte nicht wenig, als Crespel erwiderte, es bedürfe dessen gar nicht und es werde sich schon alles, wie es sein solle, fügen.

Als der Meister andern Morgens mit seinen Leuten an Ort und Stelle kam, fand er einen im regelmäßigen Viereck gezogenen Graben, und Crespel sprach: „Hier soll das Fundament meines Hauses gelegt werden, und dann bitte ich, die vier Mauern so lange heraufzuführen, bis ich sage, nun ist's hoch genug". „Ohne Fenster und Türen, ohne Quermauern?" fiel der Meister, wie über Crespels Wahnsinn erschrocken, ein. „So wie ich Ihnen es sage, bester Mann", erwiderte Crespel sehr ruhig, „das übrige wird sich alles finden."

Nur das Versprechen reicher Belohnung konnte den Meister be-

---

[1] Denkschrift

wegen, den unsinnigen Bau zu unternehmen, aber nie ist einer lustiger geführt worden, denn unter beständigem Lachen der Arbeiter, die die Arbeitsstätte nie verließen, da es Speis und Trank vollauf gab, stiegen die vier Mauern unglaublich schnell in die Höhe, bis eines Tages Crespel rief: „Halt!“ Da schwiegen Kell' und Hammer, die Arbeiter stiegen von den Gerüsten herab, und indem sie den Crespel im Kreise umgaben, sprach es aus jedem lachenden Gesicht: „Aber wie nun weiter?“ — „Platz!“ rief Crespel, lief nach einem Ende des Gartens und schritt dann langsam auf sein Viereck los. Dicht an der Mauer schüttelte er unwillig den Kopf, lief nach dem andern Ende des Gartens, schritt wieder auf das Viereck los und machte es wie zuvor. Noch einige Male wiederholte er das Spiel, bis er endlich, mit der spitzen Nase hart an die Mauern anlaufend, laut schrie: „Heran,

heran, ihr Leute, schlagt mir die Tür ein, hier schlagt mir eine Tür ein!" Er gab Länge und Breite genau nach Fuß und Zoll an, und es geschah, wie er geboten.

Nun schritt er hinein in das Haus und lächelte wohlgefällig, als der Meister bemerkte, die Mauern hätten gerade die Höhe eines tüchtigen zweistöckigen Hauses. Crespel ging in dem innern Raum bedächtig auf und ab, hinter ihm her die Maurer mit Hammer und Hacke, und sowie er rief „Hier ein Fenster, sechs Fuß hoch, vier Fuß breit! — Dort ein Fensterchen drei Fuß hoch, zwei Fuß breit!" so wurde es flugs eingeschlagen.

Gerade während dieser Operation kam ich nach H., und es war höchst ergötzlich anzusehen, wie Hunderte von Menschen um den Garten herumstanden und allemal laut aufjubelten, wenn die Steine herausflogen und wieder ein neues Fenster entstand, da, wo man es gar nicht vermutet hatte. Mit dem übrigen Ausbau des Hauses und mit allen Arbeiten, die dazu nötig waren, machte es Crespel auf eben dieselbe Weise, indem sie alles an Ort und Stelle nach seiner augenblicklichen Angabe anfertigen mußten. Die Possierlichkeit des ganzen Unternehmens, die gewonnene Überzeugung, daß alles am Ende sich besser zusammengeschickt, als zu erwarten stand, vorzüglich aber Crespels Freigebigkeit, die ihn freilich nichts kostete, erhielt alle bei guter Laune.

So wurden die Schwierigkeiten, die die abenteuerliche Art zu bauen herbeiführen mußte, überwunden, und in kurzer Zeit stand ein völlig eingerichtetes Haus da, welches von der Außenseite den tollsten Anblick gewährte, da kein Fenster dem andern gleich war usw., dessen innere Einrichtung aber eine ganz eigene Wohlbehaglichkeit erregte. Alle, die hineinkamen, versicherten dies, und ich selbst fühlte es, als Crespel nach näherer Bekanntschaft mich hineinführte.

Bis jetzt hatte ich nämlich mit dem seltsamen Manne noch nicht gesprochen. Der Bau beschäftigte ihn so sehr, daß er nicht einmal sich bei dem Professor M. dienstags, wie er sonst pflegte, zum Mittagessen einfand und ihm, als er ihn besonders eingeladen, sagen ließ, vor dem Einweihungsfeste seines Hauses käme er mit keinem Tritt aus der Tür. Alle Freunde und Bekannte verspitzten sich auf ein großes Mahl, Crespel hatte aber niemanden gebeten als sämtliche Meister, Gesellen, Burschen und Handlanger, die sein Haus erbaut. Er bewirtete sie mit den feinsten Speisen. Maurerburschen fraßen rücksichtslos Rebhuhnpasteten, Tischlerjungen hobelten mit Glück an gebratenen Fasanen, und hungrige Handlanger langten diesmal sich selbst die vortrefflichsten Stücke aus dem Trüffelfrikassee zu. Des Abends kamen die Frauen und Töchter, und es begann ein großer Ball. Crespel walzte ein weniges mit den Meisterfrauen, setzte sich aber dann zu den Stadtmusikanten, nahm eine Geige und dirigierte die Tanzmusik bis zum hellen Morgen.

Den Dienstag nach diesem Feste, welches den Rat Crespel als Volksfreund darstellte, fand ich ihn endlich zu meiner nicht geringen Freude bei dem Professor M. Verwunderlicheres als Crespels Betragen kann man nicht erfinden. Steif und ungelenk in der Bewegung, glaubte man jeden Augenblick, er würde irgendwo anstoßen, irgendeinen Schaden anrichten. Das geschah aber nicht, und man wußte es schon, denn die Hausfrau erblaßte nicht im mindesten, als er mit gewaltigem Schritt um den mit den schönsten Tassen besetzten Tisch sich herumschwang, als er gegen den bis zum Boden reichenden Spiegel manövrierte, als er selbst einen Blumentopf von herrlich gemaltem Porzellan ergriff und in der Luft herumschwenkte, als ob er die Farben spielen lassen wollte. Überhaupt besah Crespel vor Tische alles in des Professors Zimmer auf das genaueste, er langte sich auch wohl, auf den gepolsterten Stuhl steigend, ein Bild von der Wand herab und hing es wieder auf. Dabei sprach er viel und heftig, bald (bei Tische wurde es auffallend) sprang er schnell von einer Sache auf die andere, bald konnte er von einer Idee gar nicht loskommen. Immer sie wieder ergreifend, geriet er in allerlei wunderliche Irrgänge und konnte sich nicht wiederfinden, bis ihn etwas anderes erfaßte. Sein Ton war bald rauh und heftig schreiend, bald leise gedehnt, singend, aber immer paßte er nicht zu dem, was Crespel sprach. Es war von Musik die Rede, man rühmte einen neuen Komponisten, da lächelte Crespel und sprach mit seiner leisen, singenden Stimme: „Wollt' ich doch, daß der schwarzgefiederte Satan den verruchten Tonverdreher zehntausend Millionen Klafter tief in den Abgrund der Hölle schlüge!" Dann fuhr er heftig und wild heraus: „Sie ist ein Engel des Himmels, nichts als reiner, Gott geweihter Klang und Ton! Licht und Sternbild alles Gesanges!" Und dabei standen ihm Tränen in den Augen. Man mußte sich erinnern, daß vor einer Stunde von einer berühmten Sängerin gesprochen worden war.

Es wurde ein Hasenbraten verzehrt. Ich bemerkte, daß Crespel die Knochen auf seinem Teller vom Fleische sorglich säuberte und genaue Nachfrage nach den Hasenpfoten hielt, die ihm des Professors fünfjähriges Mädchen mit sehr freundlichem Lächeln brachte. Die Kinder hatten überhaupt den Rat schon während des Essens sehr freundlich angeblickt. Jetzt standen sie auf und nahten sich ihm, jedoch in scheuer Ehrfurcht und nur auf drei Schritte. Was soll denn das werden, dachte ich im Innern. Das Dessert wurde aufgetragen. Da zog der Rat ein Kistchen aus der Tasche, in dem eine kleine stählerne Drehbank lag. Die schraubte er sofort am Tisch fest, und nun drechselte er mit unglaublicher Geschicklichkeit und Schnelligkeit aus den Hasenknochen allerlei winzige Döschen und Büchschen, die die Kinder jubelnd empfingen.

Im Moment des Aufstehens von der Tafel fragte des Professors Nichte: „Was macht denn unsere Antonie, lieber Rat?" Crespel schnitt ein Gesicht, als wenn jemand in eine bittere Pomeranze beißt und dabei aussehen will, als wenn er Süßes genossen. Aber bald verzog sich dieses Gesicht zur grauslichen Maske, aus der recht bitterer, grimmiger, ja, wie es mir schien, recht teuflischer Hohn herauslachte. „Unsere? Unsere liebe Antonie?" frug er mit gedehntem, unangenehm singendem Tone. Der Professor kam schnell heran. In dem strafenden Blick, den er der Nichte zuwarf, las ich, daß sie eine Saite berührt hatte, die in Crespels Innern widrig dissonieren mußte. „Wie steht es mit den Violinen?" frug der Professor recht lustig, indem er den Rat bei beiden Händen erfaßte. Da heiterte sich Crespels Gesicht auf, und er erwiderte mit seiner starken Stimme: „Vortrefflich, Professor, erst heute hab' ich die treffliche Geige von Amati, von der ich neulich erzählte, welch ein Glücksfall sie mir in die Hände gespielt, erst heute habe ich sie aufgeschnitten. Ich hoffe, Antonie wird das übrige sorgfältig zerlegt haben." „Antonie ist ein gutes

Kind", sprach der Professor. „Ja, wahrhaftig, das ist sie!" schrie der Rat, indem er sich schnell umwandte und, mit einem Griff Hut und Stock erfassend, schnell zur Tür hinaussprang. Im Spiegel erblickte ich, daß ihm helle Tränen in den Augen standen.

Sobald der Rat fort war, drang ich in den Professor, mir doch nur gleich zu sagen, was es mit den Violinen und vorzüglich mit Antonien für eine Bewandtnis habe. „Ach", sprach der Professor, „wie denn der Rat überhaupt ein ganz wunderlicher Mensch ist, so treibt er auch das Violinbauen auf ganz eigene tolle Weise." „Violinbauen?" fragte ich ganz erstaunt. „Ja", fuhr der Professor fort, „Crespel ver-

fertigt nach dem Urteil der Kenner die herrlichsten Violinen, die man in neuerer Zeit nur finden kann. Sonst ließ er manchmal, war ihm eine besonders gelungen, andere darauf spielen, das ist aber seit einiger Zeit ganz vorbei. Hat Crespel eine Violine gemacht, so spielt er selbst eine oder zwei Stunden darauf und zwar mit höchster Kraft, mit hinreißendem Ausdruck, dann hängt er sie aber zu den übrigen, ohne sie jemals wieder zu berühren oder von andern berühren zu lassen. Ist nur irgendeine Violine von einem alten vorzüglichen Meister aufzutreiben, so kauft sie der Rat um jeden Preis, den man ihm stellt. Ebenso wie seine Geigen spielt er sie aber nur ein einziges Mal. Dann nimmt er sie auseinander, um ihre innere Struktur genau zu untersuchen, und wirft, findet er nach seiner Einbildung nicht das, was er gerade suchte, die Stücke unmutig in einen großen Kasten, der schon voll Trümmer zerlegter Violinen ist."
„Wie ist es aber mit Antonien?" frug ich schnell und heftig. „Das ist nun", fuhr der Professor fort, „das ist nun eine Sache, die den Rat mich in höchstem Grade könnte verabscheuen lassen, wenn ich nicht überzeugt wäre, daß bei seinem im tiefsten Grunde bis zur Weichlichkeit gutmütigen Charakter es damit eine beondere, geheime Bewandtnis haben müsse. Als vor mehreren Jahren der Rat hierher nach H. kam, lebte er einsiedlerisch mit einer alten Haushälterin in einem finstern Hause auf der -Straße. Bald erregte er durch seine Sonderbarkeiten die Neugierde der Nachbarn, und sogleich als er dies merkte, suchte und fand er Bekanntschaften. Eben wie in meinem Hause gewöhnte man sich überall so an ihn, daß er unentbehrlich wurde. Seines rauhen Äußeren unerachtet, liebten ihn sogar die Kinder, ohne ihn zu belästigen, denn trotz aller Freundlichkeit behielten sie eine gewisse scheue Ehrfurcht, die ihn vor allem Zudringlichen schützte. Wie er die Kinder durch allerlei Künste zu gewinnen weiß, haben Sie heute gesehen. Wir hielten ihn alle für einen Hagestolz, und er widersprach dem nicht. Nachdem er sich einige Zeit hier aufgehalten, reiste er ab, niemand wußte wohin, und kam nach einigen Monaten wieder.

Den andern Abend nach seiner Rückkehr waren Crespels Fenster ungewöhnlich erleuchtet. Schon dies machte die Nachbarn aufmerksam. Bald vernahm man aber die ganz wunderherrliche Stimme eines Frauenzimmers, von einem Pianoforte begleitet. Dann wachten die Töne einer Violine auf und stritten in regem, feurigem Kampf mit der Stimme. Man hörte gleich, daß es der Rat war, der spielte.

Ich selbst mischte mich unter die zahlreiche Menge, die das wundervolle Konzert vor dem Hause des Rates versammelt hatte, und ich muß Ihnen gestehen, daß gegen die Stimme, gegen den ganz eignen, tief in das Innerste dringenden Vortrag der Unbekannten mir der Gesang der berühmtesten Sängerinnen, die ich gehört, matt und ausdruckslos erschien. Nie hatte ich eine Ahnung von diesen lang ausgehaltenen Tönen, von diesen Nachtigallwirbeln, von diesem Auf- und Abwogen, von diesem Steigen bis zur Stärke des Orgellautes, von diesem Sinken bis zum leisesten Hauch. Nicht einer war, den der süßeste Zauber nicht umfing, und nur leise Seufzer gingen in der tiefen Stille auf, wenn die Sängerin schwieg.

Es mochte schon Mitternacht sein, als man den Rat sehr heftig reden hörte. Eine andere männliche Stimme schien, nach dem Tone zu urteilen, ihm Vorwürfe zu machen. Dazwischen klagte ein Mädchen in abgebrochenen Reden. Heftiger und heftiger schrie der Rat, bis er endlich in jenen gedehnten, singenden Ton fiel, den Sie kennen. Ein lauter Schrei des Mädchens unterbrach ihn. Dann wurde es totenstille, bis plötzlich es die Treppe herabpolterte und ein junger Mensch schluchzend hinausstürzte, der sich in eine nahe stehende Postkutsche warf und rasch davonfuhr.

Tags darauf erschien der Rat sehr heiter, und niemand hatte den Mut, ihn nach der Begebenheit der vorigen Nacht zu fragen. Die Haushälterin sagte aber auf Befragen, daß der Rat ein bildhübsches, blutjunges Mädchen mitgebracht, das er Antonie nenne und das eben so schön gesungen habe. Auch sei ein junger Mann mitgekommen, der sehr zärtlich mit Antonien getan und wohl ihr Bräutigam sein müsse. Der habe aber, weil es der Rat durchaus gewollt, sehr schnell abreisen müssen.

In welchem Verhältnis Antonie zu dem Rat steht, ist bis jetzt ein Geheimnis, aber so viel ist gewiß, daß er das arme Mädchen auf die gehässigste Weise tyrannisiert. Er bewacht sie, kaum darf sie sich am Fenster blicken lassen. Führt er sie auf inständiges Bitten einmal in Gesellschaft, so verfolgt er sie mit Argusblicken und leidet durchaus nicht, daß sich irgendein musikalischer Ton hören lasse, viel weniger daß Antonie singe, die übrigens auch in seinem Hause nicht mehr singen darf. Antoniens Gesang in jener Nacht ist daher unter dem Publikum der Stadt zu einer Phantasie und Gemüt aufregenden Sage von einem herrlichen Wunder geworden, und selbst die, welche sie gar nicht hörten, sprechen oft, versucht sich eine Sängerin hier am Ort: 'Was ist denn das für ein gemeines Quinkelieren? — Nur Antonie vermag zu singen.' —"

Da ich auf solche phantastischen Dinge ganz versessen bin, kann man sich wohl denken, wie notwendig ich es fand, Antoniens Bekanntschaft zu machen. Jene Äußerungen des Publikums über Antoniens Gesang hatte ich selbst schon öfters vernommen, aber ich ahnte nicht, daß die Herrliche am Orte sei und in den Banden des wahnsinnigen Crespel wie eines tyrannischen Zauberers liege. Natürlicherweise hörte ich sogleich in der folgenden Nacht Antoniens wunderbaren Gesang, und da sie mich in einem herrlichen Adagio (lächerlicherweise kam es mir vor, als hätte ich es selbst komponiert) auf das rührendste beschwor, sie zu retten, so war ich bald entschlossen, in Crespels Haus wie in eine Zauberburg einzudringen und die Königin des Gesanges aus schmachvollen Banden zu retten.

Es kam alles anders, wie ich es mir gedacht hatte, denn kaum hatte ich den Rat zwei- bis dreimal gesehen und mit ihm eifrig über die beste Struktur der Geigen gesprochen, als er mich selbst einlud, ihn in seinem Hause zu besuchen. Ich tat es, und er zeigte mir den Reichtum seiner Violinen. Es hingen derer wohl dreißig in einem Kabinett. Unter ihnen zeichnete sich eine durch alle Spuren der hohen Altertümlichkeit wie einen geschnitzten Löwenkopf usw. aus, und sie schien, höher gehängt und mit einer darüber angebrachten Blumenkrone, als Königin den andern zu gebieten.

„Diese Violine", sprach Crespel, nachdem ich ihn darum befragt, „ist ein sehr merkwürdiges, wunderbares Stück eines unbekannten Meisters, wahrscheinlich aus Tartinis Zeiten. Ganz überzeugt bin ich, daß in der innern Struktur etwas Besonderes liegt und daß, wenn ich sie zerlegte, sich mir ein Geheimnis erschließen würde, dem ich längst nachspürte. Aber — lachen Sie mich aus, wenn Sie wollen — dies tote Ding, dem ich selbst doch nur erst Leben und Laut gebe, spricht oft aus sich selbst zu mir auf wunderliche Weise, und es war mir, da ich zum ersten Male darauf spielte, als wär' ich nur der Magnetiseur, der die Schlafwandlerin zu erregen vermag, daß sie selbsttätig ihre innere Anschauung in Worten verkündet. Glauben Sie ja nicht, daß ich geckenhaft genug bin, von solchen Phantastereien auch nur das mindeste zu halten, aber eigen ist es doch, daß ich es nie über mich brachte, jenes dumme tote Ding dort aufzuschneiden. Lieb ist es mir jetzt, daß ich es nicht getan, denn seit Antonie hier ist, spiele ich ihr zuweilen etwas auf dieser Geige vor. Antonie hört es gern, gar gern." Die Worte sprach der Rat mit sichtlicher Rührung. Das ermutigte mich zu den Worten: „O mein bester Herr Rat, wollten Sie das nicht in meiner Gegenwart tun?" Crespel schnitt aber ein süßsaures Gesicht und sprach mit gedehntem, singendem Ton: „Nein, mein bester Herr Studiosus!" Damit war die Sache abgetan.

Nun mußte ich noch mit ihm allerlei zum Teil kindische Raritäten besehen. Endlich griff er in ein Kästchen und holte ein zusammengelegtes Papier heraus, das er mir in die Hand drückte, sehr feierlich sprechend: „Sie sind ein Freund der Kunst, nehmen Sie dies Geschenk als ein teures Andenken, das Ihnen ewig über alles wert bleiben muß." Dabei schob er mich mit beiden Schultern sehr sanft nach der Tür zu und umarmte mich an der Schwelle. Eigentlich wurde ich doch von ihm auf symbolische Weise zur Tür hinausgeworfen. Als ich das Papierchen aufmachte, fand ich ein ungefähr ein Achtel Zoll langes Stückchen einer Quinte und dabei geschrieben: „Von der Quinte, womit der selige Stamitz seine Geige bezogen hatte, als er sein letztes Konzert spielte."

Die schnöde Abfertigung, als ich Antoniens erwähnte, schien mir zu beweisen, daß ich sie wohl nie zu sehen bekommen würde. Dem war aber nicht so, denn als ich den Rat zum zweiten Male besuchte, fand ich Antonien in seinem Zimmer, ihm helfend beim Zusammensetzen einer Geige. Antoniens Äußeres machte auf den ersten Anblick keinen starken Eindruck, aber bald konnte man nicht loskommen von den blauen Augen und den holden Rosenlippen der ungemein zarten, lieblichen Gestalt. Sie war sehr blaß, aber wurde etwas Geistreiches und Heiteres gesagt, so flog in süßem Lächeln ein feuriges Rot über die Wangen hin, das jedoch bald in rötlichem Schimmer erblaßte. Ganz unbefangen sprach ich mit Antonien und bemerkte durchaus nichts von den Argusblicken Crespels, wie sie der Professor ihm angedichtet hatte, vielmehr blieb er ganz in gewöhnlichem Geleise, ja er schien sogar meiner Unterhaltung mit Antonien Beifall zu geben.

So geschah es, daß ich öfter den Rat besuchte und wechselseitiges Aneinandergewöhnen dem kleinen Kreise von uns dreien eine wunderbare Wohlbehaglichkeit gab, die uns bis ins Innerste hinein erfreute. Der Rat blieb mit seinen höchst seltsamen Skurrilitäten mir sehr ergötzlich, aber doch war es wohl nur Antonie, die mit unwiderstehlichem Zauber mich hinzog und mich manches ertragen ließ, dem ich sonst ungeduldig, wie ich damals war, entronnen wäre. In das Eigentümliche, Seltsame des Rates mischte sich nämlich gar zu oft Abgeschmacktes und Langweiliges. Vorzüglich zuwider war es mir aber, daß er, sobald ich das Gespräch auf Musik, insbesondere auf Gesang lenkte, mit seinem diabolisch lächelnden Gesicht und seinem widrig singenden Tone einfiel, etwas anderes, meist Gemeines auf die Bahn brachte. An der tiefen Betrübnis, die dann aus Antoniens Blick sprach, merkte ich wohl, daß es nur geschah, um irgendeine Aufforderung zum Gesange mir abzuschneiden. Ich ließ nicht nach. Mit den Hindernissen, die mir der Rat entgegenstellte, wuchs mein Mut, sie zu übersteigen. Ich mußte Antoniens Gesang hören, um nicht in Träumen und Ahnungen dieses Gesanges zu verschwimmen.

Eines Abends war Crespel bei besonders guter Laune. Er hatte eine alte Cremonenser Geige zerlegt und gefunden, daß der Stimmstock um eine halbe Linie schräger als sonst gestellt war. Wichtige, die Praxis bereichernde Erfahrung! Es gelang mir, ihn über die wahre Art des Violinenspielens ins Feuer zu setzen. Der große, wahrhaftigen Sängern abgehorchte Vortrag der alten Meister, von dem Crespel sprach, führte von selbst die Bemerkung herbei, daß jetzt gerade umgekehrt der Gesang sich nach den erkünstelten Sprüngen und Läufen der Instrumentalisten verbilde. „Was ist unsinniger", rief ich, vom Stuhle aufspringend, hin zum Pianoforte laufend und es schnell öffnend, „was ist unsinniger als solche vertrackten Manieren, welche, statt Musik zu sein, dem Tone über den Boden hingeschütteter Erbsen gleichen." Ich sang manche der modernen Fermaten, die hin und her laufen und schnurren wie ein tüchtig losgeschnürter Kreisel, einzelne schlechte Akkorde dazu anschlagend. Crespel lachte übermäßig. Nun, dachte ich, ist der Zeitpunkt da.

„Nicht wahr", wandte ich mich zu Antonien, „nicht wahr, von dieser Singerei weiß Antonie nichts?" und zugleich intonierte ich ein herrliches, seelenvolles Lied vom alten Leonardo Leo. Da glühten Antoniens Wangen, Himmelsglanz blitzte aus den neubeseelten Augen. Sie sprang an das Pianoforte, sie öffnete die Lippen, aber in demselben Augenblick drängte sie Crespel fort, ergriff mich bei den Schultern und schrie im kreischenden Tenor: „Söhnchen — Söhnchen — Söhnchen!" Und gleich fuhr er fort, sehr leise singend und in höflich gebeugter Stellung meine Hand ergreifend: „In der Tat, mein höchst verehrungswürdiger Herr Studiosus, in der Tat, gegen alle Lebensart, gegen alle guten Sitten würde es verstoßen, wenn ich laut und lebhaft den Wunsch äußerte, daß Ihnen hier gleich auf der Stelle der höllische Satan mit glühenden Krallenfäusten sanft das Genick abstieße und Sie auf diese Weise gewissermaßen kurz expedierte. Aber davon abgesehen müssen Sie eingestehen, Liebwertester, daß es bedeutend dunkelt, und da heute keine Laterne brennt, könnten Sie, würfe ich Sie auch gerade nicht die Treppe herab, doch Schaden erleiden an Ihren lieben Gebeinen. Gehen Sie fein nach Hause und erinnern Sie sich freundschaftlichst Ihres wahren Freundes, wenn Sie ihn etwa nie mehr — verstehen Sie wohl? — nie mehr zu Hause antreffen sollten!" Damit umarmte er mich und drehte sich, mich festhaltend, langsam mit mir zur Tür heraus, so daß ich Antonien mit keinem Blick mehr anschauen konnte.

Man wird mir zugestehen, daß es in meiner Lage nicht möglich war, den Rat zu prügeln, welches doch eigentlich hätte geschehen müssen. Der Professor lachte mich sehr aus und versicherte, daß ich es nun mit dem Rat auf immer verdorben hätte. Den schmachtenden, zum

Fenster heraufblickenden verliebten Abenteurer zu machen, dafür war mir Antonie zu wert, ich möchte sagen, zu heilig. Im Innersten zerrissen, verließ ich H., aber wie es zu gehen pflegt: die grellen Farben des Phantasiegebildes erblaßten, und Antonie, ja selbst Antoniens Gesang, den ich nie gehört, leuchtete oft in mein tiefstes Gemüt hinein wie ein sanfter, tröstender Rosenschimmer.

Nach zwei Jahren war ich schon in B. angestellt, als ich eine Reise nach dem südlichen Deutschland unternahm. Im duftigen Abendrot erhoben sich die Türme von H. Sowie ich näher und näher kam, ergriff mich ein unbeschreibliches Gefühl der peinlichsten Angst. Wie eine schwere Last hatte es sich über meine Brust gelegt, ich konnte nicht atmen. Ich mußte heraus aus dem Wagen ins Freie. Aber bis zum physischen Schmerz steigerte sich meine Beklemmung. Mir war es bald, als hörte ich die Akkorde eines feierlichen Chorals durch die Lüfte schweben. Die Töne wurden deutlicher, ich unterschied Männerstimmen, die einen geistlichen Choral absangen.

„Was ist das? Was ist das?“ rief ich, indem es wie ein glühender Dolch durch meine Brust fuhr. — „Sehen Sie denn nicht“, erwiderte der neben mir fahrende Postillon, „sehen Sie es denn nicht? Da drüben auf dem Kirchhof begraben sie einen!“ In der Tat befanden wir uns in der Nähe des Kirchhofes, und ich sah einen Kreis schwarzgekleideter Menschen um ein Grab stehen, das man zuzuschütten im Begriff stand. Die Tränen stürzten mir aus den Augen, es war, als begrübe man dort alle Lust, alle Freude meines Lebens. Rasch vorwärts von dem Hügel herabgeschritten, konnte ich nicht mehr in den Kirchhof hineinsehen. Der Choral schwieg, und ich bemerkte unfern des Tores schwarzgekleidete Menschen, die von dem Begräbnis zurückkamen. Der Professor, mit seiner Nichte am Arm, beide in tiefer Trauer, schritten dicht bei mir vorüber, ohne mich zu bemerken. Die Nichte hatte das Tuch vor die Augen gedrückt und schluchzte heftig.

Es war mir unmöglich, in die Stadt hineinzugehen. Ich schickte meinen Bedienten mit dem Wagen nach dem gewohnten Gasthofe und lief in die mir wohlbekannte Gegend hinaus, um so eine Stimmung loszuwerden, die vielleicht nur physische Ursachen, Erhitzung auf der Reise und so weiter, haben konnte. Als ich in die Allee kam, welche nach einem Lustorte führt, ging vor mir das sonderbarste Schauspiel auf. Rat Crespel wurde von zwei Trauermännern geführt, denen er durch allerlei seltsame Sprünge entrinnen zu wollen schien. Er war, wie gewöhnlich, in seinen wunderlichen grauen, selbst zugeschnittenen Rock gekleidet, nur hing von dem kleinen dreieckigen Hütchen, das er martialisch auf ein Ohr gedrückt, ein langer, schmaler Trauerflor herab, der in der Luft hin und her flatterte. Um den Leib hatte er ein schwarzes Degengehenk geschnallt, doch statt des Degens einen langen Violinbogen hineingesteckt. Eiskalt fuhr es mir durch die Glieder. Der ist wahnsinnig, dacht' ich, indem ich langsam folgte. Die Männer führten den Rat bis an sein Haus, da umarmte er sie mit lautem Lachen. Sie verließen ihn, und nun fiel sein Blick auf mich, der dicht neben ihm stand. Er sah mich lange starr an, dann rief er dumpf: „Willkommen, Herr Studiosus. Sie verstehen es ja auch." Damit packte er mich beim Arm und riß mich fort in das Haus, die Treppe herauf in das Zimmer hinein, wo die Violinen hingen. Alle waren mit schwarzem Flor umhüllt. Die Violine des alten Meisters fehlte, an ihrem Platz hing ein Zypressenkranz. Ich wußte, was geschehen war — Antonie. „Antonie, ach Antonie!" schrie ich auf in trostlosem Jammer. Der Rat stand wie erstarrt mit übereinandergeschlagenen Armen neben mir. Ich zeigte nach dem Zypressenkranz.

„Als sie starb", sprach der Rat sehr dumpf und feierlich, „als sie starb, zerbrach mit dröhnendem Krachen der Stimmstock in jener Geige, und der Resonanzboden riß sich auseinander. Die Getreue konnte nur mit ihr, in ihr leben. Sie liegt bei ihr im Sarge, sie ist mit ihr begraben worden."

Tief erschüttert sank ich auf einen Stuhl, aber der Rat fing an, mit rauhem Ton ein lustig Lied zu singen, und es war recht grauslich anzusehen, wie er auf einem Fuße dazu herumsprang, und der Flor (er hatte den Hut auf dem Kopfe) im Zimmer und an den aufgehängten Violinen herumstrich. Ja, ich konnte mich eines überlauten Schreies nicht erwehren, als der Flor bei einer raschen Wendung des Rates über mich herfuhr. Es war mir, als wollte er mich verhüllt herabziehen in den schwarzen, entsetzlichen Abgrund des Wahnsinns. Da stand der Rat plötzlich still und sprach in seinem singenden Ton: „Söhnchen, Söhnchen, warum schreist du so? Hast du den Totenengel geschaut? — Das geht allemal der Zeremonie vorher!"

Nun trat er in die Mitte des Zimmers, riß den Violinbogen aus dem Gehenke, hielt ihn mit beiden Händen über den Kopf und zerbrach ihn, daß er in viele Stücke zersplitterte. Laut lachend rief Crespel: „Nun ist der Stab über mich gebrochen, meinst du, Söhnchen, nicht wahr? Mit nichten, mit nichten, nun bin ich frei, frei, frei, heisa, frei! Nun bau ich keine Geigen mehr — heisa, keine Geigen mehr!"

Das sang der Rat nach einer schauerlich lustigen Melodie, indem er wieder auf einem Fuße herumsprang. Voll Grauen wollte ich schnell zur Tür hinaus, aber der Rat hielt mich fest, indem er sehr gelassen sprach: „Bleiben Sie, Herr Studiosus, halten Sie diese Ausbrüche des Schmerzes, der mich mit Todesmartern zerreißt, nicht für Wahnsinn. Es geschieht nur alles deshalb, weil ich mir vor einiger Zeit einen Schlafrock anfertigte, in dem ich aussehen wollte wie das Schicksal oder wie Gott." Der Rat schwatzte tolles, grausliches Zeug durcheinander, bis er ganz erschöpft zusammensank. Auf mein Rufen kam die alte Haushälterin herbei, und ich war froh, als ich mich nur wieder im Freien befand.

Nicht einen Augenblick zweifelte ich daran, daß Crespel wahnsinnig geworden war, der Professor behauptete jedoch das Gegenteil. „Es gibt Menschen", sprach er, „denen die Natur oder ein besonderes Verhängnis die Decke wegzog, unter der wir andern unser tolles Wesen unbemerkbar treiben. Sie gleichen dünn gehäuteten Insekten, die im regen, sichtbaren Muskelspiel mißgestaltet erscheinen, ungeachtet sich aber bald wieder alles in die gehörige Form fügt. Was bei uns Gedanke bleibt, wird dem Crespel alles zur Tat. Den bittern Hohn, wie der in das irdische Tun und Treiben eingeschachtete Geist ihn wohl oft bei der Hand hat, führt Crespel aus in tollen Gebärden und geschickten Hasensprüngen. Das ist aber sein Blitzableiter. Was aus der Erde steigt, gibt er wieder der Erde, aber das Göttliche weiß er zu bewahren, und so steht es mit seinem innern Bewußtsein recht gut, glaub' ich, unerachtet der scheinbaren, nach außen heraussspringenden Tollheit. Antoniens plötzlicher Tod mag freilich schwer auf ihm lasten, aber ich wette, daß der Rat schon morgenden Tages seinen Eselstritt im gewöhnlichen Geleise weiter forttrabt." Beinahe geschah es so, wie der Professor es vorausgesagt. Der Rat schien andern Tages ganz der vorige, nur erklärte er, daß er niemals mehr Violinen bauen und auch auf keiner jemals mehr spielen wolle. Das hat er, wie ich später erfuhr, gehalten.

Des Professors Andeutungen bestärkten meine innere Überzeugung, daß das nähere, so sorgfältig verschwiegene Verhältnis Antoniens zum Rat, ja daß selbst ihr Tod eine schwer auf ihm lastende, nicht abzubüßende Schuld sein könne. Nicht wollte ich H. verlassen, ohne ihm das Verbrechen, welches ich ahnte, vorzuhalten. Ich wollte ihn bis ins Innerste hinein erschüttern und so das offene Geständnis der gräßlichen Tat erzwingen. Je mehr ich der Sache nachdachte, desto klarer wurde es mir, daß Crespel ein Bösewicht sein müsse, und desto feuriger, eindringlicher wurde die Rede, die sich wie von selbst zu einem wahren rhetorischen Meisterstück formte.

So gerüstet und ganz erhitzt lief ich zu dem Rat. Ich fand ihn, wie er mit sehr ruhiger, lächelnder Miene Spielsachen drechselte. „Wie kann nur", fuhr ich auf ihn los, „wie kann nur auf einen Augenblick Frieden in Ihre Seele kommen, da der Gedanke an die gräßliche Tat Sie mit Schlangenbissen peinigen muß?"

Der Rat sah mich verwundert an, den Meißel beiseite legend. „Wieso, mein Bester?" fragte er. „Setzen Sie sich doch gefälligst auf jenen Stuhl!" — Aber eifrig fuhr ich fort, indem ich, mich selbst immer mehr erhitzend, ihn geradezu anklagte, Antonien ermordet zu haben, und ihm mit der Rache der ewigen Macht drohte. Ja, als erst unlängst eingeweihte Justizperson, erfüllt von meinem Beruf, ging ich so weit, ihm zu versichern, daß ich alles anwenden würde, der Sache auf die Spur zu kommen und so ihn dem weltlichen Richter schon hienieden in die Hände zu liefern.

Ich wurde in der Tat etwas verlegen, da nach dem Schlusse meiner gewaltigen, pomphaften Rede der Rat, ohne ein Wort zu erwidern, mich sehr ruhig anblickte, als erwarte er, ich müsse noch weiter fortfahren. Das versuchte ich auch in der Tat, aber es kam nun alles so schief, ja so albern heraus, daß ich gleich wieder schwieg. Crespel weidete sich an meiner Verlegenheit, ein boshaftes, ironisches Lächeln flog über sein Gesicht. Dann wurde er aber sehr ernst und sprach in feierlichem Ton: „Junger Mensch! Du magst mich für närrisch, für wahnsinnig halten, das verzeihe ich dir, da wir beide in demselben Irrenhause eingesperrt sind und du mich darüber, daß ich Gott der Vater zu sein wähne, nur deshalb schiltst, weil du dich für Gott den Sohn hältst. Wie magst du dich aber unterfangen, in ein Leben eindringen zu wollen, seine geheimsten Fäden erfassend, das dir fremd blieb und bleiben mußte? Sie ist dahin und das Geheimnis gelöst!“

Crespel hielt inne, stand auf und schritt die Stube einige Male auf und ab. Ich wagte die Bitte um Aufklärung. Er sah mich starr an, faßte mich bei der Hand und führte mich an das Fenster, beide Flügel öffnend. Mit aufgestützten Armen legte er sich hinaus, und so in den Garten herabblickend, erzählte er mir die Geschichte seines Lebens. Als er geendet, verließ ich ihn gerührt und beschämt.

Mit Antonien verhielt es sich, kurz zusammengefaßt, so: Vor zwanzig Jahren trieb die bis zur Leidenschaft gesteigerte Liebhaberei, die besten Geigen alter Meister aufzusuchen und zu kaufen, den Rat nach Italien. Selbst baute er damals noch keine und unterließ daher auch das Zerlegen jener alten Geigen. In Venedig hörte er die berühmte Sängerin Angela —i, welche damals auf dem Theatro di S. Benedetto in den ersten Rollen glänzte. Seine Begeisterung galt nicht der Kunst allein, die Signora Angela freilich auf die herrlichste Weise übte, sondern auch wohl ihrer Engelsschönheit. Der Rat suchte Angelas Bekanntschaft, und trotz aller seiner Schroffheit gelang es ihm, vorzüglich durch sein keckes und dabei höchst ausdrucksvolles Violinspiel, sie ganz für sich zu gewinnen.

Das engste Verhältnis führte in wenigen Wochen zur Heirat, die deshalb verborgen blieb, weil Angela sich weder vom Theater, noch von dem Namen, der die berühmte Sängerin bezeichnete, trennen oder ihm auch nur das übeltönende 'Crespel' hinzufügen wollte. Mit der tollsten Ironie beschrieb Crespel die ganz eigene Art, wie Signora Angela, sobald sie seine Frau geworden, ihn marterte und quälte.

Aller Eigensinn, alles launische Wesen sämtlicher erster Sängerinnen sei, wie Crespel meinte, in Angelas kleine Figur hineingebannt worden. Wollte er sich einmal in Positur setzen, so schickte ihm Angela ein ganzes Heer von Abbates, Maestros und Academicos über den Hals, die unbekannt mit seinem eigentlichen Verhältnis, ihn als den unerträglichsten, unhöflichsten Liebhaber, der sich in die liebenswürdige Laune der Signora nicht zu schicken wisse, ausfilzten.

Gerade nach einem solchen stürmischen Auftritt war Crespel auf Angelas Landhaus geflohen und vergaß, auf seiner Cremonenser Geige phantasierend, die Leiden des Tages. Doch nicht lange dauerte es, als Signora, die dem Rat schnell nachgefahren, in den Saal trat. Sie war gerade in der Laune, die Zärtliche zu spielen, sie umarmte den Rat mit süßen, schmachtenden Blicken, sie legte das Köpfchen auf seine Schulter. Aber der Rat, in die Welt seiner Akkorde verstiegen, geigte fort, daß die Wände widerhallten, und es begab sich, daß er mit Arm und Bogen die Signora etwas unsanft berührte. Die sprang aber voller Furie zurück. „Bestia tedesca“[1] schrie sie auf, riß dem Rat die Geige aus der Hand und zerschlug sie auf dem Marmortisch in tausend Stücke. Der Rat blieb, zur Bildsäule erstarrt, vor ihr stehen. Dann aber, wie aus dem Traume erwacht, faßte er Signora mit Riesenstärke, warf sie durch das Fenster ihres eigenen Lusthauses und floh, ohne sich weiter um etwas zu kümmern, nach Venedig, nach Deutschland zurück.

Erst nach einiger Zeit wurde es ihm recht deutlich, was er getan hatte. Obschon er wußte, daß die Höhe des Fensters vom Boden kaum fünf Fuß betrug, und ihm die Notwendigkeit, Signora bei obbewandten Umständen durchs Fenster zu werfen, ganz einleuchtete, so fühlte er sich doch von peinlicher Unruhe gequält, um so mehr, da Signora ihm nicht undeutlich zu verstehen gegeben, daß sie guter Hoffnung sei. Er wagte kaum, Erkundigungen einzuziehen, und nicht wenig überraschte es ihn, als er nach ungefähr acht Monaten einen gar zärtlichen Brief von der geliebten Gattin erhielt, worin sie jenes Vorganges im Landhause mit keiner Silbe erwähnte, und der Nach-

[1] Deutsche Bestie

richt, daß sie von einem herzallerliebsten Töchterchen entbunden, die herzlichste Bitte hinzufügte, daß der Marito amato e padre felicissimo[1] doch nur gleich nach Venedig kommen möge.

Das tat Crespel nicht, erkundigte sich vielmehr bei einem vertrauten Freunde nach den näheren Umständen und erfuhr, daß Signora damals leicht wie ein Vogel in das weiche Gras herabgesunken sei und der Fall oder Sturz durchaus keine anderen als psychische Folgen gehabt habe. Signora sei nämlich nach Crespels heroischer Tat wie umgewandelt. Von Launen, närrischen Einfällen, von irgendeiner Quälerei ließe sie durchaus nichts mehr verspüren, und der Maestro, der für das nächste Karneval komponiert, sei der glücklichste Mensch unter der Sonne, weil Signora seine Arien ohne hunderttausend Abänderungen, die er sich sonst gefallen lassen müssen, singen wolle. Übrigens habe man alle Ursache, meinte der Freund, es sorgfältig zu verschweigen, wie Angela kuriert worden, da sonst jeden Tag Sängerinnen durch die Fenster fliegen würden.

Der Rat geriet in nicht geringe Bewegung, er bestellte Pferde, setzte sich in den Wagen. „Halt!“ rief er plötzlich. „Wie“, murmelte er dann in sich hinein, „ist's denn nicht ausgemacht, daß, sobald ich mich blicken lasse, der böse Geist wieder Kraft und Macht erhält über Angela? Da ich sie schon zum Fenster herausgeworfen, was soll ich im gleichen Falle tun? Was ist mir noch übrig?“ Er stieg wieder aus dem Wagen, schrieb einen zärtlichen Brief an seine genesene Frau, worin er höflich berührte, wie zart es von ihr sei, ausdrücklich zu rühmen, daß das Töchterchen gleich ihm ein kleines Mal hinter dem Ohr trage, und — blieb in Deutschland.

Der Briefwechsel dauerte sehr lebhaft fort. Versicherungen der Liebe, Einladungen, Klagen über die Abwesenheit der Geliebten, verfehlte Hoffnungen und so weiter flogen hin und her von Venedig nach H., von H. nach Venedig. Angela kam endlich nach Deutschland und glänzte, wie bekannt, als Primadonna auf dem großen Theater in F. Ungeachtet sie gar nicht mehr jung war, riß sie doch alles hin mit dem unwiderstehlichen Zauber ihres wunderbar herrlichen Ge-

[1] Der geliebte Gatte und glücklichste Vater

sanges. Ihre Stimme hatte damals nicht im mindesten verloren. Antonie war indessen herangewachsen, und die Mutter konnte nicht genug dem Vater schreiben, wie in Antonien eine Sängerin vom ersten Rang aufblühe. In der Tat bestätigten dies die Freunde Crespels in F., die ihm zusetzten, doch nur einmal nach F. zu kommen, um die seltene Erscheinung zweier ganz sublimer Sängerinnen zu bewundern. Sie ahnten nicht, in welchem nahen Verhältnis der Rat zu diesem Paare stand. Crespel hätte gar zu gern die Tochter, die recht in seinem Innersten lebte und ihm öfter als Traumbild erschien, mit leiblichen Augen gesehen, aber sowie er an seine Frau dachte, wurde es ihm ganz unheimlich zumute, und er blieb zu Hause unter seinen zerschnittenen Geigen sitzen.

Mancher wird von dem hoffnungsvollen jungen Komponisten B. in F. gehört haben, der plötzlich verscholl, man wußte nicht wie. Dieser verliebte sich in Antonien so sehr, daß er, da Antonie seine Liebe recht herzlich erwiderte, die Mutter bat, doch nur gleich in eine Verbindung zu willigen, die die Kunst heilige. Angela hatte nichts dagegen, und der Rat stimmte um so lieber bei, als des jungen Meisters Kompositionen Gnade vor seinem strengen Richterstuhl gefunden hatten. Crespel glaubte Nachricht von der vollzogenen Heirat zu erhalten, statt derselben kam ein schwarz gesiegelter Brief von fremder Hand. Der Doktor R. meldete dem Rat, daß Angela an den Folgen einer Erkältung im Theater heftig erkrankt und gerade in der Nacht, als am andern Tag Antonie getraut werden sollen, gestorben sei. Ihm, dem Doktor, habe Angela entdeckt, daß sie Crespels Frau und Antonie seine Tochter sei. Er möge daher eilen, sich der Verlassenen anzunehmen.

So sehr auch der Rat von Angelas Hinscheiden erschüttert wurde, war es ihm doch bald, als sei ein störendes, unheimliches Prinzip aus seinem Leben gewichen und er könne nun erst recht frei atmen. Noch denselben Tag reiste er ab nach F. Es war herzzerreißend, wie der Rat den Moment schilderte, als er Antonien sah. Selbst in der Bizarrie seines Ausdrucks lag eine wunderbare Macht der Darstellung, die auch nur anzudeuten ich gar nicht imstande bin. Alle Liebenswürdigkeit, alle Anmut Angelas wurde Antonien zuteil, der aber die häßliche Kehrseite ganz fehlte. Es gab kein zweideutig' Pferdefüßchen, das hin und wieder hervorkucken konnte. Der junge Bräutigam fand sich ein. Antonie, mit zartem Sinn den wunderlichen Vater im tiefsten Innern richtig auffassend, sang eine jener Motetten des alten Padre Martini, von denen sie wußte, daß Angela sie dem Rat in der höchsten Blüte ihrer Liebeszeit unaufhörlich hatte vorsingen müssen.

Der Rat vergoß Ströme von Tränen, nie hatte er selbst Angela so singen hören. Der Klang von Antoniens Stimme war ganz eigentümlich und seltsam, oft dem Hauch der Äolsharfe, oft dem Schmettern der Nachtigall gleichend. Die Töne schienen nicht Raum haben zu können in der menschlichen Brust. Antonie, vor Freude und Liebe glühend, sang und sang alle ihre schönsten Lieder, und B. spielte dazwischen, wie es nur die wonnetrunkene Begeisterung vermag. Crespel schwamm erst in Entzücken, dann wurde er nachdenklich, still, in sich gekehrt. Endlich sprang er auf, drückte Antonien an seine Brust und bat sehr leise und dumpf: „Nicht mehr singen, wenn du mich liebst. Es drückt mir das Herz ab — die Angst — die Angst. Nicht mehr singen."

„Nein", sprach der Rat andern Tags zum Doktor R., „als während des Gesanges ihre Röte sich zusammenzog in zwei dunkelroten Flecken auf den blassen Wangen, da war es nicht mehr dumme Familienähnlichkeit, da war es das, was ich gefürchtet." Der Doktor, dessen Miene seit Anfang des Gesprächs von tiefer Bekümmernis zeugte, erwiderte: „Mag es sein, daß es von zu früher Anstrengung im Singen herrührt oder hat die Natur es verschuldet, genug, Antonie leidet an einem organischen Fehler in der Brust, der eben ihrer Stimme die wundervolle Kraft und den seltsamen, ich möchte sagen über die Sphäre des menschlichen Gesanges hinaustönenden Klang gibt. Aber auch ihr früher Tod wird die Folge davon sein, denn singt sie fort, so gebe ich ihr höchstens noch sechs Monate Zeit."

Den Rat zerschnitt es im Innern wie mit hundert Schwertern. Es war ihm, als hinge zum ersten Male ein schöner Baum die wunderherrlichen Blüten in sein Leben hinein, und der solle recht an der Wurzel zersägt werden, damit er nie mehr zu grünen und zu blühen vermöge. Sein Entschluß war gefaßt. Er sagte Antonien alles, er stellte ihr die Wahl, ob sie dem Bräutigam folgen und seiner und der Welt Verlockung nachgeben, so aber früh untergehen, oder ob sie dem Vater noch in seinen alten Tagen nie gefühlte Ruhe und Freude bereiten, so aber noch jahrelang leben wolle. Antonie fiel dem Vater schluchzend in die Arme. Er wollte, das Zerreißende der kommenden Momente wohl fühlend, nichts Deutlicheres vernehmen. Er sprach mit dem Bräutigam, aber unerachtet dieser versicherte, daß nie ein Ton über Antoniens Lippen gehen solle, so wußte der Rat doch wohl, daß selbst B. nicht der Versuchung würde widerstehen können, Antonien singen zu hören, wenigstens von ihm selbst komponierte Arien. Auch die Welt, das musikalische Publikum, mocht' es auch unterrichtet sein von Antoniens Leiden, gab gewiß die Ansprüche nicht auf, denn dies Volk ist ja, kommt es auf den Genuß an, egoistisch und grausam.

Der Rat verschwand mit Antonien aus F. und kam nach H. Verzweiflungsvoll vernahm B. die Abreise. Er verfolgte die Spur, holte den Rat ein und kam zugleich mit ihm nach H.

„Nur einmal ihn sehen und dann sterben", flehte Antonie. „Sterben — sterben?" rief der Rat in wildem Zorn, eiskalter Schauer durchbebte sein Inneres. Die Tochter, das einzige Wesen auf der weiten Welt, das nie gekannte Lebenslust in ihm entzündet, das allein ihn mit dem Leben versöhnte, riß sich gewaltsam los von seinem Herzen, und er wollte, daß das Entsetzliche geschehe. B. mußte an den Flügel, Antonie sang, Crespel spielte lustig die Geige, bis sich jene roten Flecke auf Antoniens Wangen zeigten. Da befahl er einzuhalten. Als nun aber B. Abschied nahm von Antonien, sank sie plötzlich mit einem lauten Schrei zusammen.

„Ich glaubte", so erzählte mir Crespel, „ich glaubte, sie wäre, wie ich es vorausgesehen, nun wirklich tot und blieb, da ich einmal mich selbst auf die höchste Spitze gestellt hatte, sehr gelassen und mit mir einig. Ich faßte den B., der in seiner Erstarrung schafsmäßig und albern anzusehen war, bei den Schultern und sprach (der Rat fiel in seinen singenden Ton): 'Da Sie, verehrungswürdigster Klaviermeister, wie Sie gewollt und gewünscht, Ihre liebe Braut wirklich ermordet haben, so können Sie nun ruhig abgehen, es wäre denn, Sie wollten so lange gütigst verziehen, bis ich Ihnen den blanken Hirschfänger durch das Herz renne, damit so meine Tochter, die, wie Sie sehen, ziemlich verblaßt, einige Farbe bekomme durch Ihr sehr wertes Blut. Rennen Sie nur geschwind, aber ich könnte Ihnen auch ein flinkes Messerchen nachwerfen!' — Ich muß wohl bei diesen Worten etwas grauslich ausgesehen haben, denn mit einem Schrei des tiefsten Entsetzens sprang er, sich von mir losreißend, fort durch die Türe, die Treppe herab."

Wie der Rat nun, nachdem B. fortgerannt war, Antonien, die bewußtlos auf der Erde lag, aufrichten wollte, öffnete sie, tief seufzend, die Augen, die sich aber bald wieder zum Tode zu schließen schienen. Da brach Crespel aus in lautes, trostloses Jammern. Der von der Haushälterin herbeigerufene Arzt erklärte Antoniens Zustand für einen heftigen, aber nicht im mindesten gefährlichen Zufall, und in der Tat erholte sich diese auch schneller, als der Rat es nur zu hoffen gewagt hatte.

Sie schmiegte sich nun mit der innigsten, kindlichsten Liebe an Crespel. Sie ging ein auf seine Lieblingsneigungen, auf seine tollen Launen und Einfälle. Sie half ihm, alte Geigen auseinanderzulegen und neue zusammenzuleimen. „Ich will nicht mehr singen, aber für dich leben", sprach sie oft lächelnd zum Vater, wenn jemand sie zum Gesange aufgefordert und sie es abgeschlagen hatte. Solche Momente suchte der Rat indessen ihr, so viel möglich, zu ersparen, und daher kam es, daß er ungern mit ihr in Gesellschaft ging und alle Musik sorgfältig vermied. Er wußte es ja wohl, wie schmerzlich es Antonien sein müßte, der Kunst, die sie in solch hoher Vollkommenheit geübt, ganz zu entsagen.

Als der Rat jene wunderbare Geige, die er mit Antonien begrub, gekauft hatte und zerlegen wollte, blickte ihn Antonie sehr wehmütig an und sprach leise bittend: „Auch diese?" Der Rat wußte selbst nicht, welche unbekannte Macht ihn nötigte, die Geige unzerschnitten zu lassen und darauf zu spielen. Kaum hatte er die ersten Töne angestrichen, als Antonie laut und freudig rief: „Ach, das bin ich ja — ich singe ja wieder!" Wirklich hatten die silberhellen

Glockentöne des Instruments etwas ganz eigenes Wundervolles, sie schienen in der menschlichen Brust erzeugt. Crespel wurde bis in das Innerste gerührt. Er spielte wohl herrlicher als jemals, und wenn er in kühnen Gängen mit voller Kraft, mit tiefem Ausdruck auf und nieder stieg, dann schlug Antonie die Hände zusammen und rief entzückt: „Ach, das habe ich gut gemacht! Das habe ich gut gemacht!"

Seit dieser Zeit kam eine große Ruhe und Heiterkeit in ihr Leben. Oft sprach sie zum Rat: „Ich möchte wohl etwas singen, Vater!" Dann nahm Crespel die Geige von der Wand und spielte Antoniens schönste Lieder. Sie war recht aus dem Herzen froh.

Kurz vor meiner Ankunft war es in einer Nacht dem Rat so, als höre er im Nebenzimmer auf seinem Pianoforte spielen, und bald unterschied er deutlich, daß B. nach gewöhnlicher Art präludiere. Er wollte aufstehen, aber wie eine schwere Last lag es auf ihm, wie mit eisernen Banden gefesselt vermochte er sich nicht zu regen und zu rühren. Nun fiel Antonie ein, in leise hingehauchten Tönen, die immer steigend und steigend zum schmetternden Fortissimo wurden. Dann gestalteten sich die wunderbaren Laute zu dem tief ergreifenden Liede, welches B. einst ganz im frommen Stil der alten Meister für Antonie komponiert hatte.

Crespel sagte, unbegreiflich sei der Zustand gewesen, in dem er sich befunden, denn eine entsetzliche Angst habe sich gepaart mit nie gefühlter Wonne. Plötzlich umgab ihn eine blendende Klarheit, und in derselben erblickte er B. und Antonien, die sich umschlungen hielten und sich voll seligem Entzücken anschauten. Die Töne des Liedes und des begleitenden Pianofortes dauerten fort, ohne daß Antonie sichtbar sang oder B. das Pianoforte berührte. Der Rat fiel nun in eine Art dumpfer Ohnmacht, in der das Bild mit den Tönen versank. Als er erwachte, war ihm noch jene fürchterliche Angst aus dem Traume geblieben. Er sprang in Antoniens Zimmer. Sie lag mit geschlossenen Augen, mit holdselig lächelndem Blick, die Hände fromm gefaltet, auf dem Sofa, als schliefe sie und träume von Himmelswonne und Freudigkeit. Sie war aber tot.

(E.T.A. Hoffmann)

Das Märchen vom gläsernen Esel

Dieses Märchen erzählt von einem gläsernen Esel, der auf einer blumenreichen Wiese sich sattgefressen hatte und dem die seltensten Blumen durch den Bauch schimmern und ihn so verschönen, daß er die Bewunderung aller Laubfrösche ist, die alle auf ihn hinaufhüpfen und sich vergebens abmühen, in diesem schönen Blumen-Labyrinth herumzuhüpfen. Doch müssen sie sich's vergehen lassen, weil der gläserne Bauch es umschließt. Daher dann die Moral ist von dieser wunderbaren Fabel: „Streben nach unmöglichen Genüssen hilft zu nichts und verdirbt die Zeit." Denn einmal hatte Gott schon früher diese schöne Blumenweide zur Verschönerung des Esels bestimmt und nicht zur Schwelgerei der Frösche, und zweitens war der vornehme Esel auch zu etwas anderem bestimmt als zum Belustigungsort gemeiner Frösche, denn als ihm zwei verständige Philosophen und Gelehrte aus der an schönen Naturseltenheiten reichen Stadt Frankfurt begegneten, so führten beide diesen wunderschönen Esel an einem grünseidnen Band durch die Stadt.

Am Gallen-Tor, wo sie einpassierten, präsentierte die Stadtwache das Gewehr vor ihm, und auf dem Roßmarkt versammelten sich alle Bürger und begleiteten ihn mit Siegesgeschrei auf den Römer, allwo der Herr Bürgermeister mit allen Ratsherren versammelt war, und die Herren von der ersten Bank wie auch von der zweiten und dritten stimmten alle ein in das Lob der Wunder Gottes, als sie in dem Bauch des Esels die schönen Tulipanen, Levkojen, Narzissen, Hyazinthen, Schwertlilien, Kaiserkronen und vor allem die schönen Rosen herumflorieren sahen.

Als sie dessen sattsam sich erfreut hatten, so ließ der Herr Bürgermeister fortfahren in den angefangenen Ratschlägen und den gläsernen Blumenesel einstweilen auf einem erhabenen Platz aufstellen. Wie nun der Rat vollendet war, welcher wegen wichtiger Angelegenheiten etwas lange gedauert hatte, und man den Esel in die Raritätenkammer führen wollte, so hatte dieser unterdessen seine Notdurft verrichtet, und es war keine einzige Blume in seinem Bauch geblieben, sondern war alles zu Mist geworden, und der Bauch des

Esels sah nicht anders aus als eine schmutzige, ranzige Ölflasche.

Die Stadtmusikanten, welche auf Befehl des Rates herbeigekommen waren, um diese schöne Naturseltenheit Gottes mit Trommeln und Pfeifen durch die löbliche freie Reichsstadt zu geleiten, wurden zum großen Leidwesen der Gassenbuben verabschiedet, die aus Rache den armen Esel mit Steinen warfen, daß sein gläserner Bauch in tausend Stücke ging und er elendiglich sich auf dem Scherbenhaufen vom Dippenmarkt am Pfarreisen zum Verscheiden hinlegte, wo er unter dem Gespött und boshaften Zwicken seiner langen Ohren mit lautem Gestöhn den Geist aufgab.

Die Moral und große weise Lehre von dieser Fabel ist: Brüste dich nicht vor deinem Ende. Wenn das falsche Glück dir den Bauch voll der schönsten Blumen stopft, so zwingt dich oft die Notdurft, alles, worauf du einst so stolz sein konntest, als stinkenden Mist wieder von dir zu geben, und jene, so dir früher schmeichelten um deiner seltnen Gaben willen, sind dann gerade die, welche dich am unbarmherzigsten verfolgen. Hättest du Esel dich nicht von ein paar überspannten hochtrabenden Gelehrten verführen lassen, deine Blumenschönheit in der Stadt Frankfurt als eine bewunderswürdige Seltenheit zu zeigen, sondern wärst du ruhig in deinen Stall gewandert, so konntest du ruhig deine Verdauung abwarten und jeden Tag in der Blumenzeit aufs neue deinen Bauch mit lieblichen, würzigen Speisen füllen, und dein Ruhm würde auch nicht ausgeblieben sein, denn man würde zu dir hinausgekommen sein ins Feld, um dich zu bewundern.

Die dritte Moral ist die, daß doch ein hochweiser Rat es sich zur warnenden Lehre nehme, alles, womit ein Esel in seinem Bauche prahlt, ja nicht hoch anzuschlagen, da es nach kurzer Zeit doch immer zu Mist werden muß.

(Bettina von Arnim)

Wie die vier Warttürme sich beim Senat der Freien Stadt Frankfurt beschwerten

Anno 1762 wurde zu Tann in der Rhön ein Mann geboren, der Johann Ludwig Klüber hieß. Der wurde Professor der Rechte in Erlangen und später in Heidelberg, Staats- und Kabinettsrat in Karlsruhe und preußischer Legationsrat. Er schrieb zahlreiche wissenschaftliche Bücher und brachte die rechtlichen Auseinandersetzungen, die nach der Auflösung des Großherzogtums Frankfurt unter Carl von Dalberg entstanden waren, zu einem guten Ende. 1822 ließ er sich in Frankfurt nieder und blieb bis zu seinem Tode im Jahre 1837.

Rechtsgelehrte sind im allgemeinen nüchterne, kühle Verstandesmenschen. Ein solcher war auch Johann Ludwig Klüber, und doch hat er in seinen Frankfurter Jahren etwas höchst Merkwürdiges erlebt. Er war, als er Frankfurter wurde und ein hübsches Haus mit einem Garten bewohnte, ein Mann von sechzig Jahren und noch gut zu Fuß. So durchstreifte er gern die alte Stadt und freute sich an ihren schönen Häusern und Kirchen. Er wanderte aber auch bis hinaus zu den vier Warten, der Galluswarte, der Sachsenhäuser Warte, der Bockenheimer und der Friedberger Warte, und deren Zustand jammerte ihn, denn die Frankfurter hatten seit langem nichts mehr für die trutzigen Türme getan, und es sah so aus, als ob man sie ganz dem Zerfall und endlich dem Abbruch überlassen wolle.

Als er, von solch einem Nachmittagsausflug zur Sachsenhäuser Warte zurückgekehrt, auf einer Bank im Garten hinter seinem Hause saß, geschah es, daß er einschlief. Es war ein schöner warmer Juniabend voll Blütenduft und Amselgesang, und da er just vor dem unverhofften Einschlafen darüber nachgedacht hatte, wie man diesen wehrhaften Zeugen städtischer Vergangenheit helfen könne, so verwunderte es ihn eigentlich gar nicht so sehr, als er im Traum plötzlich die vier Warttürme im Halbkreis um seine Bank versammelt sah und daß sie alsbald sogar zu sprechen begannen.

Zuerst räusperte sich der Turm der Galluswarte und sagte mit tiefer steinerner Stimme: „Wir grüßen Euch, Johann Ludwig Klüber. Ihr seid zwar kein geborener Frankfurter, sondern, wie wir vernommen haben, ein Rhöner, aber Ihr habt Euch Verdienste um unsere gute Stadt Frankfurt erworben und sie auch zu Eurem Alterssitz erwählt. Wir haben wohl gemerkt, daß Euch Frankfurt ans Herz gewachsen ist und daß der beklagenswerte Zustand, in dem wir vier hier Versammelten uns derzeit befinden, Euer Mitleid erweckt hat. Ihr seid ein Rechtsgelehrter wie der große Doktor Fichard und wie der Doktor Feyerlein, der kürzlich bewirkt hat, daß Frankfurt seine Freiheit zurückerhielt. So bitten wir Euch, daß Ihr für uns eine Bittschrift aufsetzt, die wir dem Senat einreichen können und in der wir nachdrücklich ersuchen werden, uns wieder in einen würdigen Zustand zu versetzen. Ihr wißt, wie viele Jahrhunderte wir nun schon gestanden und getreulich unsere Pflicht erfüllt haben. Ich hier bin wohl die älteste unter uns. Anno 1414 hat man mich beim Galgenfeld errichtet, und ich habe bis ins vorige Jahrhundert den redlichen Namen Galgenwarte geführt. Dann wurden die Leute zimperlich, wollten nichts mehr von Galgen und Rad und Rabenstein wissen. So haben sie mich dann nach dem heiligen Gallus genannt, was ich hingehen ließ, obwohl mir's auch heute noch nicht so ganz behagt."

„Viel jünger als mein Bruder bin ich auch nicht", fiel der Turm der Bockenheimer Warte ein. „Anno 1434/35 hat man mich errichtet, damit ich die große, nach Köln führende Handelsstraße überwache, und das habe ich seither redlich getan."

„Und wir stammen von 1470 und 1478", setzten die Sachsenhäuser und die Friedberger Warte hinzu. „Mich hat man auf Geheiß Kaiser Friedrichs III. erbaut", sagte der Sachsenhäuser Turm. „1552 bin ich einmal abgebrannt, aber sie haben mich gleich wieder neu aufgebaut, weil sie mich brauchten, um die Messekaufleute zu empfangen, die aus dem Süden, von Basel, Heidelberg und Darmstadt her kamen."

„Und mich haben die Frankfurter errichtet, als sie das Reichslehen Bornheim bekamen", sagte dumpf der Friedberger Wartturm. „Im großen Krieg, 1634, haben die Kroaten mich in Brand gesteckt, doch drei Jahre später stand ich schon wieder da."

„Ja, es ist eine Schande, so alter Herkunft und nun so wenig geachtet zu sein", nahm der Galgenwartturm wieder das Wort. „Setzt uns eine gute Schrift auf, und wir werden's Euch danken."

„So soll es sein, Ihr würdigen Herren", sagte der Professor Klüber im Traum, und erwachend sah er noch, wie die vier Türme sich entfernten, jeder in der Richtung seines Standortes. Er rieb sich die Augen, ging ins Haus, steckte sich eine Pfeife an, setzte sich an seinen Schreibtisch und schrieb den

Entwurf eines bei Hohem Senat der freien Stadt Frankfurt einzureichenden Beschwerdeschreibens

W i r, die in angestammter Hoheit Unterzeichneten, sind in dem Fall, sämtlich und sonders, die unbestreitbaren Rechte unserer erhabenen Häupter bei einem Hohen Senate dieser freien Stadt beschwerend in Anspruch nehmen zu müssen. Denn nachdem Wir weltkundig ein halbes Jahrhundert lang ununterbrochen in vollem Genuß derselben uns befunden und sogar, während die Freiheit der Stadt untergegangen war, Unsere eigne Hoheit vor aller Augen unversehrt behauptet hatten, scheint eine undankbare Jetztwelt dieselben — sei es aus ehrloser Mißgunst oder aus schnöder Verachtung oder aus strafwürdiger Nachlässigkeit — einer ewigen Vergessenheit, hiermit aber uns selbst dem gewissen Ruin hingeben zu

wollen. Unsere altehrwürdige Kopfbedeckung ist zerrissen und durchlöchert, Regen, Schnee und Hagel dringen unaufgehalten in unser Inneres. Wenn es länger so fort ginge, müßten wir bei lebendigem Leibe verfaulen. Ist das der Dank für die glorreichen Schutz- und Wachtdienste, die wir bei Tag und Nacht der unserer Obhut vertrauenden, altberühmten Stadt Jahrhunderte hindurch geleistet haben?

Mit Achtung schaut der vorüberziehende Fremdling zu Uns hinauf, aber der Einzögling würdigt uns kaum eines flüchtigen Blicks. Unweise, verkennt er das Hohe und Großartige, welches zu bezeichnen Wir nie aufhören, so wie den hohen und starken Sinn der Urväter, dessen fortlebende Zeugen wir sind. Fürwahr, wären Wir auf heimischem Boden nicht zu fest eingewurzelt, Wir wanderten dahin, wo ein die würdigen Denkmäler alter Herrlichkeit ehrendes Geschlecht uns mit Freuden aufnehmen würde.

Schon ist das erste Jahrzehend verflossen, seit die Stadt der Freiheit oder die Freiheit der Stadt wiedergegeben ward, und noch ist niemand beigefallen, sich Unserer anzunehmen. Wollten Wir nicht an uns selbst und den Nachkommen freveln, so mußten wir endlich Gegenwärtiges im Weg der Güte zu Papier bringen lassen. Die von den Stammvätern Uns angeborne Scheu vor gerichtlichem Hader hat Uns zu diesem Versuch vermocht, auf dem Minneweg zu erlangen, was dem strengen Recht gemäß ist.

Gegeben innerhalb Unserer Mauern auf freistädtischem Frankfurter Staatsgebiet im baugünstigen Heumond 1826.

Galgen-(nunmehr Gallus-)-Warte	Bockenheimer Warte
Sachsenhäuser Warte	Friedberger Warte

Nachdem der Professor Johann Ludwig Klüber in einem nächtlichen Traum den diesmal um sein Bett versammelten vier Warttürmen die Beschwerdeschrift vorgelesen und ihre Zustimmung erhalten hatte, wollte er die Schrift auf dem Römer abgeben, war jedoch so unvorsichtig, sie einem befreundeten, eine Staatsstellung bekleidenden Besucher vorzulesen. Später stellte er zu seiner Überraschung fest, daß die Schrift von seinem Schreibtisch verschwunden war. Er ahnte, wer diese weggenommen hatte. Schmunzelnd setzte er sich hin und schrieb im Namen der Warttürme einen weiteren Erlaß, in dem es hieß: Sie, die Warten, hätten in Erfahrung gebracht, daß einen Entwurf zu einem Beschwerdeschreiben eine ungetreue Hand entwendet und an die Polizei abgegeben, daß dies zu Nachforschungen und Vorwurf Veranlassung gegeben. Das sei in böser Absicht geschehen, doch würden sich die Warten der Polizei nicht stellen. Das sei nie geschehen und werde nie geschehen. Die Polizei müsse zu ihnen kommen. Beim Verhör würde der Wind ihr das Licht ausblasen und der Regen das Protokoll durchnässen. Sollten die Nachforschungen ihrem Federführer gelten, der aus uneigennütziger Absicht ihnen umsonst diene? Nachdem dieser vor Zeiten mit Roß und Maut fünf Minuten lang bei der Sachsenhäuser Warte unverdienter Weise in Haft gewesen, fürchte er, daß, wenn so etwas wieder passiere, er vor Wind und Wetter es kaum werde aushalten können. Unwahr sei es, daß die Warten nutzlos. Wer könne Bürge sein, daß jenes gepriesene Kolbenrecht nicht über kurz oder lang wieder die Welt beglücken und die Warten zu dem alten Flor wieder erheben werde? Seien doch die Schnurrbärte schon da und die panzerartigen Männer-Schnürbrüste und die helmartige Kopfbedeckung der Krieger nebst den Lanzen, die liegenden Halskrägen der Männer und die stehenden der Frauen, die altteutschen Pumphosen und Röcke.

Weiter werden noch einige Beispiele aufgeführt, wie die Warten auch nützlich verwendet werden könnten als Wolkenstecher, für heimliche Tag- und Nachtsignale, für erquickende Luftbäder und dergleichen mehr. Ein Postscriptum berichtet über das Gespräch zweier Handwerksburschen an der Friedberger Warte, die sangen:

Jerusalem hat Mauern,
gehörtet ihr den Bauern,
ihr wäret längst schon repariert.
So aber geben Städter
euch preis dem Wind und Wetter,
bis ihr vom Zahn der Zeit krepiert.

Die Beschwerde ging an das Polizei-Amt zum Bericht. Dieser wurde am 9. August 1827 erstattet und lautet kurz und bündig:

Als Nachtrag zur eingereichten Vorlage wegen des status exigentiae[1] ist Kostenüberschlag über Herstellung der 4 Warttürme im Betrag von 1466 Gulden vorgelegt. pro 1827

Polizei-Amt
von Günderrode

So blieben die Warten der Stadt Frankfurt erhalten bis auf den heutigen Tag. Wie sich die Türme bei dem Professor Johann Ludwig Klüber bedankt haben, hat er uns nicht überliefert. Wir vermuten aber, daß sie dafür gesorgt haben, seinen Namen in der Stadt lebendig zu erhalten: eine Straße trägt seinen Namen.

---

[1] Behebung, Zustandsverbesserung

Ludwig und Johannes in der Dreieich

Im westlichen Teil der Dreieich, nahe der Stelle, wo bei der Niklaspforte die nach Süden führende Geleitsstraße mit der nach Oppenheim gerichteten Frankfurter Straße sich verbindet, standen im vergangenen Jahrhundert, brüderlich sich vereinigend, zwei der prächtigsten Eichen, vielleicht die schönste Gruppe Deutschlands. Die gewaltigen Stämme ragten weithin sichtbar über den Wald hinaus. Verriet der Sommer im dünnen Laub eine Abnahme der Kraft, so zeigte am besten der Winter über dem laublosen Wald die riesigen Kronen.

Was hatten diese alles gesehen in ihrem langen, langen Leben. Wie oft kamen die Könige hier vorüber, die Salier, als sie von ihrem Palast zu Trebur ausgeritten waren zur Jagd. Als Kaiser Barbarossa die Fürsten und Ritter Deutschlands eingeladen hatte zum Feste zwischen Rhein und Main, rauschten die Jubeltöne herüber zu den Lauschenden. Was zog dann vorbei auf den lärmenden Straßen: Züge von Karren und Wagen, dem sorgsamen Kaufmanne dienstbar, der Raubritter mit seinen übermütigen Gesellen und der ernste Mönch, Bischöfe und Geistliche, Fürsten und Krieger. Der Reichstag von Worms wurde abgehalten, feierliche Gesänge schallten durch den Wald: „Ein feste Burg ist unser Gott."

Dann kamen wieder Kriegsleute, Deutsche und Franzosen, Spanier und Schweden. Des Tags bezeichneten Rauchsäulen ihren Weg und des Nachts der gerötete Himmel. Dann wurde es still und einsam. Die Herden waren verzehrt, die Hirten erschlagen, gierige Wölfe schlichen durch den Wald. Man hörte nur noch dann und wann die splitternde Axt oder den knarrenden Holzwagen. Hatte die Meßglocke auf dem fernen Pfarrturm ausgeläutet, dann kamen von Darmstadt fünfzig Soldaten durch den Wald geschritten, nahmen Quartier auf der Niklaspforte, um die vereinzelten Güterwagen zu geleiten.

Doch allmählich kehrten auch wieder frohe Gesellen unter das grüne Laubdach zurück. Es ertönten neue Lieder von Lust und Liebe, von Freiheit und Vaterland. Und an einem schönen Frühlingstage sahen die alten Eichbäume vom Pfarrturm eine große Fahne wehen, und die alten Glocken klangen herüber wie zur Zeit der Kaiserwahlen. Was das zu bedeuten hatte, wurde ihnen bald klar, denn am 15. November 1849 kam der Großherzog Ludwig von Hessen zu ihnen. Ihm zur Seite schritt ein ehrwürdiger Greis, Johann, Erzherzog von Österreich, der Reichsverweser. Sie wollten nicht nur ausruhen von der Jagd, wobei das Trinken sich von selbst verstand, nein, sie gedachten auch die beiden alten Bengel zu taufen. Und so geschah es. Der größte Baum erhielt den christlichen Namen Ludwig, der Bruder aber wurde nach dem Apostel Johannes genannt.

Als nach einigen Jahren sie sich von der Überraschung erholt hatten, brauste ein gewaltiger Sturm daher und riß den Ludwig zusammen. Traurig sah Johann den Bruder gebrochen, die Äste zur Erde gekehrt. Er sah die winzigen Menschen auf ihm herumklettern, die scharfe Axt einschlagen, die klirrende Säge sich einfressen. Jetzt priesen sie den Dahingegangenen. Sie zählten seine Jahresringe. Als sie über achthundert herausgerechnet hatten, gingen ihnen die Augen über. Weitab, dort im Wildpark, gaben sie dann einem andern alten Eichenstamm den Namen Ludwig, welchen der Dahingegangene so ehrenvoll, leider auch so kurz getragen hatte.

Einsam trauernd ragte jetzt der „Erzherzog Johann" über den jungen Wald empor. Er träumte von den entschwundenen Zeiten jener gewaltigen Kaiser, die er noch gesehen. Raubvögel ließen sich auf ihm nieder und zerrupften ihre Beute. Zahlloses Getier hatte seine Wohnung im Stamm und auf den Ästen, in Holz und Rinde. Fernab, im Norden, im Osten und im Westen vernahm er zu bestimmten Stunden des Tages und der Nacht ein dumpfes Rollen und langgezogenes Pfeifen, aber die Lokomotive sollte er nie sehen. Kaum lauschte er noch auf das festliche Geläute des Kaiserdoms. Wohl bemerkte er in jener bangen Augustnacht 1867 den Brand, aber fremd waren ihm die Welt und das junge Geschlecht geworden, und so sank auch er eines Tages zusammen. Die Zeit der Riesen war zu Ende.

(Friedrich Scharff)

Der Hecktaler
Ein Malermärchen

Es waren einmal zu Frankfurt drei Maler, die hießen Jakob Fürchtegott, Philipp und Anton. Der älteste unter ihnen war der Jakob Fürchtegott, ein Sachsenhäuser Gärtnerssohn. Er war zwölf Jahre älter als der Philipp und fünfzehn Jahre älter als der Anton und als Künstler schon ein „gemachter Mann", denn er hatte eine Steindruckerlehre hinter sich, war auf der Düsseldorfer Kunstakademie gewesen und arbeitete nun in einem eigenen Atelier in der Städelschule. Auch hatte er schon viele Zeichnungen für Alben geliefert, Ansichten von Frankfurt, von den Taunusbädern und vom Rhein, die als Steindrucke oder Stahlstiche vervielfältigt wurden.

Der Philipp hingegen war ein Frankfurter Konditorsohn, hatte das Handwerk seines Vaters erlernt und dann die Städelschule besucht. Mit zweiundzwanzig Jahren heiratete er eine junge Verwandte, und mit dreiundzwanzig Jahren eröffnete er eine Kunstschule, in der Töchter aus vornehmen Familien im Zeichnen, in der Wasserfarben- und Ölmalerei unterwiesen wurden.

Der jüngste unter den drei Malern, der Anton, war der Sohn eines wackeren Weißbindermeisters und Bürgercapitains, der in der Alte Gasse sein Geschäft betrieb. Auch Anton hatte klein angefangen, als Weißbinderlehrling, und war darauf in die Städelschule und anschließend zur Münchner Akademie gezogen. Von dort rief ihn der Vater im Jahre 1848 zurück, denn er fürchtete, daß der Anton sonst in Schwierigkeiten geraten könnte.

In diesem Jahr ging es nämlich in Deutschland und in Frankfurt hoch her. Man träumte von der großen Freiheit, machte Revolution und wollte ein neues Reich gründen. Das alte Reich war ja durch den Franzosenkaiser Napoleon zerschlagen worden. In Frankfurt versammelten sich im März Politiker zu einem Vorparlament, und vom Mai ab tagte dann in der Paulskirche die deutsche Nationalversammlung, die aus fast sechshundert Mitgliedern bestand. Das brachte Leben in die Stadt. Nach den Sitzungen trafen sich die Anhänger der verschiedenen Richtungen in den Gasthäusern und Cafés, im Steinernen Haus, im Casino, im Landsberger, Württemberger, Augsburger und Deutschen Hof, im „Donnersberg“ und im Café Milani. Die Bürger, die Handwerksgesellen und die Arbeiter gründeten Vereine, es wurde marschiert, viel geredet und gesungen. Kurz, die ganze Stadt geriet in Bewegung.

Da durften auch die Maler nicht müßig bleiben. Nach Antons Rückkehr aus München feierten sie in Sachsenhausen, tranken Äpfelwein und aßen ein Rippchen dazu. Die Rippchen hatte der Jakob Fürchtegott gestiftet, der gerade gut bei Kasse war. Dann mußte der Anton von München erzählen. Als er gerade bei der schönen Geschichte war, wie er und etliche Kameraden, auf einer Wanderschaft im Gebirge begriffen, zu Berchtesgaden in eine Schaubude traten und wie er dort den „Herrn Herkules“ besiegte, der mit Eisenstangen und Hanteln arbeitete und sich als unbesiegbar rühmte, kam ein alter, weißhaariger Mann an ihren Tisch, nahm mit einem freundlichen Nicken Platz und hörte gerade noch, wie der Anton seine Geschichte mit den Sätzen beschloß: „Und denkt euch, als wir die Bude verließen, da fragte das hübsche Mädchen an der Kasse mich, ob ich stellenlos sei. Ich solle doch zusehen, daß der Budenbesitzer mich einstelle. Leider mußte ich verzichten. Es kam aber noch schöner. Als ich nachmittags zum Königssee kam und im Wirtshaus Brotzeit machte, da gafften mich alle an, und ich wußte gar nicht, warum. Wie ich dann bezahlen wollte, schüttelte die Wirtin den Kopf und sagte, ich sei doch der berühmte Herr Herkules aus Berchtesgaden und es sei ihr eine Ehre und Freude gewesen, mich zu bewirten.“

Alle lachten schallend. Der Alte aber verlangte, die Geschichte noch einmal ganz von vorn zu hören, und so mußte Anton sie zum zweiten Mal erzählen, denn der Neuankömmling trug denselben Vornamen wie er und war außerdem der Radl, auch ein Maler und zwar einer der besten, die Frankfurt damals in seinen Mauern hatte.

Der alte Anton legte danach seine schmale Hand auf den Arm des jungen Anton und sagte: „Das hast du gut gemacht und gut erzählt. Man merkt halt schon, daß du eine Tiroler Großmutter hast. Ich bin zwar nur ein Wiener, aber ich mein’, dergleichen liegt uns Österreichern allen im Blut.“

Danach sprachen sie viel von der Kunst, und der Anton Radl meinte, daß die Frankfurter doch nicht so von ihr angetan seien wie seine Wiener Landsleute. „Und die Sachsenhäuser schon gar nicht", fuhr er fort, dem Jakob Fürchtegott zublinzelnd. Der lachte, denn er kannte die Geschichte, die nun fällig war, aber die beiden jüngeren Gesellen baten: „Erzählen! Erzählen!" Dazu bestellten sie einen neuen Bembel Äpfelwein, obwohl der Radl meinte, ein echter Wiener Heuriger sei doch etwas anderes als das saure Sachsenhäuser Nationalgetränk. Aber er trank tapfer mit, als die andern drei die Gläser erhoben.

Dann lehnte er sich zurück und sagte: „Schaut's, das war so. Auf dem Sachsenhäuser Berg hatte ich von den vorüberziehenden Gärtnern viele Schmähungen zu erdulden. Ich nahm von da aus die Stadt auf. Die liebe Jugend versammelte sich um mich und blieb bei mir stehen. Das dauerte aber der dabei wartenden Mutter zu lange, und sie ließ aus ihrem breitgeöffneten Munde die Donnerworte erschallen: 'Macht fort, ihr Schinneser, daß er on die Arweit kummt. Wollt er aach so en Doagdieb wer'n wie der groß' Kerl, der sich net schämt un stunnelang dohin hockt un dumm Zeug mächt.'"

Es wurde noch viel gelacht an diesem Abend, aber man sprach auch vom leidigen Geld und darüber, daß die Kunst ewig nach Brot gehen müsse. Als der junge Anton meinte, es wäre doch schön, wenn man ohne solche Sorgen leben und arbeiten könnte, bemerkte der Meister Radl: „Ja, Anton, da mußt du eben zusehen, daß du zu einem Hecktaler kommst. Hast du den, dann hast du ausgesorgt, denn sein Zauber bewirkt, daß du immer Geld in der Tasche hast."

„Und wie kommt man zu solch einem Hecktaler?" fragte der junge Anton. „Kaufen kann man den bestimmt nicht. Sogar auf unseren Messen ist mir noch keiner angeboten worden, und die Meßkaufleute haben doch sonst alles."

„Je nun", antwortete der Alte, „da müßtest du eigentlich deine Großmutter fragen. Ich weiß nur, daß der Teufel, der Wassermann oder der Ewige Jude einem in der Neujahrsnacht solch eine Zaubermünze verschaffen können und daß besagter Taler nur Geld heckt, wenn er alt und gefunden worden ist und die Zahl 7 trägt. Bei jedem

Zahlen oder Wechseln kommt er unweigerlich zu dir zurück. Hast du ihn einmal, dann wirst du ihn bis an dein Lebensende nicht mehr los, das steht fest."

„Warum sollte ich ihn wieder los werden wollen?" meinte der junge Anton. „Nur meiner Großmutter darf ich damit nicht kommen. Die ist eine fromme Frau und würde sagen, das sei heidnisches Hexenwerk. Mit dem Teufel möcht' ich außerdem nichts zu tun haben. Ob's im Main oder in einem unserer Weiher einen Wassermann gibt, weiß ich nicht. Juden sind mir schon viele über den Weg gelaufen, vor allem in unserer Frankfurter Judengasse, aber der Ewige Jude war noch nicht darunter."

„Ja, dann wird dir ein Hecktaler nicht so schnell zulaufen", sagte lächelnd der Meister Radl. „Ich mein' aber, ihr drei könntet euch eben, da so viele Fremde in der Stadt sind, ganz gut etwas verdienen, wenn ihr tüchtig zeichnet und malt. Die von der Paulskirche werden sicher alle gern ein Andenken an Frankfurt mit nach Hause nehmen."

Diesen Rat fanden der Jakob Fürchtegott und der Anton sehr gut. Auch der Philipp wollte sich anschließen, wenn ihm seine Malschule Zeit ließ. Gesagt, getan. Als der Jakob Fürchtegott und der Anton an einem schönen sonnigen Nachmittag an einer Ecke der Schirn hockten und ihren Spaß daran hatten, das bunte Gewimmel von Einheimischen und Fremden aufs Papier zu bringen, tippte ihnen plötzlich einer von hinten auf die Schultern und sagte: „Meine Herren Maler, was Sie da machen, gefällt mir. Könnte man das, wenn's fertig ist, wohl für einen guten Preis erwerben?"

Sie drehten sich um und sahen einen gut gekleideten Herrn von etwa vierzig Jahren vor sich. Die Stimme klang norddeutsch. Er konnte einer von den Paulskirchen-Abgeordneten sein. Jakob Fürchtegott war zwar der ältere, aber wenn es ums Handeln und Verkaufen ging, mußte der Anton heran, denn das lag dem Sachsenhäuser nicht. So sagte denn der Anton keck, sie wollten ihm ihre Blätter gern vorlegen, wenn sie fertig seien. Auch hätten sie daheim in ihren Schubladen noch manches, das vielleicht des Anschauens wert wäre. Man kam überein, daß sie ihre verkäuflichen Arbeiten dem Fremden am nächsten Nachmittag vorlegen wollten. Er gab ihnen seine Visitenkarte, und nachdem er sich verabschiedet hatte und weitergegangen war, erfuhren sie daraus, daß er Johann Hermann Detmold hieß, Rechtsanwalt in Hannover und derzeit Abgeordneter der Nationalversammlung war und im „Weidenbusch“ auf der Zeil wohnte.

„Du“, meinte der Anton, „da könnte uns ein Goldfisch an die Angel geraten sein.“

„Geb's Gott“, antwortete der Jakob Fürchtegott, „wir könnten es brauchen.“

Am nächsten Nachmittag trafen sie sich, jeder mit einer großen Zeichenmappe unterm Arm. Sie berieten, welche Preise sie wohl fordern könnten. „Wir wollen bescheiden bleiben“, meinte der Jakob Fürchtegott, und der Anton stimmte zu. Dann aber sagte der Anton: „Na, so schlecht sind unsere Sachen doch nicht. Ein wenig mehr könnten wir schon fordern.“ „Hm“, antwortete der Jakob Fürchtegott, und dann setzten sie die Preise herauf. So ging's noch etliche Male.

Kurz vor dem „Weidenbusch“ blieb der Jakob Fürchtegott plötzlich stehen, hielt dem Anton seine Mappe hin und stöhnte: „Du, Anton, geh' diesmal allein zu dem fremden Herrn. Ich warte hier auf dich. Du weißt ja, das Handeln liegt mir nun einmal nicht.“

Was sollte der Anton da tun? Er nahm die Mappe des Freundes zu der seinigen unter den Arm und ging unerschrocken ins Gasthaus. Der Herr Detmold empfing ihn freundlich, bedauerte, daß der andere Herr Maler nicht hatte mitkommen können, betrachtete und lobte den Inhalt der beiden Mappen, wählte aus, was ihm besonders gut gefiel, und bot einen Preis, der weit über die zwischen Jakob Fürchtegott und Anton ausgehandelte letzte Höchstforderung hinaus ging. Anton stimmte freudig ein und wurde aufgefordert, Neues vorzulegen, wenn solches vorhanden wäre. Mit Grüßen an den Freund wurde er entlassen. Diese Grüße konnte er sofort ausrichten, denn der Jakob Fürchtegott wartete nur einige Häuser vom „Weidenbusch“ entfernt ungeduldig auf ihn. Als er erfuhr, welchen Betrag Anton erhalten hatte, brach er zur Verwunderung der Vorübergehenden mitten auf der Zeil in lauten Jubel aus und machte sogar einen regelrechten Luftsprung, was einen daherspazierenden alten

Frankfurter zu der Bemerkung veranlaßte: „Die Herren Maler sind doch rechte Luftikusse!"

Jakob Fürchtegott und Anton ließen sich's nicht verdrießen. Sie lachten und liefen zum Philipp und zum alten Meister Radl, um die beiden für den Abend nach Sachsenhausen einzuladen. Die kamen gern, als sie die Neuigkeit vernommen hatten, und man feierte für wenig Geld ein fröhliches kleines Fest.

Beim zweiten Besuch im „Weidenbusch" ließ sich Jakob Fürchtegott von Anton zum Mitkommen überreden. Wieder zahlte Herr Detmold ihnen Preise, die weit über ihren Erwartungen lagen. Ja, mehr noch, er erteilte ihnen sogar Aufträge, wollte bestimmte Straßenbilder haben, dazu Ansichten von der Paulskirche und vom Bundespalais. Da hatten sie nun tüchtig zu tun, und als sie vor der Paulskirche arbeiteten, kamen Aufträge anderer Abgeordneter hinzu. Anton fand nebenher sein Vergnügen daran, einzelnen Abgeordneten beim Hinein- oder Herausgehen nachzuspähen und sie samt ihren Eigentümlichkeiten mit kecken Strichen festzuhalten. Als er diese Zeichnungen dem Herrn Detmold vorlegte, lachte der und sagte: „Die haben Sie ja ausgezeichnet getroffen. Dafür kriegen Sie einen Taler extra. Machen Sie mehr davon?"

„Gern, wenn Sie etwas davon halten", antwortete der Anton, und bald hatte der Anwalt eine ganze kleine Galerie davon zusammen. Im Herbst kam es zu einer Unterbrechung, denn am 18. September gab es in Frankfurt einen Aufstand. Es wurden Barrikaden gebaut und wurde geschossen, sogar mit Kanonen. Während Jakob Fürchtegott und Philipp brav zu Hause blieben, stürzte Anton sich mit ins Getümmel, ließ sich aber nicht erwischen, als man nach der Einnahme der Barrikaden durch das preußische und österreichische Militär Haussuchungen nach Waffen unternahm. Es paßte ihm wenig, daß ihn einer bei einer Gerichtsverhandlung als „unschuldigen Schwätzer" bezeichnete.

Als er im Oktober wieder mit Arbeiten seiner Freunde beim Herrn Detmold vorsprach, der in den „Goldenen Löwen" übergesiedelt war, hatte er auch einige Blätter dabei, auf denen bürgerliche Barrikadenkämpfer und gegen sie vorrückende Soldaten zu sehen waren. Der

Gönner und Kunstfreund betrachtete die Blätter lange und aufmerksam, hob dann den Finger und sagte: „Junger Malersmann, da haben Sie also mit auf einer Barrikade gestanden. Ich halte wenig von solchen Revolutionen, und es wäre doch recht schade gewesen, wenn eine Kugel den da getroffen hätte, der, wenn mich nicht alles täuscht, Ihre Züge trägt." Damit tippte er mit dem Finger leicht auf ein Gesicht, das in der Tat dem Antons stark ähnelte.

Der Herr Detmold kaufte auch diese Blätter, obwohl Jakob Fürchtegott dem Anton geraten hatte, sie nicht zu zeigen oder gar wegzugeben. Mitte Dezember hatten die beiden Freunde dann wieder so viel zusammen, daß es zu einem neuerlichen Besuch im „Goldenen Löwen" reichte. Herr Detmold wählte und bezahlte wie immer großzügig und ohne zu handeln. Als Anton, der allein gekommen war, sich verabschieden wollte, sagte der Mann aus Hannover: „Wenn es Ihnen recht ist, möchte ich Sie, Ihren Freund und auch den alten Herrn Radl gern zu einem Silvesterabendessen und nachfolgenden Silvesterpunsch einladen und zwar in den „Goldenen Löwen" hier. Ich werde zwar in der letzten Stunde des dann abgelaufenen Jahres noch einen Gast haben, der etwas sonderbar ist, Sie aber nicht stören wird. Nur wenn er zu Beginn des Neuen Jahres aufbricht und Ihnen, wie ich vermute, ein Zeichen gibt, so sollten Sie ihm einige Schritte folgen. Hören Sie dann etwas auf dem Pflaster klirren oder auch in den Schnee fallen, heben Sie es schleunigst auf. Es wird Ihnen nützlich sein."

Dem Anton war's bei dieser Anweisung etwas merkwürdig zumute. Wem sollte er in der Neujahrsnacht folgen und was sollte er aufheben? Er fragte, aber der Herr Detmold antwortete nur: „Später werde ich Ihnen alles erklären." Damit sah sich Anton entlassen.

Am Silvesterabend fanden sich der alte Meister Radl, Jakob Fürchtegott und Anton im „Goldenen Löwen" ein. Der Philipp hatte es vorgezogen, bei seiner jungen Frau und Familie zu bleiben. Herr Detmold begrüßte seine Gäste. In einer Ecke der behaglichen holzgetäfelten Gaststube war ein Tisch festlich gedeckt, und alsbald wurde ein köstliches Mahl aufgetragen, dem die beiden jüngeren Maler und der Gastgeber kräftig zusprachen, während Anton Radl sich mehr dem Rheingauer Wein widmete, der ihm, wie er sagte, noch besser mundete als die Weine rings um Wien.

Nach dem Mahl wurde der dampfende Punsch aufgetragen. Als die Gläser gefüllt waren und man sie auf das Wohl des Herrn Detmold erhoben hatte, zog der ein kleines Büchlein aus der Tasche und sagte: „Wenn's den Herren gefällt, will ich ein wenig daraus vorlesen. Es handelt sich um eine 'Anleitung zur Kunstkennerschaft', und Sie werden bemerken, daß ich es nicht an Pfeffer und Salz habe fehlen lassen." Er las vor, und die drei Maler hatten ihre Freude an Geist, Witz, Humor und Bissigkeit des Verfassers, der jedem von ihnen schließlich ein Büchlein überreichte.

Ehe der große Zeiger der Gaststubenuhr auf die Elf rückte, unterbrach Herr Detmold plötzlich die lebhaften Kunstgespräche und sagte in gedämpftem Ton: „Meine Herren Künstler, ich habe dem Jüngsten unter Ihnen neulich schon erklärt, daß ich für die letzte Stunde des Jahres noch einen Gast erwarte. Sie wissen, daß ich ein Deutscher bin und als Abgeordneter der Nationalversammlung in deutschen Dingen mitspreche, und ich habe Ihnen soeben auch bewiesen, daß ich die deutsche Sprache beherrsche, aber der Ursprung meines Geschlechts ist nicht Deutschland, sondern jenes Land, das sie das heilige nennen. Der Name, den ich führe, ist der einer deutschen Stadt, aber mein Stammvater heißt Ahasver und ist ... "

„Doch nicht etwa jener Schuhmacher in Jerusalem, der Christus, als er auf dem Wege nach Golgatha war und vor seinem Haus einen Augenblick ausruhen wollte, mit Scheltworten weitertrieb?" fiel der alte Meister Radl ein.

„Eben der", bestätigte Herr Detmold, „eben der, von dem Sie sprechen und zu dem Christus dann sagte: 'Ich werde ruhen, du aber sollst gehen.' Seitdem wandert mein Ahnherr ruhelos über die Erde, und alle sieben Jahre kehrt er bei dem jeweils Jüngsten seines Geschlechts für eine Stunde ein. Der aber bin ich derzeit. Um mit ihm sprechen zu können, habe ich sogar die alte Sprache meines Volkes erlernen müssen."

„Aber das gibt es doch nicht", sagte zweifelnd Jakob Fürchtegott, „der Ewige Jude soll Ihr Stammvater sein und wir sollen ihn hier, in der Gaststube des ‚Goldenen Löwen', zu Gesicht bekommen?"

„Und doch ist es so", entgegnete Herr Detmold. „Er ißt nichts, nimmt nur ein Glas Wein an. Sie können nicht mit ihm sprechen, denn er versteht nur das Hebräische. Wenn er nach Mitternacht zu neuer Wanderschaft aufbricht, dann wird er einem von Ihnen ein Zeichen geben. Der möge ihm draußen einige Schritte folgen und dann jenes kostbare Geschenk aufheben, das er wie achtlos fallen läßt und das seinem Besitzer ein sorgenfreies Leben verschafft."

„Das geht mich an", dachte der junge Anton und erinnerte sich dessen, was der Meister Radl ihm drüben in Sachsenhausen erzählt hatte. Sollte der Ewige Jude ihm einen Hecktaler schenken wollen? Gespannt wartete er mit den andern. Kaum hatte die Uhr die elfte Nachtstunde geschlagen, da öffnete sich die Tür der Gaststube, und eine hochgewachsene Gestalt, in einen langen Mantel gehüllt, glitt zwischen den Tischen hindurch, ohne daß auch nur einer der Gäste aufgeblickt hätte. Als Ahasver ihren Tisch erreicht hatte, sahen die drei Maler ein Gesicht, das uralt und jung zugleich war, mit dunklen, traurigen Augen. Der Fremdling stellte seinen Wanderstab in die Ecke, setzte sich neben den Herrn Detmold und schaute der Reihe nach die drei Frankfurter an, am längsten den Meister Radl. Dem Anton schien es, als ob so etwas wie ein geheimes Einverständnis zwischen ihnen herrsche. Während die drei Maler sich dann leise unterhielten, hörten sie, wie Herr Detmold und Ahasver sich in der uralten fremden Sprache verständigten. Meist vernahmen sie die Stimme des uralten Wanderers, der mit weit ausholender Gebärde etwas erzählte. Dem Anton lief ein Schauer über den Rücken, als er bedachte, daß dieser Ahasver nun schon fast zwei Jahrtausende hindurch über die Erde irrte, ohne Ruhe zu finden. War das nicht eine zu harte Strafe? Vielleicht hatte der Jerusalemer Schuhmacher nur gefürchtet, daß man ihn und seine Familie für Anhänger Christi halten würde?

Als die Uhr die zwölfte Stunde schlug, füllte sich die ganze Gaststube mit fröhlichem Lärm. Alle tranken einander zu und wünschten sich Glück zum Neuen Jahr.

Nur der Fremdling erhob sich plötzlich, legte Herrn Detmold die

Hand segnend auf das Haupt und griff nach seinem Wanderstab. Danach blickte er wie suchend nacheinander den Meister Radl und den Jakob Fürchtegott an und deutete schließlich mit dem ausgestreckten Finger auf Anton. Etwas in Anton sträubte sich, aber wie ein Träumender folgte er dem Fremden, der sich mit erstaunlicher Geschwindigkeit seinen Weg durch die Tische und Stühle suchte. Draußen hatte Anton Mühe, einige Schritte hinter dem Fremden zu bleiben. Die Nacht war sternklar, und es hatte nicht geschneit. Plötzlich hörte er es auf dem Boden klicken, und als er sich bückte, sah er eine große Münze auf dem Pflaster liegen. Er hob sie auf und wollte dem Wanderer einen Dank nachrufen, aber der war schon verschwunden, wie vom Erdboden verschluckt.

Anton kehrte in den „Goldenen Löwen“ zurück und wollte den Fund aus der Tasche ziehen, aber Herr Detmold winkte ab. Eine neue Schüssel Punsch wurde aufgetragen, und sie tranken und plauderten, als sei nichts geschehen, als habe nicht soeben noch der Ewige Jude bei ihnen am Tisch gesessen.

Beim Abschied sagte Herr Detmold, daß er schon am nächsten Tag in seine Heimat reisen müsse, aber wohl bald wiederkäme. Er kehrte in der Tat zurück und wurde später Gesandter Hannovers beim Bundestag. Mit schmunzelndem Behagen lasen die drei Maler ein zweites Büchlein, das er ihnen verehrte und das den Titel „Taten und Meinungen des Herrn Piepmeyer, Abgeordneten zur konstituierenden Nationalversammlung“ trug und mit viel Witz die Paulskirchenversammlung aufs Korn nahm. Ehe er im Jahre 1851 abberufen wurde, kaufte er seinen Frankfurter Malerfreunden noch mancherlei ab. Einige Jahre später hörten sie, daß er in seiner Heimatstadt verstorben war. Wegen des ihm zugefallenen Hecktalers wollte Anton mehrfach mit ihm sprechen, aber jedesmal legte er den Finger auf die Lippen und sagte, darüber solle nicht gesprochen werden. Auch den Freunden gegenüber möge er Stillschweigen bewahren.

Bald nachdem Jakob Fürchtegott eine Frau gefunden hatte, zog er hinauf in den Taunus, in das Städtlein Kronberg. Auch Anton heiratete seine Jugendliebe, mit der er schon fast seit der Kindheit versprochen war, doch sie starb wenige Jahre später und hinterließ ihm nur eine kleine Tochter. Um seinen Schmerz zu vergessen, ließ er das Kind der Mutter, reiste nach Düsseldorf und von dort nach Flandern und Holland, um die Bilder der großen niederländischen Maler kennenzulernen.

Nach seiner Rückkehr entschloß er sich, dem Freunde zu folgen, und zog ebenfalls nach Kronberg. Dort begann für sie eine neue Zeit der Gemeinsamkeit und der gemeinsamen Arbeit. Anton fand eine zweite Frau, verlor aber auch diese, ehe das Haus, das er bauen ließ, fertig war. Seine dritte Frau wurde eine Malerin, die fast drei Jahrzehnte jünger war als er.

Bei dieser dritten Heirat waren Jakob Fürchtegott und seine Frau und Tochter sowie Philipp und seine Frau unter den Hochzeitsgästen. Doch der Jakob Fürchtegott war nicht mehr der alte, einst so muntere Mensch. Er war krank und schwermütig geworden und vermochte nur noch wenig zu arbeiten. Eines Nachmittags, als sie zu dritt nach einem Spaziergang im „Adler" eingekehrt waren und ihren Äpfelwein tranken, beugte der Jakob Fürchtegott sich plötzlich vor und fragte den Anton: „Was ist eigentlich aus dem Geschenk des Ewigen Juden geworden. Hast du es noch? Du hast uns nie so recht etwas davon gesagt."

„Ja, ich hab' den Hecktaler noch und werd' ihn wohl erst bei meinem Tode los", antwortete der Anton. „Der Herr Detmold hat mir damals verboten, euch beiden viel davon zu erzählen."

Er griff in die Tasche und zog ein großes altertümliches Goldstück hervor. „Seht, in meiner ersten Freude hab' ich den schönen Taler so blank geputzt, daß er fast wie neu aussieht. Zuerst war ich auch dem Herrn Detmold dankbar dafür, daß er mich dem Ewigen Juden hat nachgehen lassen. Es ist ja ein schönes Gefühl, wenn man weiß, daß es einem nie an Geld fehlen kann, und wir haben's auch damals gut brauchen können. Aber später, als ich etwas konnte, da hat es mich eben doch gewurmt, daß ich alles dem Zauberding zu verdanken haben sollte. Es ist für den Menschen doch besser, sich auf die eigene Kraft und das eigene Können zu verlassen. Ihr wißt, ich hab' mich nie auf die faule Haut gelegt, und schließlich hab' ich gemeint, ich könnt' den Taler wieder loswerden. Euch beiden hab' ich ihn einmal heimlich in die Tasche gesteckt. Ihr habt's nicht einmal gemerkt, denn schon am nächsten Morgen war er wieder bei mir. In der Judengasse hab' ich schönen alten Schmuck für meine erste Frau, die Katharina Elise, dafür gekauft, und der Händler war ganz gierig auf den schönen Taler. Aber als ich am folgenden Morgen in die Tasche griff, war er wieder da, wie gewohnt, und ich mußte dem Juden anderes Geld geben. Darauf hab' ich den Taler voller Zorn in den Main geworfen, da, wo das Kreuz mit dem Hahn steht und wo der Henker früher die armen Teufel in den Fluß gestoßen hat. Doch was meint ihr! Ein paar Tage später hat meine Katharina bei einem Sachsenhäuser Fischer einen schönen Mainfisch gekauft und mich gebeten, ihn für die Pfanne zu richten, weil sie das nicht gern getan hat. Kaum hab' ich das Messer angesetzt, da bin ich auf 'was Hartes gestoßen. Und was war's — der Hecktaler. Wie der Fisch den verschlucken konnte, ist mir ein Rätsel geblieben. Und so ging's weiter. Ob ich ihn einem Bettler oder einem Kind schenkte — er kam wieder. Sogar aus dem eisernen Kassenschrank einer Frankfurter Bank hat er zu mir zurückgefunden. So hab' ich ihn eben behalten, und er hat mir auch beim Hausbau geholfen — aber das hätt' ich auch allein geschafft."

„Ja, das hättest du auch so geschafft", sagten der Jakob Fürchtegott und der Philipp gleichzeitig, und der Jakob Fürchtegott fuhr fort: „Zuweilen hab' ich mir gedacht, wie schön solch ein Hecktaler wäre, aber der hätte mir am Ende ebenso wenig geholfen wie dir, Anton. Für mich ist das Leben zwar schön, aber auch schwer, und ich spür', daß es immer schwerer wird."

„Auch ich hab' dich oft um den Hecktaler beneidet", bekannte der Philipp. „Ihr wißt ja, wir haben auch klein angefangen, und nach der Hochzeit hatten wir gerade noch einen Gulden und zwanzig Kreuzer. Dann stellten sich die Kinder ein, und es war nicht immer leicht, alle hungrigen Mäuler zu stopfen. Aber wir haben es geschafft, und ich kann heute verstehen, daß du den Taler gern wieder losgeworden wärest, Anton."

Traurig mußten Anton und Philipp zusehen, wie Jakob Fürchtegott dahinsiechte und drei Jahre später erlosch. Einen letzten Liebesdienst konnte Anton dem Freunde nach dessen Tod noch erweisen: er vollendete seine Bilder, damit seine Witwe sie verkaufen konnte.

Den Hecktaler hat Anton wohl mit ins Grab genommen, das von einem großen Taunusfelsen überragt wird. Wenigstens hat man nie wieder etwas davon gehört, und Antons Taler war wohl auch der letzte, den der Ewige Jude verschenkt hat.

Es wird nämlich berichtet, daß hundert Jahre nach der merkwürdigen Begegnung im „Goldenen Löwen" zu Frankfurt, als gerade das Land Israel entstanden war, zu Jerusalem ein uralter Mann, in einen langen Mantel gehüllt, gesehen wurde. Der wanderte lange durch die Gassen und blieb endlich vor einem Haus in jener Gasse stehen, durch die Christus sein Kreuz hinauf nach Golgatha geschleppt hatte. Als er sich gar nicht wieder entfernen wollte, kam der Hausherr heraus und fragte ihn, was er suche. Da antwortete er: „Hier hat einst mein Haus, das des Schuhmachers Ahasver, gestanden."

„Das muß aber schon lange her sein", antwortete der Hausherr, „denn ich bin in diesem Haus geboren. Es hat meinem Vater gehört und gehört jetzt mir."

„Ja, es ist lange her", antwortete der Alte. „Es gehörte mir, als der Römer Pontius Pilatus Landpfleger hier in Judaea war."

„Pontius Pilatus?" meinte der Hausherr. „Den Namen hab' ich nie gehört, Alter, und nun scher' dich weiter."

„Genau das hab' ich einst zu einem andern gesagt", sagte der Alte, hob seinen Stab und ging weiter, vor die Stadt hinaus. Dort fand er den kleinen Garten, den er einst angelegt, gehegt und gepflegt hatte. Ein junger Mann arbeitete darin, und dem sagte er, daß dieser Garten einst ihm gehört habe und daß er gern eine Nacht darin schlafen würde.

Der junge Mann meinte, daß er hier draußen aber kein Bett hätte.

Doch der Alte antwortete, daß er's gewohnt sei, auf der blanken Erde zu schlafen, und hier gäbe es ja sogar noch einen Rasenplatz und genau an der Stelle, wo er ihn einst gehabt hätte.

Da stimmte der junge Mann zu und sah noch, ehe er nach Hause ging, wie der wunderliche Alte seinen Wanderstab in die Erde steckte und wie er sich, in seinen Mantel gehüllt, auf dem Rasenplatz niederlegte.

Als der junge Mann am nächsten Morgen wiederkam, lag der Alte noch da, wo er sich niedergelegt hatte. Als er ihm aber ins Gesicht schaute, sah er darin einen großen Frieden und erkannte, daß der Alte in der Nacht gestorben war. Sich aufrichtend und das Totengebet dabei murmelnd, sah der junge Mann erst, daß ein Wunder geschehen war. Da, wo der Alte seinen Stab in die Erde gesteckt hatte, stand ein großer Mandelbaum, über und über mit rosa Blüten besteckt, obwohl es nicht die Zeit der Mandelblüte war ...

Dies ist das Märchen vom Maler Anton Radl und seinen drei Malerfreunden, die mit ihren vollen Namen Jakob Fürchtegott Dielmann, Philipp Rumpf und Anton Burger hießen, von Herrn Johann Hermann Detmold und seinem wandernden Ahnherrn und vom Hecktaler. Und wer's nicht glaubt, der soll es bleiben lassen.

Quellen- und Literaturnachweis

Abkürzungen:

Archiv = Archiv für Frankfurts Geschichte und Kunst. Seit 1839

Lersner = Achilles August von Lersner, Der Weit-berühmten Freyen Reichs-, Wahl- und Handelsstadt Franckfurt am Mayn Chronica. 2 Bände, 1706 und 1734

Mitteilungen = Mitteilungen an die Mitglieder des Vereins für Geschichte und Alterthumskunde in Frankfurt am Main. 7 Bände, 1860 — 1885

Die Stammeltern der Sachsenhäuser. Mündliche Überlieferungen aus Sachsenhausen und der Wetterau. Ähnliche Fassung bei K. Wehrhan, Sagen aus Hessen und Nassau. 1922

Das Märchen von Helenopolis. Lersner, Band I,1 S. 3

Die Geschichte der Ruotlint. Boehmer-Lau, Urkundenbuch der Reichsstadt Frankfurt am Main. Band I, 1901, S. 2. Archiv, 2. Heft, 1839, Seite 30: Thomas, Frankfurter Annalen. E. Döring, Gedicht „Rotlindis" in Dich grüß ich mein Frankfurt. Aus Frankfurts Vergangenheit. O. J.

Hans in dem Grase. Von Th. Justus = Theodore Zedelius. In dem Band Aus vergangenen Tagen. 1890

Der Frankfurter Bäckerssohn und die tapfere Kronbergerin. Mündliche Überlieferung aus Kronberg.

Johann von Rückingen. Lersner Band II,1 Seite 250. G. L. Kriegk, Geschichte von Frankfurt a. M., 1871, Seite 182

Das Maien-Stecken. Lersner, Band I,1 Seite 304

Ludwig zum Paradies. Mitteilungen Band 4 Seite 109, Band 6 Seite 164

Der feuerfeste Hutmacher. Lersner, Band I,1 Seite 539

Jelängerjelieber. Lersner, Band II,1 Seite 814. Über den Maler Adam Grimmer als Schüler Matthias Grünewalds: in Henrich Sebastian Hüsgen, Nachrichten von Franckfurter Künstlern und Kunst-Sachen. 1780

Das Frankfurter Galgenmännlein. Lersner, Band I,1 Seite 523. Brüder Grimm, Deutsche Sagen. A. Schlosser. Die Sage vom

Galgenmännlein im Volksglauben und in der Literatur. 1912

Die wunderbare Brunnenfahrt. Eintragungen in den Brunnenbüchern des Borngassen-Brunnens von 1563 und 1571, zitiert bei S. Nassauer, Was die Frankfurter Brunnen erzählen. 1921

Die Schlafhaub. Mitteilungen, Band 4, Seite 421

Belohnte Treue. Konrad Stein. Eduard Heyden, Gallerie berühmter und merkwürdiger Frankfurter. 1861. Seite 37

Die Löwenjagd in der Töngesgasse. Brief des Johannes Peisker von 1647. Mitgeteilt von Dr. Ludwig Baur. In Mitteilungen Band 5, Seite 253

Hobelspäne und Bärenfett. Lersner Band II,1 Seite 673. Rudolf Wissell, Des alten Handwerks Recht und Gewohnheit. 2 Bände, 1929

Das gerettete Pfeifergericht. Lersner, Band II,1 Seite 814

Reiner Wein. Von Wilhelm Heinrich Riehl. In Neues Novellenbuch. 1867

Der Stecknadelkönig. Mitteilungen 4, Seite 120. J. G. Battonn, Örtliche Beschreibung der Stadt Frankfurt am Main, Band 4. 1866 (Gläsernhof).

Johann Hieronymus zum Jungen. Mitteilungen Band 3, Seite 464

Maria Sibylla Merian. Ph. Fr. Gwinner, Kunst und Künstler in Frankfurt am Main. 1862. J. Stuldreher-Nienhuis, Verborgen Paradijsen. Arnheim 1944. Eingesehen: Olga Pöhlmann, Maria Sibylla Merian. Roman. 1935 (Sehr frei und teilweise problematisch). Wilhelm und Hildegard Treue, Maria Sibylla. Biographischer Roman. 1942

Drei alte Jungfern. A. Askenasy, Die Frankfurter Mundart und ihre Literatur. 1904. Hier auch die Vorlage zur Illustration. K. Wehrhan, Sagen aus Hessen und Nassau, 1922, läßt die alten Jungfern sogar vom Teufel beaufsichtigen.

Geschichte des Schneiderleins aus Sachsenhausen. Von E.T.A. Hoffmann. In Meister Floh. 1822

Der Sachsenhäuser Konstabler. M. Belli-Gontard, Leben in Frankfurt am Main. Band 1. 1850

Der Segen des Rabbi. Von U. In Frankfurter Hausblätter, herausgegeben von Fr. Rittweger, 1880, Nr. 269

Das verlorene Halstuch. K. Enslin, Frankfurter Sagenbuch. 1856: Die Nachricht.

Die drei Leiern. Von Karl Enslin. Frankfurter Sagenbuch. 1856. Gekürzt

Der Irrlichtertanz. Von Karl Enslin. Frankfurter Sagenbuch. 1856

Vom goldenen Apfel der Eris. Wilhelm Hertz, Bernhard Crespel. Goethes Jugendfreund. 1914

Der neue Paris. Von Johann Wolfgang Goethe. Dichtung und Wahrheit. Erster Teil, zweites Buch.

Die bunte Katze Bella. M. Belli-Gontard, Leben in Frankfurt am Main. 5. Band. 1850

Senckenberg und Pfefferkorn. Von Karl Enslin. Frankfurter Sagenbuch. 1856

Das Märchen vom silbernen Esel. Von Karl Enslin. Auch in Der Taunuswächter, VI. Jahrgang 1855, Nr. 2. Bei K. Wehrhan, Die schönsten Sagen der Reichsstadt Frankfurt, 2. Auflage nach 1923, als „Rothschilds Reichtum“ in ähnlicher Fassung.

Vom Meßgeleit und von der Aronswurzel. Dr. iur. Hieronymus Peter Schlosser, Handschriftliche Geleitsordnung von 1788. Herausgegeben von L. F. Finger. Mitteilungen 3, Seite 268

Scherbius und Textor. Archiv, 3. Folge, Band 4: Dr. H. Grotefend, Der Prorector und das Frankfurter Gymnasium am Ende des vorigen Jahrhunderts. Elisabeth Mentzel, Aus Goethes Jugend. 2. Ausgabe. Mit Vorwort von 1909

Rat Crespel. Von E.T.A. Hoffmann. Die Serapionsbrüder, Band 1. 1819. Textbeginn nach dem Erstdruck im Frauentaschenbuch 1818, herausgegeben von Fouqué. Hoffmann schreibt „Crespel“ mit K.

Das Märchen vom gläsernen Esel. Von Bettina von Arnim. In „Die Günderode“, Band 1. 1840

Wie sich die vier Frankfurter Warttürme beim Senat der Freien Stadt Frankfurt beschwerten. Nach den Eingaben von Johann Ludwig Klüber, mitgeteilt von Friedrich Scharff. Mitteilungen 3, Seite 265

Ludwig und Johannes in der Dreieich. Von Friedrich Scharff. „Die alten Bäume in der Dreieich“. Mitteilungen 4.

Der Hecktaler. In einem im Zweiten Weltkrieg verbrannten Brief an einen nicht genannten Freund schrieb Anton Burger über seinen Hausbau in Kronberg, daß er das Haus seinem Fleiß, seinen Schülern und dem „ominösen Hecktaler des Ewigen Juden“ verdanke. Mit dem „Ewigen Juden“ war vielleicht Johann Hermann Detmold gemeint; über ihn bei Anna Spier, Anton Burger, in „Die Kunst unserer Zeit“, 1894.